香底涧的底

朱天曙题

王树兴◎著

江苏凤凰文艺出版社
JIANGSU PHOENIX LITERATURE AND ART PUBLISHING, LTD

图书在版编目（CIP）数据

无底洞的底 / 王树兴著 . -- 南京：江苏凤凰文艺出版社，2017.10
ISBN 978-7-5594-1114-3

Ⅰ . ①无… Ⅱ . ①王… Ⅲ . ①短篇小说 - 小说集 - 中国 - 当代 Ⅳ . ① I247.7

中国版本图书馆 CIP 数据核字（2017）第 225006 号

书　　名	无底洞的底
著　　者	王树兴
文字编辑	左　夕 朱　艺
责任编辑	黄孝阳 王　青
出版发行	江苏凤凰文艺出版社
出版社地址	南京市中央路 165 号，邮编：210009
出版社网址	http://www.jswenyi.com
发　　行	北京华景时代文化传媒有限公司 010-83638551
印　　刷	北京市松源印刷有限公司
开　　本	690 × 980 毫米 1/16
印　　张	21.25
字　　数	258 千字
版　　次	2017 年 10 月第 1 版 2017 年 10 月第 1 次印刷
标准书号	ISBN 978-7-5594-1114-3
定　　价	38.00 元

序

Preface

阅历与文学资源

王干

十年前就广而告之：知名度不够，时间不够，不为人写序。但王树兴出书，让我写序就颇为犯难，因为王树兴的创作确实是我一路看着他成长的。

三十多年前，我们在高邮城边的大运河里游泳，虽不是少年，却扒货船，逗船工，哗啦啦跳进水里，一个猛子到岸边。那时候的王树兴，是个文学青年，刚刚开始摸索着写小说。

后来，他到了北京，在《中华文学选刊》工作，分配他做发行，但小说之心不死，执着于小说创作。到后来，索性自己专职去写作，这些年成果渐多，我也暗自为他高兴，现在集子出版，邀我作序，自然也没有理由拒绝。

王树兴的小说创作是从临摹汪曾祺开始的，学汪者众多，似汪者寥寥。当然最后脱汪者才有出息，临帖描红，是学书法的入门之路，不是终极的目标。临摹汪曾祺作为小说的入门之路，是非常好的选择。但最后“脱汪”才会有自己的风格和路数。这次看王树兴中篇小说集《无底洞的底》有一种惊喜，他讲故事的能力得天独厚，也使自己从过去的一味“学汪”中跳了出来。

汪曾祺先生曾在一篇自序中说，“我没有写过中篇（外国没有‘中篇’这个概念）。”中国文学界好的中篇小说已经成为过往的经典，中短篇小说创作在当下并没有很好的生态，人人都想干一票大的，体量和形制的外在品评标准及利润吸引力超过了内容和精神。中篇不讨巧，要有非一般的控制能力和叙事节奏，当行当止、何处留白，是极其考验作家水准的。

本部集子里上下部是花开两朵，各表一枝。一朵是世俗人生的泥沙俱下，一朵则是平凡男女的明媚温暖。日本电影评论家樋口尚文在谈到著名导演是枝裕和时说，“没有比普通更高贵的高贵。”这句话完全可以用在王树兴小说的选材上。纵观王树兴小说作品，通过一个个庸常人的庸常生活，可以看出上个世纪八十年代已降，一个苏北小城的世态人情风貌也在社会转型、经济改革的大背景中发生着多元变化。那些带有时代烙印的电影、歌曲、小说既是令人怀旧的文化元素，也是小城青年情感启蒙和人物成长的有效表征。经常出现的鲜明淮扬风土特色的饮食、交际、方言甚至是服饰，如软脰长鱼、夏天的冬瓜汤、野生湖鲜、洗白了的工作服、线钩的假领子、大运河游泳、巷子里买菜，一并沉淀为故乡书写的审美资源。无论高邮在小说中是以高沙市还是其他地名出现，都已经逐渐成为有意味的辨识度极高的文学地理。

小说集的上部讲述哀乐中年。捉对厮杀的夫妻，暗潮汹涌的家庭，话剧台词一般泼辣贴切的吵架，狡猾传神的亲情互动，那些婚外性的“叽叽喳喳的肉的喜悦”，都是普通人生的真实小宇宙。无论小官僚还是小老板，还有那些不同的女性，官太太或者普通妇女，无论在家庭、在饭局、在舞厅、在市场，都是各有各的利欲和难处，在日常生活的黏滞中挣扎。这是一种扎实的新的世情摹写。王树兴的路数是写实的，但其视点、角度和人物线、故事情节设计也会散发着黑色幽默的味道。当然，免不了有人拿着王树兴的小说人物来对号入座，那真是一种“丧家犬也有乡愁”的反讽和迂执。

小说集的下部讲述混沌的前青春期和情爱的酸涩与美好。写作这件事，最糟糕的是不自觉显现出小聪明，最怕让人看出来“揣着明白装糊涂”。侯孝贤三十六岁拍摄了《风柜来的人》，特吕弗二十七岁拍摄了《四百击》，十多岁男孩的青涩成长，其内在世界与生活状态如何展现，如何不伪装天真迷惘，拍摄起来是有相当难度的。《那年夏天》里的男孩正格，还没有真正的性别意识，对同学祁武正经历的发育与自渎完全茫然，对哥哥的淹死以及哥哥的朋友带来的安全保护也只是有限度地觉知，因为爱狗“赛猫”记恨着父亲，被妈妈罚跪在菜坛子上还嘴硬逞强，整天想着下河游泳后怎样才能不挨打，一门心思找好吃的，最大的念想是炮制冷饮店那种八宝饭。正格像阳光下一块剔透的冰，纯净简单得令人心疼。

一个四十岁以后才开始小说创作、成熟通透、深谙人情世故的中年作家，写好十三岁少年的懵懂幼稚，透过他的眼睛来展现周围人的美好善意，的确保证了“一切很优美”的水准。这个中篇小说有心的影视工作者完全可以考虑改编拍片了，极易令人联想起伊朗导演阿巴斯那些纯粹儿童视角、儿童题材的电影。

偏爱青工题材是王树兴小说创作的另一个特点。小说中工人李雷对“哎呀”女士的情愫，不能不说是一种被动易受伤的人际场域，是一种揠苗助长的青春历程。作家把这种断裂错位的感受封存起来，移植到小说创作活动中，节制叙述，适度留白，把这种对两性世界的观看和细微揣摩，对成人生活的懵懂隔膜拿捏到恰好的度，有一种惊人的同步知觉，收到了作家本人仿如和当年的少年工人、当年的大男孩处在平行世界里的效果。

王树兴不是一个阅读型的作家，而是一个阅历型的作家。阅读型的作家往往做好了创作的准备，阅读古今名著，熟悉当下潮流，然后才开始动笔。王树兴没有充分的创作准备，也没有接受充分连续的高等教育，但他的阅历比他的阅读要丰富精彩，有限的文学阅读也就很快化为小说资源，产生化学反应。而我呢，曾经一心想当小说家，做了大量的阅读，名著名篇熟读在心，名著名篇的评论和论文也仔细研读，希望取得真经，在自己写小说时派上用场。没想到到自己操刀下笔时，那些经典桥段纷至沓来，令我无从落笔、眼高手低，最终成了一个评论家。虽然挣扎着去完成小说家的理想，但到一九九八年之后，就金盘洗手，不再写小说，老老实实做文学评论和研究。可见阅读和阅历之间是很难拿捏的，有些是先天赋予的，有些则是后天赐予的。在结束这篇序文时我忽发奇想，如果王树兴再多一些阅读会怎样呢？我想他肯定不会成为一个评论家，只能让小说写得更好。

二〇一七年四月十五日

定稿于润民居

contents

上部 无底洞

下部 底

TOP 上部

无底洞

无底洞的底

牌事

1

黄谷当时想到要周祜到他们家救场，是因为周祜就在他眼皮子底下，太太杨惠惠的电话打来第三拨了，再不帮她找一个麻将搭子他的牌就打不下去。他与牌桌旁“看后影”的周祜协商，闲着还不如陪他太太去打场麻将，输的算他的。

周祜平时不打麻将，只看着黄谷他们一帮人玩，他不是不会打，而是输不起。黄谷他们打得太大了，他只有看着找刺激。现在黄谷央求他，有牌打，又没有输钱的风险，何乐不为？

一般人都知道引狼入室的危害，但做出这样的事情往往在不经意之间。黄谷怕周祜找不到他家，把皮包打开来，翻出纸和笔写了家里的住址，还画了张示意图。

周祜兴冲冲地赶赴黄谷家。对黄太太杨惠惠他有印象，有过一面之缘，她是个白白胖胖、有一双媚眼、风韵迷人的女人。到黄谷家，他按门铃的手还没收回来，门就开了，杨惠惠好像站在门里等着似的。

等着打牌的女人看见牌搭子周祜来了，都像是盼星星盼到了月亮。

周祜一坐下来另外两个女人就迫不及待地哗啦啦洗起牌来。杨惠惠笑眯眯地对周祜说："老黄说你们是好朋友。这两位是我的小姐妹，桌上没外人，大家也就不要在意输赢，友谊第一，比赛第二。"

杨惠惠要给周祜泡茶，问他喝什么茶，周祜说随便，杨惠惠便替他泡了一杯袋装的立顿红茶，放了一包软壳中华烟在他面前。两个女人见杨惠惠对周祜这样有点不乐意，一个放在脸上，笑得怪怪的，一个放在嘴上，说杨惠惠重色轻友。杨惠惠拿出一堆小吃，用东西堵她们嘴，警告她们吃东西要擦了手再抓牌。

两个女人嘴里吃起东西来还不饶人，说是沾了周祜的光。牌码起来后有人问打多大，也就是怎么算输赢的账。杨惠惠问周祜，征求他的意见，说今天多数服从少数，听他的。周祜不好说，不知深浅，不知道她们究竟打多大。说小了被女人瞧不起，说大了又不敢，身上带的钱不知道能不能应付，还有万一输了黄谷不认账的问题。他只得说随她们。

周祜这么一说，不掉身价还有绅士风度。杨惠惠把目光投向另外两位，要她们发话。脸上长蝴蝶斑的女人说："谁和第一把牌谁定。"大家觉得这主意不错。

牌开始打了，老麻将，也就是老打麻将的人怕和头牌。俗话说得好："千刀万剐不和第一把。"除了迫不得已自摸了牌。周祜不想和晦气的头牌，一边漫不经心地打顺水淌的牌，一边打量着黄谷的家居。

这是套三室一厅的房子，厅很大，有三十多个平方米，装潢得很豪华。牌桌放在客厅敞亮的落地窗前，一排宽大到可以当床用的真皮沙发、进口的带环绕立体声音响和大屏幕数字彩电让周祜的目光在上面停留了很久。周祜结婚七八年了，家具还是结婚时置的，有点陈旧，色泽也次，家里显得灰暗。黄谷的家具和家电都是更新过了的，房子面积也大，考究的装潢满屋生辉。看起来真是人比人——气死人。

头牌竟是杨惠惠出冲，大扁脸女人和了把七对的牌。她定的标准让周祜松了一口气，倒在一个人身上也就是千把块钱输赢。周祜身上有一千块钱，没有后顾之忧，觉得腰杆子硬了起来。

打量杨惠惠的两个麻友，她们长得都很丑。周祜一坐下来就觉得她们的脸一个像芝麻饼，一个像黄烧饼。“芝麻饼”脸是椭圆的，脸上长着蝴蝶斑。“黄烧饼”脸是圆的，是张大扁脸。聪明女人左右都不会有漂亮女人，从这一点上看杨惠惠好像也是有心计的。这两个女人打牌时嘴闲不住，嫌周祜码牌动作慢，像个生手，却又奇怪他牌打得老到，扣牌很准，滴水不漏。

周祜前些年在麻将桌上输了很多才不摸麻将的，手上虽然有些生疏，但他经常看黄谷和魏启武他们打“大场子”，“看后影”使他积累了丰富的实战经验。周祜脑子好使，他能够记住桌上每个人打的牌，他能够比较牌手，判断得失。在牌桌边上经常打“心牌”，就像武侠小说里天赋很好的人偷得了大师的武功，成了一般人所不知晓的武林高手。

周祜的手气不错，和了不少大牌。打到最后竟然三归一，就他一个人赢，赢了一千五百元的样子。女人们的牌品看起来还可以，也不怨恨输了钱，笑嘻嘻地散场。“黄烧饼”意犹未尽拿起包去赶下一个场子，“芝麻饼”着急忙慌地去洗手间方便。

周祜帮杨惠惠收拾麻将，问她输了多少，他有点过意不去。杨惠惠笑着说：“不要问，打牌不论输赢。”

出门后周祜想：杨惠惠长相好，为人处事也好。一场麻将打得舒舒服服，真的开心之处还是他赢了钱。

黄谷再次见到周祜时感激他帮了大忙，说要请他喝酒。周祜说不好意思，赢了她们钱。黄谷说：“赢得好，她们的老公都是发财户。”他用手掌做了个菜刀状，“剁、剁、剁，放她们的血。”

周祜不知道他说的她们是不是包括杨惠惠。他表态，以后杨大姐打牌缺人，他可以替一个。全天候，二十四小时随叫随到。

打过这场麻将的第三天，杨惠惠将电话打到周祜的办公室，说“芝麻饼”和“黄烧饼”不服输要与他复一场。周祜电话刚搁下，黄谷的电话就打来了，口气是央求的，看样子他又是没有在银行上班，泡到了牌桌上。周祜上次赢的钱还没有用完。有这钱垫底他不怯场，胆壮着呢，手便痒了起来。

还是上次打牌的几位。彼此算熟悉了，牌桌上说话慢慢地不再拘谨，气氛活跃起来。“芝麻饼”刚生过小孩，可能还在哺乳期，胸部异常丰满，两大坨水嘟嘟的肉摊在桌沿上。“黄烧饼”打牌时把二筒说成二饼，觉得不过瘾，干脆就说二奶，见没人理会就挤对“芝麻饼”：“哇，你存心要把杨大姐的桌子压趴呀？”“芝麻饼”并没有因为周祜这个男人在场而不好意思，做个扩胸运动，进一步展示一下“黄烧饼”嫉妒的部位。她说“黄烧饼”上次打牌出冲输给周祜的最多，差不多是赞助了他洗桑拿找小姐的钱。“黄烧饼”说，果真如此钱就不汇了，她来给周秘书按摩。大家都笑起来，也包括周祜。他是逢场作戏装出来的笑。杨惠惠也不放过周祜，问他的领导是不是女的，办公室的女同事是不是漂亮，说她知道自来水公司有美女。周祜被她们说得心神不定，牌也就打得水平失常。毕竟一把枯柴架不住三把板斧。

在周祜连出了几个冲后，杨惠惠说：“小周你要定定神了，别被她们弄花了心，老是出冲坏了我做的大牌。”周祜笑笑。他有他的心思，干脆就不想赢了。这次再赢了就怕女人们怕他。

牌打到最后杨惠惠和周祜输。杨惠惠大输，周祜小输，他只输了二三十块钱。两个赢钱的女人像下了课的小学生，飞跑。

杨惠惠嗔怪帮他收牌的周祜：“你这个呆东西，也不对你大姐好点。坐你下家一张牌也吃不到，坐你上家就对了我要吃的好牌，跟我结了仇似的。”周祜想想她说的也确实是，但也还要狡辩一番，说是不清楚她要什么牌。杨惠惠说：“这好办，我下次在桌肚下面给你发电报。”

周祜不明白杨惠惠说的发电报是什么，她用脚踩了踩他的脚面，“这叫发电报。”

杨惠惠说得认真，表情又有点羞羞答答的，周祜觉得不迎合她真是说不过去，就点头说好，说没问题。

临出门周祐被杨惠惠叫住，她说找周祐不好找，打办公室电话人总是不在。家里多台手机，让他拿去用。周祐嘴上说不要，心里其实想要，身子也就没有向门外去。杨惠惠说着就拿了把椅子放在壁橱下面，站到椅子上到里面去取手机盒子。

踮起脚探起身子的杨惠惠腰间露出白白的一截，弧形的一段。她的身体很饱满，像枚熟透了的桃子，还有一股让周祐透不过气来的香水味。她从椅子上下来时周祐扶了一把，感觉她的手很是温润绵软。

手机是崭新的三星 S4。杨惠惠递给周祐："拿去用。"见周祐迟疑，看出他的不好意思，她轻松地说："你以后有好的机子替我把它扔了就是了。"

这么一说周祐就接受了。他没忘解释一下，自己没有用手机是因为不喜欢这种套人的东西。

2

周祐属于可以用帅来形容的男子，他皮肤黝黑，高高的个头，宽阔的肩膀，形体很阳刚。一年到头的行头是牛仔裤、衬衣加皮夹克或 T 恤。衣服尽管脏兮兮的，但很有型，不是商场里到处见的那种。他有一双修长有力的腿和翘翘的屁股，背部也呈现出令女人尤其心动的"V"字形。有的女人从他面前走过会装出无意的样子看他一眼。

可在周祐老婆夏沄眼里，周祐只是她的破烂，一个靠父亲的关系安排到自来水公司、没有什么大出息的人。她人前人后地奚落周祐，甚至对女伴说，谁要就送给谁。持这种态度是因为她结婚前很漂亮，被男人众星捧月过，结了婚有了小孩的夏沄感觉还和婚前一样好。她甚至不用化妆品，抵制时装，自信到麻木的地步。作为主妇的她把家里弄得没有一点条理，周祐不敢把朋友和同事带回家，去过他家的人都说那是杂货店。

之所以这样是夏沄喜欢打麻将到痴迷的地步，没有哪天不想打。她所在的单位纸浆厂工作比较清闲，有时候糊弄一下领导，上班时都可以出去打牌。照周祐母亲的话说，她这个儿媳妇只要有牌打，家里死人失火都不管。

周祐没有告诉夏沄他和杨惠惠她们打麻将的事，他怵她那张啰唆嘴，说自己也打麻将等于授她以柄。

自从杨惠惠与周祐约定“发电报”后，周祐就悄悄地给她放牌。杨惠惠用脚点三下，他就放一张三条或三万，以此类推。刚开始时周祐紧张，要用心去数，遇到大数字常弄错了。慢慢地配合默契，还觉察出个中滋味。

杨惠惠在桌肚下面的脚在他腿上或点或叩或敲或摸或抵或蹭，时而如春燕点水，时而如杨柳拂面。周祐看不到她的脚，就看她像藕段一样圆润、白皙的胳膊，想象是这样生动的肉体在动弹。有一天他拉起了裤脚，杨惠惠脚伸过来触到一条肉腿，吓了一跳，脸上免不了有些反应。桌上的另外两个女人奇怪她的表情，杨惠惠说是被蚊子咬了一口。她们更奇怪，刚立了春怎么就有蚊子了？杨惠惠支支吾吾的，脸有些红。

心猿意马的周祐牌打得乱七八糟，免不了输钱。尽管输得不多，心里面还是不舒服，他对杨惠惠说：“你总是捣我，我下次也捣你，你也放牌给我。”杨惠惠说：“好呀，你给我捣，我能不给你捣？”话说完觉察出弦外之音，双颊绯红。

再次打牌时周祐连袜子也不穿，反正天气也热了，自己给自己找理由好找。一男一女赤裸的脚背底下磨磨蹭蹭，竟弄得如漆似胶。

散场后杨惠惠打电话给在回家路上的周祐，说他的脚脏兮兮的，弄得她难受死了。周祐说：“你才难受一次，我难受无数次了。”杨惠惠骂他“小东西”，周祐坏坏地说：“东西不小，长三十几年了。”

杨惠惠大周祐七岁。四十岁的杨惠惠因为保养得好，从脸上看不出她的真实年龄。丰满的身体无处不透着少妇有的那种迷人韵味，很是催情。

周祐接完电话后心想，电话真是个好东西，它可以让人相互讲一些无耻的话而又面不改色心不跳。

哪知道杨惠惠在接下来的日子里对他的态度骤然生变，她甚至还拉下脸来要周祐不要对她没大没小的。周祐开始和杨惠惠打牌时叫她杨大姐，后来叫她杨惠惠，再后来有次桌上一个老太婆叫杨惠惠“惠惠”，他也不知趣地跟着叫。他想杨惠惠怕是因为这个不满吧？她当时狠狠地白了他一眼。

看得出来的是，杨惠惠显然在拉开和他的距离，在冷落他。打牌时桌肚下的脚虽你来我往的，却没有了情趣。他感到她的脚冰冷冷的，他觉察出她有心思。

她有什么心思呢？不至于是叫她惠惠的问题，肯定不是。

杨惠惠在一天晚上打电话给周祐，问他边上有没有人。周祐告诉她是在家里，老婆打麻将去了。她把电话打到他家里的座机上。

“你知道大姐最近有心思吗？”

“不知道。”

“你对大姐不关心。也不想知道?！”

“我当然想知道，想关心大姐。”

“那大姐就和你说说老黄这个人……他，对我挺好的。应该说是非常好。”

“看得出来，我也听人说过。”

“男人对女人不要太好，太好就没意思了。你想对一个人非常好，你就有负担。换一个大器的男人这不算什么。像黄谷就不行，他在我面前唯唯诺诺，诚惶诚恐。他本质不是这样的，他的两面性还表现在对待领导方面，在领导面前他的那个孙子样，恶心死了。在部下和有求于他的人面前又是另外一副嘴脸。其实男人当不当官并不重要，重要的是要像个男人。有一次我陪他到行长家，他进厨房帮行长老婆剥蒜，剥了一瓣又一瓣，回到家唉声叹气，说自己多不容易。你说气人不？说他两句，还偏说他所做的一切都是为了我好，赶明儿做出坏事来、闯出大祸来也赖到我身上，让我陪他担着。男人怎么都这个德性？你告诉大姐，你是不是这样的人？"

"我当然不是这样的。要这样，早坐到公司办公室主任，或许是总经理的位置上了。"

"不是这样就好，否则大姐瞧不起你。黄谷在外赌钱我是知道的，他赢了钱也还交给我一些。但我不主张他赌，人家输钱是故意的，是巴结他，换着法儿给他送钱。天上掉馅饼，地上有陷阱。受了人家好处就被人牵着，倒做了人家孙子。烦的是现在男人哪个不在外面玩，不玩这个玩那个，水桶里的葫芦捺了这头冒那头。不让他玩，成天看他在你面前转来转去的，更烦。"

周祐听到这儿叹了一口气，算是表明他的态度。

"你告诉大姐，你有没有跟他们一起做过坏事，搞过女人？我知道和他打牌的魏启武、阚红兵他们可是什么事都做得出来。"

"我一个拿死工资养家糊口的人怎么会做这种事，我想老黄也不会吧？他们都说他不行，在这方面有毛病。"

"怎么不行？他什么情况我还不知道？其实，这事我也说不清楚。"

"你可以弄清楚的，这还不简单……"

"你太过分了。"杨惠惠大声说了一句，像是气愤地挂了电话。

周祐很奇怪杨惠惠的态度，都和他说知己话了，一不高兴就变了脸。

与杨惠惠她们打起麻将后周祐一发不可收拾，每周有三场是少不了的，周五晚上、周六、周日下午。

打麻将的人不像刚开始那么固定，长相像"黄烧饼"的女人是个会计，每次打麻将都做明细账，到了第十场把谁赢谁输统计了出来。她在杨惠惠面前嘀咕，说周祜是个杀手，前前后后赢了五千多，光她输的就九百多。杨惠惠知道她这话定跟“芝麻饼”也说了，就在“芝麻饼”面前吐槽：“我输得最多也没说什么，打牌总得有输赢，尽想赢谁跟你打！输不起就不要往牌桌上坐，别像个下岗女工似的。”

“芝麻饼”不说什么，她老公是黄谷手下的信贷员。但她从这以后在牌桌上就怵周祜，一见他有听牌的架势就慌，就拆牌跟牌，能把手上的牌清变混，混变杂，杂变乱，弄得七零八落、鸡零狗碎。牌桌上有这么一个人，其他人的牌就很难打，这样会导致一个人的牌跟着兴起来。而一个人的牌一旦兴起来便势不可当，做大牌随心所欲，吃碰牌错打巧来，你刚听牌他便和牌。杨惠惠知道“芝麻饼”的把戏，脸上笑着，牌一张张出来砸在桌子上啪啪响。桌子是她自家的，也只有她能砸。周祜很不喜欢杨惠惠这种牌风，厌烦起来便瞪她两眼，杨惠惠要是注意到了就有点不好意思。

杨惠惠在每个周五的中午就开始约人。她把找人打麻将称作“圈腿”，麻将桌子四条腿，少一条不行，打麻将四个人，最恼人的就是三缺一。每逢这个时候黄谷是不敢出门的，得等她将人定下来。黄谷要是晚上不回来吃饭，出门前会一如既往地重复一句话：“饭在文游饭店订下了。”

到杨惠惠的一桌打麻将的人肚子饿了的时候，文游饭店的服务员就来了，送来三菜一汤，用食盒拎着。这让杨惠惠很省心，连碗都不用洗。账也不用杨惠惠结，连签单都不要。文游饭店是黄谷的特约饭店、定点饭店。有求于他的人请他吃饭，大饭店不去，提到是去文游饭店，去。黄谷喜欢这家饭店做的雪花豆腐、软兜鳝鱼、酸菜鱼、老鸭煲，这几个菜是文游饭店的招牌菜，他是有品味的。饭店老板并不是正儿八经的厨师，嘴馋，吃多了悟出门道自己动手做私家菜，靠这几个菜开了一爿红红火火的饭店。黄谷是他的大客户，平时吃点喝点都滚在了别人请客的单里。

新找来打牌的有一个叫朱婷的年轻女人，她在市人民医院手术室当护士。约人打牌，被约的人要是已经有场子或没时间会介绍一个麻友，朱婷是麻友介绍的。与朱婷打了一场牌，杨惠惠就再也不想约她了，觉得她很色，打牌时总是用眼睛瞟周祐，说话也没遮没挡的，吃饭时见冰糖炖猪手上面有几根毛竟能联想到自己的工作，说她在手术室里给男人剃体毛时也经常剃不干净，总是留下那么几根，被护士长骂了几回。大家被她说得倒胃口，周祐脸上更多一份唯一在场男人的不自在。杨惠惠带些鄙夷的口吻问朱婷剃过多少男人。她说，不多，老少男人加起来千人左右。又说有一天剃了六个男人，见了做手术的院长都想剃。说完她还笑着瞄了周祐一眼，想必考虑着如何下手。

星期天上午杨惠惠打电话给周祐，告诉他下午的牌打不成了，缺人。周祐有点不甘心，问缺几个人，杨惠惠说三缺一。周祐想到了朱婷，杨惠惠很不高兴，可又不好说什么，只得打电话让“芝麻饼”去约，心里面希望朱婷没空来才好。可朱婷偏偏一喊就到，还把打牌的时间从下午一点提前到十二点半。

牌桌上杨惠惠阴着脸，怏怏不乐，牌打得没精打采。

打完了三将也就是十二圈牌才傍晚五点，“芝麻饼”赢了钱兴致高涨，建议再续一将牌。杨惠惠不答应。这样的情况一般是听输家的，就杨惠惠一个人输，她说不打只有不打。朱婷第一个站起来走了，周祐望着她款摆的腰肢有点发呆，“芝麻饼”用手戳着朱婷的背影说：“这个女人是个花疯，见谁撩谁。”杨惠惠说：“这倒好，小周有了事做。看他眼睛跟锥子似的，盯着人家眨都不眨。”说完她还撇嘴笑了一下。

周祐马上接过话来为自己洗干净身子：“我是你们做菜的佐料，三根筋挑个头的瘦叽叽女人也拿来坑我。”

“芝麻饼”说现在时兴朱婷这样的瘦女人，叫骨感美。周祐迎着杨惠惠的目光说：“我还是喜欢健康结实的，我老婆比她胖多了，我还是不满意。”

“芝麻饼”马上问周祐老婆有多胖。周祐放肆起来，目光落在“芝麻饼”和杨惠惠的身上，上上下下地打量了一番，吞吞吐吐地说：“反正，什么地方也没有你们两位胖。”杨惠惠脸有点红，赶紧将话岔开去。

心情好起来的杨惠惠，留周祜和“芝麻饼”吃晚饭。

杨惠惠这几天有点疲倦，麻将结束得早也就没有让黄谷订文游饭店的菜。留周祜和“芝麻饼”吃饭要做菜，她打开冰箱取菜。问周祜想吃什么，周祜说随便，“芝麻饼”说随便可不好吃，杨惠惠笑了，拿了几根香肠，冲“芝麻饼”说：“男人可不是吃素的。”“芝麻饼”夸张地笑起来，去看周祜表情。周祜说：“男人吃肉！还不吐骨头。”

杨惠惠在厨房里做饭，周祜坐沙发上看电视，“芝麻饼”想和周祜说什么，见他爱理不理的样子就悻悻地进了卫生间。这正是周祜希望的，他旋即站起来钻进了厨房。

周祜问杨惠惠要不要帮忙，杨惠惠挥手让他出去，说灶台上没有男人的事。周祜给自己找理由，说要看着她做菜。杨惠惠说做菜没什么好看的，厨房里乌烟瘴气。周祜说才不是呢，做饭的女人特别生动。杨惠惠问他在家里是不是也喜欢这样，经常待在厨房里看太太做饭，周祜摇摇头。

杨惠惠麻利地切着菜，厨房里的温度高，她脸上红扑扑的。炒菜时她让周祜帮她系上围裙，周祜拿着围裙并不立即帮她系上，而是乘势从后面抱住她，手搂着她的腰不放。杨惠惠用肘顶了他一下，挣脱出身子说：“你要死了。”她的声音很小，夹着娇喘吁吁，脸更红了。

周祜套着她的耳朵轻声说：“你真好看。”杨惠惠扬起手上的铲子做出要动手的样子，但只是悬在空中。后来油锅糊了，冒出了焦烟，杨惠惠将锅里的油倒掉，锅又重洗了一遍。

“出去，出去。”杨惠惠轻轻地推了周祜一把。周祜估计“芝麻饼”差不多要从卫生间出来了，就又坐回到了沙发上，把神情调整过来。

吃完饭杨惠惠让周祜送“芝麻饼”回家。路上“芝麻饼”与他找话说，他有点心不在焉。他觉得自己在男女方面也算老手了，在女人面前什么样的话都说得出来，可对杨惠惠却说了句老土的话，说什么“你真好看”。

不管怎么说，和杨惠惠之间快发生那件事了，这一点他坚信不疑。

3

黄谷尽管在外面乱来，回到家对杨惠惠却是好得无微不至。除了家里的大事小事让她做主外，还有一项突出表现，就是每天晚上在床上将一天所遇到的事说给她听。

杨惠惠有兴趣时会和他说几句，对他遇到的事有时不知不觉地拿了主意，黄谷十有八九是照办的。她要是没兴趣，黄谷的话就当作催眠语。若是黄谷回来得晚杨惠惠自己睡着了，他会在第二天早饭或午饭桌上对她讲，从不例外。

黄谷对杨惠惠说的话虚虚实实，有时候他做一整天坏事回来能不说谎和编瞎话?

这天黄谷回家很晚，说是到盱眙吃龙虾去了。杨惠惠让他好好洗洗，不要带了腥气到床上来。黄谷上床后说当天的事，主要在吃喝上。杨惠惠不感兴趣，抱着黄谷，让他贴着她耳朵说话。黄谷以为有戏了，把自己调动起来时却发现她早睡着了。

待杨惠惠夜里醒来，黄谷还在翻来覆去地没睡觉，她知道他的心思，冷冷地说：“来吧。”

黄谷很抓紧，一顿手忙脚乱，怕她再睡着了做不下去。

事完后黄谷问杨惠惠：“怎么样？”这是他们之间的老一套，他需要成就感，也怕杨惠惠不满足和不高兴。杨惠惠一般会给他一个“好、一般、不好”的评语。遇到不好的时候他会有一阵子唉声叹气，像是做了件错事。

这次杨惠惠的评语是：“不好，谈不上什么好。”黄谷雄心万丈，打起精神来想再拼搏一回，杨惠惠背着他又睡熟了。

杨惠惠确实是说的实话，第二天上班的时候她想，夫妻做老了真的没意思，越来越没感觉。她让黄谷贴着她耳朵怎么就没有周祜带给她的痒丝丝、撩人的感觉呢？看来人跟人确实是不一样。她想，下次黄谷再跟她亲热，闭上眼睛想想周祜，不知道会是一个什么样的感觉。这种做法以前有过一次，角色是电视连续剧中的一个男主角。

除了黄谷，杨惠惠没有过其他男人，不沾也罢，周祜此前与她用脚在麻将桌下互相“发电报”，她只是觉得好玩和有点刺激，从心里面都不承认这是调情，更不会往深处想。周祜在厨房里对她使的那一出让她食髓知味，她开始有点烦躁不安。下班的时候她在书报亭买了几本妇女杂志，有时尚的，有婚姻家庭类的。不知道怎么了，她开始怕晚上的空虚。

杨惠惠应该属于那种思想上受道德压束、在生活上有节制的女人。以前她听到别人有婚外情会很鄙夷地摇摇头甚至咂嘴，觉得不可理喻。

她和黄谷谈恋爱的时间不长就结婚了，结婚后她在性生活上真正感到有激情、觉得有滋味时却怀孕了。分娩时她体会到了做女人的最大痛苦，对于这一点黄谷也很内疚，他当时在省城财校读党政干部大专班。杨惠惠不喜欢差点要了她命的儿子，黄谷就在儿子满周岁后送到扬州，让他的爷爷奶奶带着。

杨惠惠觉得人的一生就像一块蜂窝煤，慢慢地点燃，经历旺盛、白热化，然后衰落、熄灭。漂亮女人是属于有本钱的人，现在有本钱没本钱的人都想做大生意，让自己的身体、容貌、青春物有所值。杨惠惠却没有这些念头，她丰衣足食，有个好工作，想要的东西都会有，根本不用把自己贴进去。这也就是她瞧不起别人的原因。她也知道黄谷在外面会有些乱七八糟的事情，觉得这年头坏男人多，好男人也被他们带坏了。她想只要不亲眼所见黄谷做坏事，权当作没有。

杨惠惠有时也想，她与周祜在交往中是否有些过分，但觉得自己是掌握分寸的，没有让事情发展到那一步，而不到那一步又算什么呢？应该等于什么也没有。

有时候她是这么想的，男女之事即使换个人也不还是那样，做来做去折磨的总是身体，终究要厌倦。她觉得自己喜欢的是打麻将和沐浴这两件事，这两件事足以让她享受生活的乐趣。

麻将是个让她着迷的东西。十三张牌砌起来，摸牌、出牌，局面瞬间变化，流动的局面让她心起波澜，期待的或意料之外的结局让她一次次地体验兴奋、失落、遗憾等情绪。她也在乎输赢，不是钱的原因，她需要的是控制局面和取得胜利。她喜欢跟周祜打牌，他的牌风沉稳犀利，喜忧不形于色，输得再多也可能在最后一牌捞回去。跟他打牌要赢，离牌桌才能算数。

沐浴是件让她感到很惬意的事。浸泡在温热的浴池中，血液快速地流动着，身体便变得很敏感。浴间里有一面很大的镜子，抹浴液时对着镜子的杨惠惠是很自恋的，她喜欢自己的身体，有时会用手去抚慰敏感的地方。淋浴更能带来快感，适当的温度、有力度的线状水流常常让她不能自持。

晚上，杨惠惠单位的同事打电话找她，她们急疯了，约好的麻将搭子没有来。杨惠惠不愿和同事打牌，磨磨蹭蹭地过了很久才过去，在桌上她知道缺场的居然是周祜的老婆夏沄。有人讥笑夏沄不来的原因是口袋空了。夏沄和她们打输了好几场。

4

杨惠惠想了想还是将夏沄跟她单位的人打麻将的事告诉了周祜。

周祜就不得不问到输赢的问题，这很关键。杨惠惠在烟草专卖局工作，她单位的人工资高不说，单奖金一年就拿好几万块，夏沄输头牛在人家那里等于一根毛，跟这些人打麻将无异于赌家当。杨惠惠并不想告诉周祜太多的情况，被他问得紧了才说夏沄怕也就是输了几千块钱。周祜不相信，说夏沄没有那么多的钱输。

杨惠惠不再说什么，关照周祜回去不要计较夏沄，是她嘴快，但她用心是好的。那些人赢了夏沄的钱，背地里还笑她是亏损企业的书记，她只是想夏沄不要再跟那帮人打了。周祜知道夏沄有时在外输得很惨，回家却打肿脸充胖子说不输钱或赢钱，受害的是周祜的母亲和儿子小丹，历史上有连续十天吃冬瓜、青菜的纪录。这事被周祜知道后曾当着母亲的面打了夏沄一个大耳刮子，规定她以后每天买菜必须记账。

周祜窝了一肚子火回家，先查看了夏沄买菜的记账本，看不出她有克扣伙食费的嫌疑。再翻出银行卡查了查，也没有被挪用一分钱。打电话到夏沄所在的纸浆厂找熟人问，厂里最近有没有补工资或者是发了大笔奖金？所问到的人都说没有。

这就奇怪了，夏沄输的钱是从哪里来的？

这个问号折磨着周祜。女人要是有来历不明的钱是一定要搞清楚的，他认为这里面有利害关系。

等到夏沄深夜打麻将回来，周祜先劈口问她今天输了多少。夏沄愣了，脸稍许有点红，说今天手气背，输了一些，也就是八十多块钱。

“你带了多少钱出去打麻将？”周祜追问，夏沄看了周祜一眼，不明白他今天怎么了，她说她身上没多少钱，他是知道的。

周祜阴阳怪气地说：“你说我知道什么？我眼睛又不是 X 光，怎么能透视你钱包里的钱。”夏沄重重地把手提包摔在椅子上，“你可以打开来看呀，钱都在这个包里面。”

周祜扬扬手，示意她将手提包拿过来。手提包里没有什么，确实只有几十元的票子，翻到夹层却看见有几张百元钞票在里面。周祜装着没发现什么，问夏沄最近打麻将的手气如何。

夏沄回答得很模糊，说就这样，有输也有赢。周祜接着问她是输得多还是赢得多。她说是输得多一点。周祜叹了一口气，说夏沄对他的话东耳朵进西耳朵出。

周祜交代过夏沄，拿出五百元做麻将本，全输了就不要再打了，他只是让她在外面小玩玩。周祜在赌这个问题上是有原则的，认为要有理智。他有一条规则：打麻将打三场赢二场，可以天天打；打二场输赢各半，可以偶尔打；打一场输一场，坚决不能打。

周祜问夏沄最近在外打多大的牌。夏沄不敢回答周祜的问题，来一招神仙难下手。周祜比神仙厉害，他下得了手，也让夏沄开得了口。他搞家庭暴力，搞刑讯逼供。夏沄看周祜要动手的架势，不等到他的耳光刮到脸上就开始大呼小叫。

被惊动的是周祜的母亲。她跑过来，替他们将门掩上，说孙子睡觉了，也不要吵醒邻居。

这一夜周祜没有让夏沄睡觉，逼她交代两个问题：一是输了多少钱；二是输的钱是从什么地方来的。

第一个问题夏沄回答得吞吞吐吐，说也就是输了千把块钱，周祜跳过去问第二个问题，钱从什么地方来的。夏沄难以回答，周祜拿话激她，问她是不是在外面“卖”了。夏沄为自己辩白：“钱是从厂里得来的好处，没你想象的那么恶心。”

厂里得来的什么好处周祜要问清楚。待被逼无奈的夏沄说出真相，周祜倒是吓了一大跳。

夏沄是厂里大地磅的司磅员，进煤炭时她与仓库监磅的人串通开空扉子，过磅十车做出十二车的扉子。她说她本来不敢这么做，监磅的赵玉梅说其他班上的人都做，进煤炭这种大采购，上上下下哪个环节不捞一把，你不拿人家还不相信呢！钱由供煤的人悄悄塞在她们的坐垫下面，少则两百元，多则五百、一千元不等。前后总共拿了有三万多元，夏沄分了一半，有一万五千元的样子。

再反过来问夏沄输了多少就清楚了，她输了有一万多元。

周祜没想到夏沄做出这么胆大的事情来，他对她说：“你准备坐牢吧。这是内外勾结偷厂里东西。偷东西五百元公安局就立案了，你的罪行够坐几年牢的。”

要说夏沄还真是够胆大的，说就这么点事做不了大文章，天塌下来有高个子顶着，地陷下去也有矮个子垫着，在纸浆厂，犯不上她先被怎么样。

周祐母亲一直在门外竖着耳朵听儿子媳妇吵架。听说夏沄在厂里贪了这么多钱在麻将桌上送掉了，气得嗓子痒痒的，想要掺和进来吵几句。待周祐气呼呼地从房间出来，她便问他夏沄把剩下的钱弄什么地方去了，要儿子把这些钱追回来。

周祐没好声地说："没了。输了。用了。光了！"周祐母亲气不过，拿了张凳子坐在儿子房间外面开骂，骂夏沄是祸水，是败家子，骂她赌吃嫖遥，不是个好人色。

周祐听不下去，心里越发烦躁，气呼呼地摔门出去。

对于夏沄闯出的这个祸怎么收拾，周祐六神无主，知道这天黄谷在外面打麻将，就打了电话给一个人在家的杨惠惠。

杨惠惠对周祐这个时候给她打电话有点惊讶，本来已躺下的她坐起来，拿一个靠垫让身子舒服了，想和周祐好好聊聊。

从周祐的声音里能感受到他情绪的低落，杨惠惠听了事情的大概咂了下嘴，一时不知道说什么好。

她问周祐为什么这么相信她。

周祐叹了一口气，说能够相信的人太少了。杨惠惠心头一热，但还是把话题岔了开去。她说夏沄为这么点钱，犯这样的错误得不偿失。她让周祐好好想办法，把这个事情处理妥善了，不要让夏沄受到伤害。周祐问她有没有好办法，杨惠惠迟疑的当儿，周祐说他想听听局外人的意见。

杨惠惠说："我有什么办法?! 我要是你，无非做两种选择，一是把事情瞒紧了，千万不要再做了，更不要让人发现；二是赶紧将钱退到厂里去，争取个主动，免得事情败露了被动。"

周祐听了杨惠惠的一番话，觉得她真是个不一般的女人，心里面生了许多的佩服，也更怨恨老婆夏沄的愚昧无知。他说他知道怎么去处理这件事了，杨惠惠还是不放心，叮嘱他不要为难夏沄，说这时候她肯定也很后悔和难过。

杨惠惠搁了周祜的电话久久不能入睡。她不知道自己把夏沄打麻将的事情告诉周祜是对是错。自打和周祜打上牌以后，自己好像很是关心他，难道是对这个小男人有了兴趣不成？不会吧，自己不喜欢小男人的。只是这个小男人让她体验到自己丈夫在某些方面的衰老。他使她领略了活力，让她在某些方面又蠢蠢欲动，可是这时候她心里面还是不承认的。

周祜让杨惠惠看出，他对妻子发生的事很紧张，对妻子应该还是很有感情的。她想了很长时间，要是自己遇到这样的事黄谷会怎么样，要是黄谷遇到这样的事她又会怎么样。想来想去却只想到一句让她灰心的老话：夫妻本是同林鸟，大难来临各自飞。

她曾经问过黄谷，他们夫妻之间要是有一方有难了，对方会不会不离不弃。黄谷说："答案是肯定的，因为我们是夫妻，是利益相关者，谁也离不开谁。"她当时听到这话是笑的，现在想起来也还要笑。黄谷是想理性地说明夫妻关系，却把夫妻说成一根绳子上拴的蚂蚱了。

杨惠惠经常劝黄谷，有些事情不能做，她觉得他的胆子越来越大，她快捂不住了。她威胁过黄谷，要是他在银行那头出了事情，她就和他离婚。

杨惠惠决定这一阵子不再叫周祜和她们一起打麻将了。

5

夏沄在家里的表现好了起来，做家务、搞卫生，像个贤妻良母。闲在家里没有麻将打的周祜倒反而六神无主，把嘴搁在夏沄身上，说她不犯错误没这么勤快。夏沄听这话后气得又不做家务了，看电视。周祜总不能天天打她，也不敢过分，夏沄警告过他，要是再搞家庭暴力，她就去妇联，去周祐的单位告他。

耐不住寂寞的周祐打电话给杨惠惠，问她怎么不叫他打麻将了。他在家里看到夏沄就烦。杨惠惠安慰周祐，对夏沄要多一些忍耐，怎么说也该夫妻共渡难关。

周祐放下电话不久，杨惠惠的电话又打了过来，说约好的麻友一个没来，她要找一个人的电话号码。周祐觉得机会来了，连忙赶过去。果然杨惠惠的麻将还没有打起来，只约来一个叫“枯枯倒”的麻友，两个人在大眼瞪小眼。

杨惠惠她们把和小牌叫“枯子”“小枯子”，除了迫不得已，一般的情况下不会和这种牌，就像捕鱼的不会捕鱼秧子一样。这个叫“枯枯倒”的女人只要能和牌，被人家怎么骂“枯皮”也不在意。杨惠惠一般情况下不喜欢叫她，看来这阵子确实少了陪打麻将的人。

“枯枯倒”说：“这下好了，又来了一个，三条腿了，少一条腿好凑。”杨惠惠看了看周祐说：“他不能算。”“枯枯倒”说：“这倒怪了，我又不是没有和他打过，上次输给他的还想他倒出来呢，你竟然连翻本的机会都不给我。”杨惠惠说：“小周他家里有事，没心情打，是不是？”

周祐点点头，他只有顺着杨惠惠的意思。“枯枯倒”有些不甘心，想劝周祐上场，被杨惠惠一个凌厉的眼神制止了。这当儿她在不停地翻手中的通信录，给想得起来的麻友打电话。

麻友们不是在班上，就是有事走不开，更多的是已经上了场子搓起来。电话里听到人家洗牌的哗哗声，“枯枯倒”坐不住了，开始埋怨杨惠惠，问她约好的人怎么都是空的。杨惠惠解释，说来的人一个突然开会了，另一个昨天上午就约好了，偏偏昨晚与别人的一场牌输得厉害了，怎么劝也不来。周祐建议杨惠惠找朱婷，问她有没有时间。杨惠惠白了周祐一眼说：“我哪里有那个小狐狸精的电话？”

周祐也不看看杨惠惠的脸色，不知趣地说他有。“枯枯倒”着急地让周祜把朱婷的电话号码给杨惠惠，逼着杨惠惠赶紧打电话。

电话通了，杨惠惠对朱婷的口气很生硬："差一个人，你来不来？"朱婷高兴地说："我来，我来！你们一定要等我，我十分钟就到。"

还不到十分钟朱婷就到了，她是骑摩托车赶来的，进屋后连头盔都来不及摘就坐下来。

朱婷来了以后三缺一，周祜就不得不上场了。杨惠惠非常不情愿，又没有办法。

周祜好长时间不打牌，身上的零用钱没有了来源，坐下来后摩拳擦掌，牌打起来有点穷凶极恶，一下子就和了好几把大牌。

周祜赢了后想悠着点时，朱婷的怪话来了："不要把我扒光了，现在医院里抓得紧，红包拿得少了。"杨惠惠抓住朱婷的话柄，乘势而上："小周你有本事就把朱婷扒光了，让我们也饱饱眼福。""枯枯倒"兴奋点低，就这么一句话乐得笑翻了，伏在桌子上打不出牌来。

周祜对朱婷说："我下面和你的牌就不要付账了，你有一次就脱一件，以不露点为界限。"朱婷嘻嘻哈哈的，"露点也不怕。夏天我们在手术室做大手术，一台几个小时，护士服里面除了内裤什么也不穿。医生要小便也不下手术台，由我们替他掏出来把着尿。没有谁感到什么不自在的。"

"枯枯倒"唯恐天下不乱，说："那你接下来就脱，我们不反对，我们输了付我们的，与你不相干。"朱婷说："不干！天太冷了。"

说话间朱婷连对了周祜几副牌，看出了清一色万子的架势。杨惠惠和"枯枯倒"紧张起来，只有周祜不在乎。杨惠惠见周祜这样有点生闷气，脸上不知不觉地就有了愠色。好在朱婷这把牌没能够和下来，是周祜和的。

周祜坐朱婷的对门，接下来他打的牌仍然有杨惠惠和"枯枯倒"觉得不应该的。杨惠惠不时地观察朱婷的表情，看她是不是给周祜使了眼色。从朱婷面部表情上看不出问题，杨惠惠就怀疑她是不是也和周祐在下面“发电报”，她把本来放在周祐边上的腿横在朱婷与周祐之间，这样的话朱婷要是有小动作便能够被她察觉。

朱婷没有小动作，周祐的一张牌被朱婷对了后从牌垛后面杠开了花。杨惠惠气得把牌一推，怒气冲冲地说：“这样个打法没玩头了。”

“枯枯倒”说了句公道话：“这牌不怪小周，他打得不错，防不住。”杨惠惠听“枯枯倒”这么说，也觉得自己失态了，拿目光悄悄地打量周祐。他倒是好，一点也没有生气，脸上甚至还微笑着。

牌打结束，周祐站起身来就走了，留下“枯枯倒”和朱婷陪杨惠惠吃文游饭店送来的饭菜。

看着特意为周祐点的软兜鳝鱼，杨惠惠气不打一处来，用筷子扒拉着菜，一点也不想吃。手机响了起来，一看是周祐打来的，她站起身来到一边去接。

周祐打电话不为别的，专门解释牌的事：“防吃牌难防对牌。再说，不能因为防人家的牌就弃了自己的好牌。”见杨惠惠不吭气，他又说：“要说朱婷，我讨好她干什么？我又不和她好，我只会对你……”

杨惠惠：“不要说了，你理多！”

接完电话回到桌上后杨惠惠的胃口好了起来，对两个麻友也不像先前那样了，和颜悦色起来。

周祐对杨惠惠冲他的态度一点也没有生气吗？一点也没有。杨惠惠的醋意让他开心得很。

6

周祐又正常地打上了麻将，杨惠惠把夏沄的事情丢在一边，不再说他什么。

杨惠惠就是看不惯朱婷，怎么着也不再叫她来打牌，宁愿缺一个人打不起来。私下里她盘问过周祐，当然是以开玩笑的口吻，说周祐与朱婷“串”上了。

“串”是麻友之间最想而又最忌讳的。谁都想在四方混战三方为敌的麻将桌上有一个自己的盟友，谁也都怕桌上的其他人“串”上，自己成众矢之的。

周祐解释，是朱婷主动将电话号码给他，希望打麻将缺人时叫她。这是实话，杨惠惠看他的神情也不像说谎的样子。

杨惠惠定下规矩，在她家打牌的，赢得最多的要在散场后帮她收拾一下。这是合理的要求，大家都能够接受。

这天周祐赢得多一些，便在散场后留了下来，像是说给那两个即将要走的麻友听似的，他嘟囔了一句：“我在家里是油瓶倒下来也不扶的，倒要在这里抹桌子扫地。”杨惠惠宽宏大量似的，“你把桌上的麻将收了就走吧。”

周祐收拾了麻将并没有走，杨惠惠让他帮着削一下山药皮。她说黄谷到省行去学习，其实是省行组织的旅游，在三亚晒着日光浴。周祐紧跟一句，说黄谷没准在那里小姐都找上了。杨惠惠没接话，说她最喜欢吃山药，只是最怕削山药皮，过敏，沾一点点都不行。

山药黏糊糊的，周祐黏了满手。杨惠惠在水池里打当[1]昂嗤鱼，一种样子很怪的鱼。这种鱼头扁嘴阔，有点像鲇鱼，无鳞，皮色黄，有灰黑色、不规则的大斑，背上有一根很硬的尖锐骨刺。杨惠惠和周祐说着话，不小心就被鱼身上的骨刺刺了一下，她尖厉地叫了起来。周祐凑过去看了一眼，让她用手捏住伤口。他赶紧擦了一下手，从钱包里掏出一张创可贴替她包上。

杨惠惠感激地冲周祐笑了一下，是周祐一直喜欢的那种媚笑。

1　江苏方言，意为打理、收拾。

周祐说：昂嗤鱼弄起来太麻烦，他们家从来不进门。杨惠惠说她喜欢吃也就不怕费时费事，细火炖出的鱼汤奶一样的白。她留周祐一起吃饭，周祐没有立即答应，迟疑了一下。杨惠惠是真的希望他留下，问他是不是有重要的事情，是不是一定要回去。周祐说事情有，但不是太重要。这么一说杨惠惠就让他一定留下来，吃完了饭再去忙乎。

一会儿厨房里的杨惠惠又大呼小叫起来，还不停地甩着手。周祐问她怎么了，她说手上痒，痒得难受，一定是山药过敏。周祐不解地问："山药是我削皮的，你怎么过敏了？"杨惠惠说："你刚才摸过我的手。"

周祐见杨惠惠痒得眼泪都快出来的样子，忙问她过去遇到这样的情况怎么办，杨惠惠气喘吁吁地说是用火烤。周祐拉着她到燃气灶边上，按着她的手在火边上烤了烤。杨惠惠说："你这个罪魁，把你的祸手也烤一下。"周祐却是舍不得放下杨惠惠的手，他感到手里捂着的是绵软无骨的暖乎乎的一团。他走神了，想她这么双讨人喜欢的手游走在自己身上会是一种什么感受。

杨惠惠不知道有没有看到周祐的表情，她不想这样继续下去，挣开周祐的把握，轻舒一口气，说痒得好点了。可话音刚落身子却又扭动起来，她说："坏了，身上也痒了，刚才拉了一下羊毛衫，怕是接触到了皮肤。"周祐关切地问她痒的部位，杨惠惠满脸绯红，说在腰上，急慌慌地跑到卫生间，咔嚓一声闩上门。

很长时间杨惠惠才从卫生间里出来。她的脸还红着，看了周祐一眼，问他是不是感到很好笑。周祐摇摇头，说没有什么好笑的。

杨惠惠身上再痒起来时，周祐拉着她，不再让她到卫生间去，他要替她用火烤一下。

杨惠惠按着腰痒的地方，问周祐怎么才能够烤到腰这样的地方。周祐掏出打火机示意了一下。杨惠惠有些迟疑，但痒得难受，她还是掀起了羊毛衫的下摆。

周祐的眼睛像被闪了一下，定睛才看到杨惠惠丰腴的腰际。杨惠惠不失柔曼的腰有着圆润的曲线，白净的腹部和光滑的后背也露出了一截。她手点着一小块已被揉搓得泛红的地方说：“就这里！就这里！”

周祜揿着了打火机，杨惠惠娇声地说不要烫着她，把衣服拉得更高了一些。周祜装模做样地用打火机的火头帮她烤了烤，脸离她的身体，离她裸露的腰肢贴得更近了。杨惠惠感到周祜呼吸到了她身上，不由自主地轻推了他一把。周祜拉住她的手不放，紧接着顺势一把揽过她的身体，嘴旋即贴到她的唇上。

……

事一完周祜就急慌慌地穿衣服，并望着杨惠惠，希望她也快点将衣服穿上。

杨惠惠用被遮着胸脯坐在床上不动。周祜说：“穿吧。”杨惠惠不吭气，周祜再说：“你穿上好不好？”杨惠惠仍然不动弹。

周祜故作镇定地掏出根烟抽，跑到客厅里拿来他的茶杯。

杨惠惠说：“你走吧。”周祜一听，站起来拿他的外套，像是立即要走的模样。

“我要告诉老黄。”杨惠惠自言自语，也像是警告周祜。周祜笑了笑，问她：“告诉老黄干什么？”

杨惠惠含糊又愤恨地说：“我迟早是要说的。”

周祜头也不回地走了。路上他用手机打了个电话给杨惠惠，她半天才接。她问周祜还想怎么样。他说他想回家后把这事告诉夏沄。

杨惠惠急了：“你什么意思？你敢?！”他说：“我有什么不敢的。你都敢告诉老黄，我还怕什么？夏沄不能拿我怎么样你是知道的。”

“周祜，我相信你敢。但你不要害我。”杨惠惠的口气柔和起来，“明天，你打个电话给我。现在，我心里乱极了。”

周祜说：“我也乱极了，你让我太兴奋了。” 杨惠惠叹了一口气，挂了电话。

回到家，夏沄史无前例地给他倒了杯茶，还不停地给他沏水，也不跟他争电视频道看。

一问果然有情况，她说厂里的事情暴露了。公安局内保科已经到厂里找她们谈过话了。周祜笑了一下，引得夏沄看他的眼光变得怨恨起来。

对夏沄的事他好像并不觉得什么，不在乎似的。他真的还在兴奋着。

7

上午九点钟的时候周祜打杨惠惠的手机。她没接，一会儿发了条短信过来说正在开会。再后来她给周祜打过来电话，说她昨天一夜没睡，早上上班眼皮沉得睁不开。她抱怨周祜太过分了，是不是对女人都这样。周祜赶紧否认，说他对杨惠惠是心仪已久，是忍不住了。杨惠惠问他心仪已久是什么意思。他说就是动心很久了，每天都想。

杨惠惠叹了口气，说周祜怕是因为最近心情不好，找她发泄了。周祜说："不存在情绪不好的问题，想和你再次这样，永远这样。"

周祜明白自己在堂而皇之地说鬼话，但这个时候需要这样，需要把鬼话说得贴切流畅，说得面不改色心不跳。女人上当受骗是因为她们太喜欢这一套。

下午杨惠惠又打电话给周祜，对他说："我在不停地想，昨天的事太荒唐了。我也不好，平时跟你随便了一些。以后我不会这样了，你要答应我。"

周祜说他不答应。听她电话里没了声音，只得说他答应。杨惠惠不放心，问周祜说话算不算数，说若是说话不算数以后还是不见面为好。周祜说他一定说话算数，可以发誓给她听。杨惠惠笑了，说男人发誓起来如同吃肥肉。

周祐说："我这倒想起来了，昨天是猪八戒吃人参果。"杨惠惠问他这话是什么意思，周祐说不是什么好意思。

杨惠惠问周祐："昨天你是不是性冲动？是，我就原谅你。"周祐说："我不是！"杨惠惠责怪："那就不对了。我们都是有家庭的人，你这么做对不起夏沄，我也对不起老黄。"

周祐真是才思敏捷，马上说："管他呢，我对得起自己，我尊重自己的感情。"

杨惠惠沉默了好长时间，声音像是挤出来的一样，问周祐什么意思。

周祐的回答则像冒出来的一样自然："我喜欢你！"

"小周，你……"杨惠惠不说了。

星期五好不容易又到了。

周祐在牌桌上还算自然，杨惠惠则很不自在，显得有点烦躁。

往日牌打结束了杨惠惠会说"明天老时间继续"。不参加的人会提出来，说一个理由，由杨惠惠另找人补缺。可这天牌打结束了杨惠惠一声不吭，周祐问她明天怎么安排也不答话，直到周祐又问了一遍，她才说："明天不打，我有事。"

杨惠惠让周祐送"芝麻饼"回家，"芝麻饼"很乐意，周祐则显得不情愿。半路上周祐找了个借口与"芝麻饼"分手，踅回来敲杨惠惠的门。

杨惠惠将门打开一条缝轻声问："你又来干什么？"

周祐用力顶开门挤进身子，在杨惠惠还没有反应过来时抱住她。

杨惠惠挣扎着："你胆大包天。"周祐不开口只动手。

杨惠惠抓着周祐的手说："你这是强奸。"周祐喘着粗气说："我就强奸你，难道你不想我强奸？"

……

事后周祐把脸埋在杨惠惠的怀中，听她急促的心跳。

周祜和杨惠惠都知道黄谷在跟魏启武他们打通宵麻将。到凌晨四点多周祜要离开了，杨惠惠抱着他，用脸蹭他的脸，叹了口气，摇了摇头。周祜弄不明白她是自责还是无奈。她悄然无声地打开门让周祜出去，周祜提着脚步不敢弄出一点声响。

回家的路上周祜接到杨惠惠的电话，她问他明天能不能陪她去扬州买衣服。他其实不想去，但还是答应了。他们约好了十点钟在扬州的文昌阁会合。

第二天的扬州下着绵绵的细雨，他们见面后根本就没有去商场买东西。周祜说扬州小，肯定会遇见认识他们的人。杨惠惠也觉得是，坐车累了还不如找个地方休息一下。

他们住进了新世纪大酒店，进房间就打开了“请勿打扰”标志。其间他们只被打扰过一次，中午的时候黄谷打电话给杨惠惠。他问她吃过饭没有，在扬州玩得是不是开心。周祜和杨惠惠在床上正运动着，她说正吃着饭，周祜轻声示意她，让她说吃得很好，玩得很开心。她没有说。

黄谷像是央求，让她有时间去看看儿子。杨惠惠反问他：“是你的儿子，难道就不是我的？我要是有时间怎么会不去？犯不上由你来提醒我，你要是真关心儿子就马上赶扬州来，我们一道去看他。”

周祜用脚捣了杨惠惠一下，怕黄谷真的来。杨惠惠搁了电话说：“怕什么，他不会来的，焊在麻将桌上了，我听见了洗牌的声音。”

周祜要了还想再要，杨惠惠坚决不同意，说不能让他累着。她从包里拿出家里带来的听装中华烟让他抽，剥了橘子，一瓣瓣的，细心地去了络衣喂到他嘴里。

周祜没有被女人这样侍候过，觉得很幸福，想到黄谷也会这样被她侍候，他心里顿时酸溜溜的，便开始说黄谷的一些坏话，对她讲魏启武他们干过的坏事，里面都有黄谷的份。

杨惠惠捏了周祜胳膊一把，把头贴在他的胸口说：“不要说了。我们两人在一起时不要提到他。”

周祜跟杨惠惠有了关系后很少去黄谷打麻将的地方去玩，他们赢家出资的饭局、唱歌也尽量地不去，找各种理由推掉。心理上的缘故，他怕见到黄谷。思前想后，他又觉得不对，该一如既往才不会被人发觉。要知道，和黄谷一起打麻将的魏启武和郑百发他们都是精明的人。

魏启武果真厉害，再见到他时，他竟知道了夏沄的事，问周祜事情处理得怎么样。周祜说事情差不多过去了，他不愿意说这件事，便将话题岔开去。

回到家问到夏沄，果然事情严重了，公安局传过她们好几次。夏沄说她没敢告诉周祜，周祜为她隐瞒情况大发雷霆。夏沄闷声不响，将一大捧衣服收拾了装进箱子要出门。周祜问她想干什么，她气哼哼地摔出三个字："去坐牢。"周祜认为她往娘家跑的老毛病又犯了，严正警告她，"你走出这个门就不要再回来。"

夏沄的回答把周祜气得要死："我替你把要说的话说了——离婚！你巴不得吧？"

"怕你离，吓死我了。我成全你！"周祜的声音很大。说话间夏沄提着箱子摔门出去了。他没有拉她，以前她这样子也没拉过，这时候，这种情况下就更不可能了。

周祜打电话给杨惠惠，告诉她夏沄和他吵架的事。没想到杨惠惠却说了他的不是。

杨惠惠说周祜不了解女人，女人比男人胆小，犯了事心理压力大。她要周祜体谅夏沄一点，待明天或后天双方火气都退了一些时，多说些软话将夏沄带回来。

搁下电话周祜想了想，杨惠惠说的话有道理。夏沄的处境不好，自己是做得过分了一点。但他不想过两天就去将夏沄带回家，他怕去她家，也想就势杀杀她的威风。他很在意夏沄要离婚的话，觉得她在要挟他。

他找人打听了一下，夏沄她们几个人的事有大麻烦，下一步很有可能要被公安局处理。

8

难得黄谷和杨惠惠同时不打麻将的时候，过去遇到这种情况他们会酝酿着做回爱。

杨惠惠在和周祐有了关系以后觉得和黄谷做没意思了。她推说自己最近身体不好，黄谷不知趣地建议她服一些“乌鸡白凤丸”。杨惠惠讥笑道：“你以为我是你呀，能大把地吃补药？”黄谷不吭气了，他在猛吃“六味地黄丸”，用这药壮阳。

杨惠惠让黄谷明天买张床回来，他们分床睡，说西方人都这样。黄谷苦着脸说他不就成一条咸鱼被晾起来了。杨惠惠笑起来，说黄谷以后要是想就爬到她的床上来，那样或许更有意思。

这天黄谷睡不着觉，杨惠惠布置他买床是非办不可的，在他和杨惠惠的生活中没有为小事违拗她的纪录。大事情就不一定了，他觉得自己是有原则的。分床睡是一定程度上的分居，杨惠惠是不是有其他的用意，他要搞清楚，那样的话就是大事情。

黄谷不会怀疑杨惠惠在男女方面的问题，杨惠惠说过，在性方面她是冷淡的，可以的话一辈子都不做才好。黄谷怪不了她，这和她生育时遭了罪有关。

杨惠惠见黄谷一定要知道为什么分床，就告诉他：“我害怕，和你睡一起经常做噩梦。”黄谷小心翼翼地问她怕什么，怎么就害怕起他了。杨惠惠说：“你能不能不贪了，我们过安安稳稳的日子？”

是这么个问题，黄谷心里踏实了。杨惠惠过去也说过，也劝过。他不听的原因，是他自认为做得不错。他还要坚持：“我在这个位置上可以有一点好处，我不拿，以后不在这个位置上就没有了。在位置上周周正正的人，下了台哪一个不后悔？”

杨惠惠气恼地说：“好，我还知道你会说你能把握住自己，不会出事，会对这个家负责。但我警告你，你离你那些狐朋狗党远一点，成天学着他们吃喝嫖赌，你总有一天会栽在他们手里。”

杨惠惠越说越激愤，黄谷想让她说具体一些，那些人都是谁。她根本不理会。想说说一气，不想说就不说。这是她对黄谷历来的做法。

第二天黄谷乖乖地买回来一张床，杨惠惠替他将床铺好，他无奈地唉声叹气地在那张床上睡了。

次日早上起来他给杨惠惠脸色看，看来夜里他没睡好，窝了一肚子火。

吃早饭的时候，杨惠惠说：“这年头有本事的人，老婆是家里的摆设，外面的小蜜和小姐才是用的。”黄谷虎着脸说：“我不是有本事的人，我也不敢。”

杨惠惠冷笑两声：“一个敢贪污的人还不敢腐化？找小姐算什么？”

黄谷把手中的筷子一拍：“贪污和腐化是两回事，我贪污是为了这个家。”

杨惠惠的声音也大起来：“你这样我宁愿不要这个家，让我担惊受怕的家。”

黄谷没有了声音，他最怕杨惠惠和他上纲上线。

上班以后黄谷打电话问周祐，最近有没有在杨惠惠面前说过魏启武他们什么。

周祐说：“这怎么可能呢？既然涉及闲言，涉及是非，我以后还是不和杨大姐她们打牌好。”黄谷赶紧解释，说他只是随便问问，没有什么。他拜托周祐要帮忙：“你和杨大姐她们打好麻将是对我最大的帮助，她要是闲下来，我不得安生。”他问周祐最近和杨惠惠的麻将是不是打得少了，周祐说是的。

黄谷发觉问题所在了，抱怨周祐太不够朋友了。

周祐不想再和杨惠惠一起打麻将，怕他们的关系在麻将桌上暴露给其他人。而黄谷为了图清净，总是查点周祐是不是和杨惠惠打牌了，只要有一阵子不打他心里就慌。因为杨惠惠麻将打得开心，他才能够省心。

黄谷关照周祐，任何时候都要让他老婆打上麻将，都要帮他老婆凑够一桌打麻将的人。他对周祐心存感激，周祐成了他和杨惠惠夫妻关系的稳定剂和润滑剂。

周祐看准了黄谷的心思，春节前在他面前说手头紧，打麻将输了不少，让黄谷帮助推销他在郑百发超市里进的年货。黄谷一口答应，四下里打电话联系，把年货卖给了一家拖欠他们银行贷款的国有企业。

对周祐赚的这两个小钱，黄谷是不屑的，觉得也就是帮他弄了个麻将本。他给周祐又送了两瓶水井坊、两条中华烟，说是感谢周祐这阵子千辛万苦地陪杨惠惠打麻将。

拿了黄谷的这些东西，周祐觉得烫手，心里不踏实，也害怕。所谓的色胆包天，不是把天就包起来了，只是包一小块。周祐在黄谷家里和杨惠惠有了那么几次以后，再也不敢了。有时候，打完麻将杨惠惠想留周祐不走，周祐思想斗争一番，心一横才留下来，大多时候会找借口溜了。对杨惠惠的兴趣他还浓着，原因是多方面的，和夏沄关系僵着，心里空虚是主要的。

毕竟是偷人家的女人，还是所谓朋友的妻子，周祐心里免不了时常紧张，有时连神情也是恓惶的。杨惠惠体贴，逢这种情况什么也不问，只温柔地抱着他。倒是周祐忍不住，直截了当地说怕黄谷回来撞见。

杨惠惠说黄谷没什么可怕的，即使被他撞见也没关系。见周祐将信将疑，她干脆把话说明了：“黄谷不敢对我怎么样。我不会让他为难到你。”

周祐看见主卧室边上的房间多了张崭新的双人床，便拉杨惠惠到那上面做爱。杨惠惠死活不肯，拗不过他只有拿了床干净的床单铺上去：“这是黄谷的床，我平时靠都不靠。”怕周祐不相信，她又解释，“我和他早没有那个了。现在，干脆分了。”

杨惠惠的快乐不仅仅在床上，她每天有事没事地都要给周祐打电话，电话里什么都聊。周祐给她带来了快乐，生活轻松了，不像过去那么沉闷，那么度日如年。

她对周祐感慨：“你说怪不怪，我就像掉了魂一样，过去和黄谷没有过这样！”周祐给她泼冷水：“我还是怕。怕乐极生悲！”

杨惠惠为了解除周祐的恐惧心理，把她弟弟的一套空房以别人的名义租下来，配了把钥匙给他。两个人一有机会便去那里幽会，有时杨惠惠还硬拉着周祐夜不归宿。逢这种情况她对黄谷的解释很简单：打了通宵的麻将。黄谷还要心疼她，小心翼翼地说熬夜很伤人。

其实更多的时候都不用解释，她和黄谷不睡一个房间，黄谷不知道她什么时候回来。

杨惠惠给周祐买了套英国巴宝莉西服，周祐穿上后跟换了个人似的，更帅气，也更精神了。她开导他以后非品牌衣服不要上身，说名牌即使穿旧了也仍然是名牌，有风骨，不一样的。也不要皮夹克一年穿到头，跟古惑仔一样。

周祐一高兴就拉过杨惠惠照镜子，说他们有夫妻相。杨惠惠显年轻，和周祐在一起看不出年龄的差别。逢这个时候她双颊绯红，紧抱着周祐，在他身上乱掐。

杨惠惠不时地提醒周祐将夏沄接回家。提到夏沄，周祐心里就暗淡下来。杨惠惠说的次数多了，周祐也想就这样下去不是个事。

9

眼看着离春节没几天了，总不至于让夏沄在娘家过年。周祐想接夏沄回家，但是要下很大的决心，他不想去岳父家。

夏沄和周祜吵架、闹矛盾受了委屈回娘家是历史问题。刚结婚那阵子，周祜和夏沄三天一小吵，四天一大吵，一个月还要肢体冲突两三次。夏沄的父亲从电子工业局局长的位置上退下来不久，把女儿和女婿的家庭矛盾当作一个大问题处理。周祜到岳父家带夏沄回去，夏沄想走他父亲也不让，振振有词地说经过调查研究问题出在周祜身上，非要周祜写一份深刻的检讨书不可。

最严重的一次是周祜动手打了夏沄一个耳光，夏沄捂着肿了的脸回家。老夏局长不仅让周祜写检讨书，还召集家庭成员开会帮助他，跟开批斗会一样，弄得周祜在连襟、小舅子面前抬不起头。从那以后周祜怕去岳父家，过年过节不得已去了也跟点火似的，绝不多待一分钟。以后夏沄跟他闹纠纷跑回娘家，他改变策略，就是不去接，最后都是夏沄自己找个借口回来。

周祜去接夏沄是在下班后晚饭前。夏沄的母亲见女婿来了有些惊慌，说到夏沄的去处支支吾吾的。儿子小丹在屋里做作业，见爸爸来了跑出来学他的口气："又死出去打麻将了。打不死。麻将是她的命根子。"

周祜听了儿子的话拔腿就回。岳母在身后追他，说马上喊夏沄回来。周祜说："不要回了，让她麻将打个够。"

当天晚上十一点多钟夏沄在麻将桌上被警察抓了。

打牌的四个人都被带到派出所。警察什么也不和他们说，拿一本《治安管理处罚条例》给他们学习。

派出所通知家属带罚款去领人是第二天上午，周祜去得最迟。夏沄给父母亲打了电话，他父亲不想去，怕丢老脸；兄弟又在哈尔滨出差；母亲迫不得已给周祜打了电话。

和夏沄一道被抓的几个人家属在派出所门前已经站了一夜，见周祜来这么迟，告诉他夏沄在里面已经哭过好几回。

警察办案很认真，把夏沄的笔录在周祜面前扬了扬："他们不是小玩玩，也不是小刺激，有几千元的输赢。桌上的钱捋起来就有三千多。"

罚款五千元是预交的，警察说等治安处罚裁定书下来才算。办完了手续带夏沄回家，她低着头走到了周祐的前面。

周祐一点也不生气，也不幸灾乐祸，他觉得夏沄太倒霉了。他想安慰安慰她，找几句好话对她说，又怕夏沄说他阴阳怪气。出了派出所门，夏沄往她父母亲家走，周祐拉住她，让她回家。夏沄挣脱周祐的手，头也不回地兀自走了。

中午夏沄一个要好的小姊妹找到周祐，一见面就指责他手段太毒，“不管怎么样，夫妻一场，也不能举报自己老婆，把家里人往牢里送啊”。

周祐问她：“这话是你说的还是代表夏沄说的？”小姊妹也不隐瞒，“当然是夏沄说的。我觉得她说得有理。”

周祐气得说不出话来，夏沄一错再错，还把责任归集到他的身上，找一个人来兴师问罪。回到家，看到家里乱糟糟的样子，想想恰如这几年与夏沄不堪的夫妻生活。他猛吸了阵烟，用被蒙着头早早地睡了。

夏沄的姐姐姐夫连夜来找周祐。令周祐没有想到的是，他们居然是替夏沄来下通牒的，夏沄要离婚。

夏沄的姐姐问周祐什么态度。周祐说：“莫名其妙，离婚是我和夏沄的事，让她自己来说才是。”连襟好像同情周祐：“你要是不愿意离就不要理睬她，看她能怎么样。又不是三岁小孩子，能说离婚就离了。”夏沄的姐姐瞪了她老公一眼，转过来对周祐说：“我妹妹不会来对你说，你什么态度她都有准备，大不了到法院硬断。”

连襟将周祐拉一边去：“你怎么了？让夏沄伤心成那样，回到家眼泪就没有断过。她要和你离婚怕是铁了心，我是劝不住了。”周祐在连襟面前表现他的无所畏惧：“天要下雨娘要嫁，爱怎么着就怎么着。说离婚就吓死我了？谢谢你们来通知我！”

夏沄还真是认真的，第二天打电话给周祐，要和他具体地谈谈离婚的事。周祐说电话里不谈，让她见面再说。

夏沄不见面，要在电话里说。她不停地、顽强地打电话。周祐把手机关了半天，刚打开来她的电话就进来了。周祜见她这样，心跟着横过来，气恼地说：“要离婚还怕伤什么和气、丢什么脸?！你铁定了离就把打算说出来。什么时候离？”

夏沄说：“现在。”

周祜说：“好！现在就现在！”

离婚比结婚简单多了。结婚像砌房子，要费时费力地添砖加瓦，离婚则像拆房子，一推就倒。

离了婚的周祜很不服气。他怎么也想不到夏沄会提出离婚，要说离婚该他提出来才是。他觉得面子上过不去，像被夏沄猛然踹了一脚似的。

周祜想离婚后先清净几天。周末的时候把手机关了，家里的电话线也拔了。

躺在床上的周祜想起以前读的通俗小说，他用红笔圈过一句话：“没有老婆才是最快乐的。”

没有老婆就快乐了吗？怎么想也想不出以后的日子如何快乐。向往的解放和自由到来，他倒有些恐慌，变得不知所措。他打定主意，离婚的事还是先瞒着别人，也不告诉杨惠惠。

鬼使神差地，周祜打了个电话给夏沄的姐夫。这个过去的连襟显然知道周祜不是为解释什么打电话给他，主动地说了夏沄的情况，说她情绪十分不好，没日没夜地打麻将，人瘦了一大圈。周祜说夏沄打麻将与她情绪好坏没有关系，她嗜好这个东西，有牌打可以什么都不顾。打了个哈哈，他和过去的连襟套关系，说尽管不再是亲戚了，朋友还是要做的。

趁着母亲不在家，周祜将夏沄的衣物收拾成两大包放在衣柜里。可夏沄竟然一直不提过来拿东西的事，像是不再进这个家门了。周祜不想打电话让她过来拿东西，怕那样夏沄又要攻击、谩骂他。看到两个包心里又烦，迫不得已，隔了几天他雇了个人力三轮车把东西送过去。到了夏沄父母家门口，他多给了踏车的人五十块钱，作为搬运费，让他将东西送进去。

收到东西的夏沄给周祐打了电话，怨他心狠，质问他：“我说离，你就离了？你现在称心如意了是不是？”

周祐终于听到夏沄带有悔意的话，这是他希望的。他阴阳怪气地说：“这么说，我同意你离婚是错了，我要是不同意你离还离不了?！”

周祐的母亲不知道儿子和媳妇离婚了，只当着夏沄赌气赖在娘家，还带走了她的孙子。眼看着要过年了，家里灶清锅冷的没有个过年的样子，她开始着急。找不到夏沄骂，她就骂周祐，骂他上辈子没有积德，这辈子讨了个好吃懒做只知道打麻将的老婆。周祐被母亲骂得懊恼，又没办法制止她，只能赶紧躲开去。

10

周祐不知道杨惠惠也在悄悄地闹离婚。

杨惠惠提出离婚时，黄谷一点心理准备也没有。他对杨惠惠说：“张三离婚、李四离婚，我就绝对想不到我们会离婚。我这辈子最怕的就是你跟我提离婚二字。”

黄谷问杨惠惠为什么有这个念头，是因为他的原因还是她自己的。因为他的原因，说出错误他坚决改正，给他机会，不要一棍子打死。如果是她的原因，哪怕是在外面有了外遇也不计较，只希望她能收回离婚的念头。

杨惠惠说：“你话说得好听些，什么外遇不外遇的？我就是要和你离。”见杨惠惠越发生气，黄谷连忙解释，“我的意思是不管怎么说我都不会负你。”

黄谷认为离婚的前提条件是夫妻感情破裂，无修复的可能。他和杨惠惠小吵是有过，舌头和嘴唇还干架呢，那些个事情根本不算什么，他自认夫妻感情好得很，要提离婚真是无从谈起。

杨惠惠问黄谷同床异梦懂不懂。黄谷不敢深究这个问题。同床异梦有三种可能的情况：一是他与她同床异梦；二是她与他同床异梦；三是他与她都同床异梦。最糟的是，他们已经连床都不同了。

黄谷毕竟在外面做过不少坏事，心里面是虚的，一时间脑子里转的问题是杨惠惠知道什么，计较他的是什么，怎么摆脱她抓住的问题。

杨惠惠是在中午吃饭的时候向黄谷提出离婚这件事的。黄谷搁下的饭碗再没有端起来过，下午他打电话到银行推说身体不好没有去上班。

杨惠惠指出同床异梦后就再不说什么。黄谷喋喋不休地，有一句没一句地对杨惠惠说他想不通，要她把理由说得充分具体一些。杨惠惠根本不予回答，离他远远地双手抱臂坐着。

晚上两人也不吃饭，连灯都懒得打开。黄谷一个劲地喝茶，烟抽得舌头都苦了。杨惠惠把电视打开，面对着电视，目光却没有落在荧屏上。

到夜里黄谷耗不住了，他跪在杨惠惠面前，说就是让他死也要死个明白。杨惠惠说黄谷的事她都知道了，问黄谷知不知道离牢房还有几步远。

黄谷沉默半天，喃喃自语地说："不就是款子的事吗？"见杨惠惠没有否认就接着说："这个我有数，那些款子是能收回来的。我是利用民间集资帮助民营企业……"杨惠惠鼻子"哼"了一声，前所未有地说了句粗话："屁！幌子！"

黄谷哭了，眼泪一把鼻涕一把地诉说，他是为了这个家。杨惠惠嗤之以鼻："你又来这一套了，我最恨的就是男人把自己做的事情往女人身上扯，要女人和他一道背黑锅。我要你干这些违法乱纪的事情了吗？你说呀！"

黄谷平时看起来对杨惠惠言听计从，唯唯诺诺，其实一转身就是另外一套。他有他的做法。他常常对笑他怕老婆的人说，一个人把老婆哄开心了才能顺心，与老婆争什么高低，打什么江山？到了这个份上，黄谷还是要说几句的，觉得不说不行了。

“不是为了你，我弄什么钱，我是不够吃还是不够用？你说你没有要求我做过什么，你对生活质量是有要求的吧？你喜欢与别人比，别人有的你都要有，还要比人家的好。别人老婆脖子上戴黄金项链，你要铂金的；别人手上有手镯，你金的银的还有玉的品种齐全，脚链也有好几条。我们拿死工资和奖金的时候，有两三千的存款，你总是絮絮叨叨的，说猴年马月才做个万元户，我能没有压力吗？我把钱给你，你也没有觉得烫手过，现在倒都怪罪到我头上来，你说我冤不冤？”

杨惠惠说：“你冤，是冤，比窦娥还冤。到外面看看去，天上有没有下为你鸣冤的鹅毛大雪？”黄谷气得摇摇头，还想说什么，看看杨惠惠的脸色闭上了嘴。

杨惠惠先回了房间，黄谷在客厅的沙发上呆呆地坐了一阵子后也回了房间。他衣服也不脱就躺到床上，身子被硌了一下，手往身子底下一探，掏出一本笔记本。看到这个笔记本他极为惶恐，上面记着他和郑百发放钱做地下钱庄的账目。

这个笔记本他藏在客厅里悬挂的唐卡背后，杨惠惠怎么发现了？她一定是看了笔记本上的内容，故意把它放在床上的。黄谷倒吸了一口冷气，把笔记本翻了翻。

笔记本里除了记着放钱的明细账，背后还记着两行“正”字，这个杨惠惠应该看不出什么名堂吧？黄谷思忖着。

自打在外面搞上女人，黄谷就给自己的艳史记了笔小账，有一个女人画一横或者一竖，有一个正字就有五个女人的数了。杨惠惠怎么也不会想到他在外面已经搞到一百多个女人，想到这一点，黄谷的心里好受了一点。结绳记事就是好，自己怎么就不把放钱的账像搞女人的账一样记简单一些呢，黄谷又恨开了。

过了两天黄谷在单位收到法院的挂号邮件，打开来一看里面是传票。

黄谷到法院，法官向他送达了杨惠惠离婚诉状的副本以及开庭的传票。诉状上的日期比杨惠惠提出离婚的日子要早得多。

黄谷想不通，杨惠惠是什么时候动了离婚的念头的?

怕是从分床睡就开始了?! 这么认定，他就悔恨自己当时没有看出苗头。

杨惠惠请了律师。离婚诉状里有三条诉讼请求：一、请求法院判令解除与黄谷的婚姻关系；二、依法分割婚内财产；三、明确婚生子黄旗的抚养权。事实和理由是：夫妻感情不和，同室分居一年多，夫妻关系名存实亡。

黄谷回到家，告诉杨惠惠他收到了法院的传票和诉状。杨惠惠以为黄谷又要苦苦哀求她，但他没有。他说他想通了：“我听了你一辈子话。就这一次，我极不情愿听的，你说和我离婚的这句话，我也都听了。我是爱你的。如果你真的认为离开我是对的，就离吧！我只能这么对你好了！”

说这番话的黄谷是悲壮的，可能也是他的心里话。杨惠惠把脸别过去，抽泣起来。

黄谷让她哭了一会儿，递过纸巾说：“你这一哭，我感到幸福。我知道你有你的难处，是我害你为难你了。”

杨惠惠抱住了黄谷。

晚上，她拿了自己的枕头到黄谷的房间里过夜。

黄谷答应离婚，也就不做答辩，只等着法院开庭。

对离婚的事他做了冷静思考，觉得杨惠惠这着棋走得虽毒了点，但至少想到了下三步，或许这样大家以后都有出路。他对自己的事担不到底，是答应离婚的重要原因。

黄谷试探杨惠惠，既然他同意离婚了，能不能把法院的诉状撤了，和和气气地到民政科去办协议离婚。杨惠惠没有答应他，也没有解释。她没办法说，她起诉的虽然是离婚案件，但审理时要析产，这是她的目的。

她要通过法院理清她和黄谷的财产关系。

法院开庭前黄谷与杨惠惠坐下来谈了一次，把一些事情具体地明确了。最后黄谷问杨惠惠，离婚以后有没有可能再生活在一起，他说现在这种情况很多。杨惠惠沉默不语。黄谷一定要她有个说法，她说以后再说。

法院开庭审理他们离婚案件的过程中问双方是否接受调解。杨惠惠说只接受财产分割、子女抚养这两方面的调解，离婚这一条不做让步。

审理中法官调查他们夫妻感情破裂的原因，为什么分居成为焦点。黄谷说分居的原因是他身体不好，女法官刨根究底，让他说明是身体哪部分不好。黄谷咬咬牙说是性功能方面，说自己不能满足杨惠惠的需要。黄谷在后来的笔录上签字时，见书记员将这句话一字不漏地记下了非常生气，觉得这是他的奇耻大辱。

法院根据他们的协议制作了民事调解书，解除婚姻关系，分割财产。财产方面，房屋以及家用电器一应归抚养儿子的黄谷所有，存款十二万六千元，杨惠惠分得六万三千元，杨惠惠每月付给黄谷儿子的抚养、教育费用五百元，至儿子黄旗满十八周岁。

调解过程中杨惠惠提出与黄谷夫妻关系存续期间的共有财产即存款部分应不止十二万六千元，法官让她提供证据，她未能提供，因此法庭不予采信。这在庭审笔录中有所记载。

拿到了离婚协议书，杨惠惠与黄谷商量，下午就把她的东西收拾走。黄谷很惊讶："这是什么话呀？你不住在家里，住到什么地方去？"杨惠惠说："搞搞清楚，你那里现在不是我的家了。"

黄谷无言以对，看了看杨惠惠的脸色，希望看到她的失落，看到她的痛苦和哪怕是一点点的留恋。没有，杨惠惠没有黄谷需要的表情。他只有悻悻地说："你要是觉得我们两个住在一起不方便……我住出去就是了。"杨惠惠说不用了，那样是鸠占鹊巢。她说下午收拾东西时她的律师会到场，由他做个见证。黄谷说搞这么认真干什么，问杨惠惠搬到什么地方去住。杨惠惠说："我有什么地方可去？借了弟弟的房子。"

下午杨惠惠叫了搬家公司的人来，黄谷见杨惠惠开始搬东西，知道真的要人去楼空了，心里难受起来，颓坐在沙发上喊杨惠惠给他倒一杯水。杨惠惠没有给他倒水，却递给他一瓶矿泉水，说：“在你还没有找到倒水的人之前，就先凑合着喝这个吧。”

黄谷刚才见楼下超市送来了两箱矿泉水，以为杨惠惠为搬家公司的工人准备的，现在听她这么一说，心里酸酸的，苦笑了一下以示感激。黄谷喜欢喝水，在办公室还是在家里，面前时时刻刻是离不开水的。

杨惠惠搬的东西也就是一些衣服。同样精明的黄谷知道，她不会在这个时候拿值钱的东西，那些东西怕是早转移走了。沙发前有一个装满书的纸箱，这是杨惠惠要带走的。黄谷很奇怪，杨惠惠扔了很多值钱的、她曾经喜欢过的东西，怎么要带走这么一箱沉甸甸的书和刊物？他随手挑起一本翻了翻，是有关婚姻和家庭的。

看到黄谷扔下来的刊物，杨惠惠说：“老黄，你真的应该看看这些东西，我可以分一半给你。”黄谷鼻子里“哼”了一声，脸上的表情很难看，待杨惠惠转身离开，他冲着纸箱踢了一脚。

杨惠惠把东西收拾好了以后叫坐在沙发上的黄谷检查一下，黄谷看也不看，挥了挥手。杨惠惠的律师把一份清单给他过目，让他核对一下，他也看都不看。

杨惠惠出门时黄谷叫住她，回转身的杨惠惠看到黄谷泪眼盈盈。

黄谷哀求地：“晚上我们到汉侨大酒店吧，我订了台子。”杨惠惠像是觉得不可思议：“离婚也要办酒席庆祝啊？”黄谷解释说：“不是这个意思，就我们俩，没有其他人。”杨惠惠说：“那就是分手酒，你以为我有心情去吃吗？”黄谷说：“我们毕竟夫妻一场……”杨惠惠说：“女人的心狠起来超过男人。你不要指望我什么。”

见杨惠惠这种态度，黄谷不好再坚持下去，本来也是顿难以下咽的苦酒。

看着一片狼藉的屋内，黄谷决定喝酒，找一瓶家里最好的酒，把自己喝醉。

杨惠惠像是知道他的心思，打来电话，要他不要出去喝酒。她的声音不像刚才搬家时那样冰冷冷的，有些温柔：“答应我，要喝酒，醉在家里。”

黄谷用颤抖的声音回答：“好的。我，我只会醉在家里。”

放下电话，黄谷抽抽噎噎地：“醉在家里，醉在家里，家还有吗？”

一会儿黄谷冷静下来：“她是说我过去经常醉在外面，醉在外面……”

“我为什么要什么都听她的？我偏要醉在外面，我现在花天酒地，你杨惠惠还管得着吗？”

黄谷迫不及待地给狐朋狗党魏启武他们打电话，约到汉侨大酒店。魏启武问黄谷有什么喜事要庆贺，他还不知道黄谷离婚的事。黄谷没好声地说：“丧事！”听黄谷的口气，魏启武不敢再问。

酒桌上黄谷铁青着脸，魏启武劝他喝酒，他一口不喝，说一喝就醉。

连黄谷自己也不明白，本来是想大喝一场的，见到酒却不想喝了，就差说出杨惠惠对他说的那句话。

黄谷想：我没有醉在外面，我要把手头的事情理一理，事情不会像杨惠惠想的那样。

他用手指头敲了敲桌子：“你们听着，我借钱给你们把家都闹散了。我决定不再做了。你们对我负责任就赶紧将钱还我，不管是行里的还是个人的都帮我清掉，马上清掉。”

11

晚上还在麻将桌上的周祐被杨惠惠三番五次的电话叫了过去。

傍晚的时候，魏启武打电话给他，通知他参加黄谷的饭局，因为打麻将脱不了身，他心里面还恨了一阵子。

打麻将的手气好了以后，周祜在外面与其他人偶尔也玩一两场。这天他的牌很顺，已经赢了不少。说好了打四将牌结束，杨惠惠的电话来时他们才打第二将的第二圈牌。赢了钱提前走是不可能的，杨惠惠的电话又不停地打过来。周祜不情愿离开，就对杨惠惠说，过去可以，今天必须陪他一夜。没想到杨惠惠毫不犹豫地答应了。周祜好说歹说地丢下三个牌友，把赢的钱一分不留地倒出来给他们，还落得他们一大堆的怨言。

周祜有这处房子的钥匙，打开门进去，发现杨惠惠一直站在窗前，她大概是看着周祜上楼的。

周祜觉得奇怪，只一两眼还是发现了与以往的不一样。过去空荡荡的一大处房子已经被东西填满了，室内布置得很温馨。

杨惠惠推开凑过来的周祜："我不找你，你是不会找我的。"周祜解释："没有的事。我天天想找你。"抱了一下杨惠惠，他又说："我只有在空虚的时候打打麻将。唯有麻将可以让我忘了你。"

杨惠惠说周祜说的比唱的好听，问他："现在呢？"周祜张口就来："现在，唯有你能够让我忘了麻将。"

杨惠惠正色道："找你来是为了告诉你一下，我离婚的事跟你无关。"

周祜的眼睛马上瞪得大如牛卵："什么，你离婚了？"

"这么说你最近确实没有和黄谷他们混在一起?！你不知道？我离婚了，我单身了。你刚才要是说的真话，想天天找我，我还真是福分。你不要怕我缠上你。只希望你有时间给我一点，陪陪我。这阵子，我心里空落落的。"

周祜点头答应。杨惠惠让他到浴间去洗澡，为他试好了水温，拿出一套替他买的纯棉内衣给他换。

浴间里连毛巾也单独准备了一条新的，周祜喊杨惠惠一起来洗，杨惠惠不答应。洗了一半，周祜光着身子出来把杨惠惠硬拉了进去。

半夜里杨惠惠推醒周祜，说时候不早了赶紧回家。周祜睡意正浓，睁开眼嘟囔了一句："不回。"倒头沉沉地睡下。

过了一会儿，杨惠惠又把周祜弄醒，对他说：“记住，家里有老婆的男人再晚了也要归家。”

周祜懵懵懂懂地找衣服穿，穿了一半想起自己的家里根本就没有什么老婆了，就把穿上的衣服又脱了，腾出一只手来拉杨惠惠的睡衣。

杨惠惠被周祜压在身下气喘吁吁地说：“你不是个好男人。”周祜回她一句：“就是！哪有坏女人喜欢好男人的？”

12

周祜知道利害关系，想在事情暴露之前结束与杨惠惠的关系。

过去因为双方都有家庭的原因，他和杨惠惠把偷情的事隐瞒得很好，一直没有被任何人发现和觉察。现在双方都离婚了，心态发生了变化，本来就不怕黄谷的杨惠惠会肆无忌惮。她说她心里空空的，没有说到位，她是什么地方都空，需要有他这么一个男人来填充。充当这么一个角色是麻烦的，黄谷要是发觉他和杨惠惠早有勾搭就恐怖了，他是绝对咽不下这口气的。

周祜装着对黄谷的事情什么也不知道，在魏启武他们面前打听黄谷为什么离婚。魏启武他们背地对黄谷离婚是幸灾乐祸的，说黄谷不行了，没有夫妻生活。

郑百发说：“老黄应该识相。既然自己不行了，就和老婆说明，给她自由，由她找人帮忙。离婚真是昏招。”

周祜不相信杨惠惠和黄谷是因为这个离婚，只有说：“黄谷身体没有问题啊，他找小姐又没有白花钱，事后不都绘声绘色地讲给你们听？”

郑百发听周祜这么一说紧张起来：“小周你不要胡言乱语，我们没有对你说过老黄找小姐的事。我们还怕杨大姐怀疑他这方面的事情与他离婚，你这么一说，传到老黄耳朵里我们岂不成了罪魁祸首？”

魏启武说：“小周是自己人不要紧的。有的人到了四五十岁就真的不行了，棍子打都起不来。至于和小姐之间的事，那是大吹小吹，当不得真的。”

郑百发转过去问周祜最近在忙什么，怎么很难见他的人影。周祜敷衍一下，说自己最近在复习，准备参加律师资格考试。郑百发说这真是好事情，以后就做他公司的法律顾问，省得花大价钱在外面请了。

周祜确实是有这个打算的。近来打麻将的手气又差了，不敢再打，要避着杨惠惠需要一个说得过去的理由。对于周祜来说，法律专业的自学考试还有一半没有考完，司法考试根本谈不上。他觉得在魏启武他们面前说参加自学考试没脸面，只有打肿脸充胖子说高自己。

再把要考试这句话搬到杨惠惠那里时，周祜简直就堂而皇之了，因为在魏启武那里温习了一遍。杨惠惠很支持他，对他的做法很欣赏。她说她喜欢上进的男人，黄谷有一段时间也很上进，以后自甘堕落了，这也是对他失望的原因之一。

黄谷独自在一家小饭店里喝酒，自斟自饮买了个醉。人醉了的时候敢做想做而没做的事。他很想见杨惠惠，打她的手机被语音告知是空号，一定是换了卡。

黄谷知道杨惠惠住着她弟弟的房子，他摸了过去，按电铃，门内没有反应。他敲门，先是轻轻地敲，没有动静，再重重地敲一气，防盗门里面的一层打开了。穿着睡衣的杨惠惠拉着脸问他想干什么，黄谷说他不干什么，就是来看看她。杨惠惠不让他进门，对他说：“看过了吧？我活得好好的，你请回吧。”黄谷想进去坐一会儿，说杨惠惠当初谈恋爱时也没这么对待过他。杨惠惠说离婚了，没关系了，这么晚了来她这里不合适。

黄谷一定要进门，在外面与杨惠惠纠缠。杨惠惠不得已只有哀求：“你还让不让我过日子？人家对面邻居听到声音还以为什么事呢。”见黄谷仍然不肯离开，她换了强硬口气：“有什么话明天说，我到你行里去说好不好？”

黄谷一听这话没劲了，悻悻地走了。在杨惠惠面前他终究是个听捏的软柿子。

周祐见有人敲门又听到是黄谷的声音，吓得躲进浴间里。待杨惠惠打发走了黄谷，他才敢出来。

杨惠惠见周祐故作镇定的样子很生气，问他鬼鬼祟祟地怕什么？周祐说：“你让我登台亮相呀？我看我们的关系还是不给黄谷知道好，毕竟是朋友。”

杨惠惠嗤之以鼻：“什么狗屁朋友，睡人家老婆的朋友。”她点了根烟抽，猛吸一口，呛出了眼泪。

周祐知道，杨惠惠总有一天会知道他离婚了，世上没有不透风的墙。他不能料想的是，她知道他离了婚会是一个什么样的态度。

之后的某一天，杨惠惠情绪不好，她问周祐：“我们在一起算什么？”周祐笑笑，没有言语。杨惠惠追问他：“你说呀，我们这样究竟算什么？”周祐说：“这样不是很好吗？”

杨惠惠说周祐的回答是敷衍，是言不由衷。她唉声叹气地说：“我这辈子钱是不缺了，不知道其他的能不能得到。”

周祐问杨惠惠其他的是指什么。杨惠惠说：“其他的是什么，你会不知道？其他的是感情，说大一点是爱情，是希望和我在一起的男人不同床异梦；是希望和我在一起的男人心心相印，我们举案齐眉，我们白头偕老……”

周祐打断她的话：“你对生活的要求太高了，所以你会在生活中失望。希望得越深，失望得越重。任何感情都是阶段性的，说男女两个人在一起，有感情则合，没感情则分。没有什么过不去的、想不通的。男女之间是有爱情，但要想把这种东西带到婚姻中就错了，爱情总在婚姻以外。”

杨惠惠骂周祐胡说八道，她自言自语：“我一定要把爱固定下来，不管用什么办法。”

周祐听她这话，看她这个样子心里面好笑。

前一阵子他想避开她，恨不能离她八丈远，跟她结束关系，这一阵子倒好像有点离不开她了。跟她在一起的时间越来越长，晚上到她这里来不再像以前那样速战速决，隔三岔五的，他还会在她这儿留宿。

杨惠惠会照顾男人，在生活上对周祐无微不至，成天嘘寒问暖。周祐现在身上的穿戴，里里外外都是她操办的。杨惠惠从为周祐设计的衣着搭配中寻找到成就感，周祐被她塑造得越来越帅气和潇洒了。她觉得有了上学时的感觉，周祐是她的功课，像是她用心做出来的作业被老师画了一个红的五角星。

周祐也从心里肯定一条，杨惠惠提高了他的生活质量。一进自己像杂货店和狗窝的家，他就想往杨惠惠那儿跑。

睡在杨惠惠的床上，周祐发觉床原来是个最让人享乐的地方。

她整洁的床单给他身体的感觉像一件熨帖的棉衫衣，她的被盖在身上柔软、舒适，淡淡的香气很是煽情，在有精力的情况下他都被这种感觉弄得蠢蠢欲动。

13

越来越不安的黄谷在杨惠惠住的地方转悠，他料定那天晚上她不让进门定有隐情。十几年的夫妻生活使黄谷知道，杨惠惠的性格是说一不二的，他也没有不由着她的历史。一日夫妻百日恩，他对她不薄，照理说她不应该如此绝情。拒之门外这一出，使他不得不吃惊，不得不恐慌，不得不怀疑。

黄谷知道杨惠惠是胆小怕事的女人，她的杞人忧天，甚至是自私都在情理之中。他觉得她的担心是多余的，自己不会出什么事，过一阵子没事后她会回到他身边。他同意离婚是经过认真考虑的，杨惠惠在男女关系方面从来都没有过一丝丝的问题，她鄙夷婚外恋、第三者，离婚后她节外生枝的可能性也不大，她不会再找其他男人，至多沉溺于打麻将。

黄谷觉得，他同意离婚是建立在巨大的痛苦和牺牲之上的，是把所有可能出现的危难都承担了下来，让她的安全和幸福有了保障。她应该知道这一点，应该对他心存感激才是。

离了婚的杨惠惠手上应该很有钱，即使自己出了事，她将来也应该是他的大后方、根据地。至于杨惠惠有多少钱他搞不清楚。过去求他办事的人上门送东西都是杨惠惠经手，她只说过可以补贴家用。他不敢在这方面计较，杨惠惠对他也是睁一只眼闭一只眼，要不，杨惠惠可以让他身无分文，连打麻将的钱都没有，更不用说吃喝玩乐的开销了。离婚时黄谷背着杨惠惠的私房钱有四十多万，他心里很清楚，杨惠惠和他在法院分财产的把戏是蒙人的，是做爷爷给奶奶看的。

女人通常有钱有势才会翘尾巴。想到杨惠惠有钱，黄谷很害怕，有钱的男人能坏，有钱的女人也能坏。杨惠惠如果对他就这么冷若冰霜下去，在以后的日子里形同路人，他怎么办？

黄谷不甘心，他要弄清原因，于是他去监视杨惠惠。

盯梢这样偷偷摸摸的事很辛苦，才两天他就觉得小区保安注意到他。

进入小区目标太大，很容易被杨惠惠看到。小区外有一条不长的小街，他只有在这条街上跑来跑去。有时到小商店里买包烟磨蹭一会儿，有时候像是路过，走得匆匆忙忙。最怕遇到熟人。黄谷的熟人还特别多，有次被一个熟人拉回家坐坐，莫名其妙地说了半天废话。

黄谷想这事应该找个人替他做，想来想去，就周祜头脑活络又经常替他办事，是最佳人选。

黄谷请周祜到文游饭店吃饭。周祜以为又是一大帮人吃饭，有魏启武他们。没想到黄谷只请了他一个人，还要了一个包间。

吃饭以前黄谷掩上门，凑到周祜面前说有话对他说。见他神神叨叨的，周祜心里紧张。所谓“吃个枣子有个核子”，他怕黄谷。

黄谷一脸严肃地问周祜：“我对你怎么样？”

周祜不敢看他，抽口烟镇定一下后回答：“不用说，好！”

“老大哥请你做件事，帮不帮忙？”黄谷的口气是乞求的。

周祜缓过神来：“帮。但要看什么事，看我能不能帮上。”

“你肯定行，只有你做这件事我最放心。”黄谷又递给他一根烟。

周祜想了想：“你说吧。”

“是这样的，我与你嫂子虽离婚了还在照顾着她。她的事我不能不管，近来有男人骚扰她，深更半夜的给她打电话，到她住的那个地方去敲门。她很害怕，我们现在这种关系，我又不好再跟她住一起。只有请你晚上去她住的附近去看看，遇到形迹可疑的男人就打电话告诉我。”

“噢，让我去巡逻，做哨兵，替你站岗？”

“帮我个大忙。我会感激你的。”

周祜明白黄谷的真正目的了，他换了个口气说：“你不要兜圈子了。你是让我去监视嫂子，看她有没有外遇。”黄谷忙不迭地解释：“不是，不是这个意思。事情没有这么复杂。”

周祜要套黄谷的话，问他有没有发现杨惠惠什么情况和迹象，说要是一点头绪都没有，做这件事无异于瞎子点灯。黄谷沉吟了一会儿说：“情况倒是没有。你知道我工作忙，闲下来还要玩玩牌，看一下也好放放心，除除疑[1]。我只要你盯一个星期就行，也就心里踏实了。”

周祜觉得黄谷真好笑，把黄鼠狼养到鸡窝里不知道，还让他去盯偷鸡的。他不失时机地试探了黄谷一下：“我帮忙可以，这件事做得不太合适。你跟嫂子离了，她做什么你不好问，说重了是干涉她的生活。她

1　江苏方言，有疑惑，不相信。

现在就是找人结婚，你也不好说什么，她有这个权利，也是她的自由。”

“是的，是的。你是懂的，你快考成律师了，说的有道理。只是她现在果真结婚了，我也就不问了，还是关心她嘛。”黄谷还想为自己辩解几句。

过了几天黄谷问周祐事情办得怎么样，电话里周祐打着哈欠，说天天都去，每天都到深更半夜。黄谷说辛苦他了，叮嘱他不要让杨惠惠发觉。

周祐没有告诉杨惠惠这件事。他有他的想法，杨惠惠若是知道黄谷派人盯她，监视她的生活，定会火冒三丈，没准去找黄谷算账，一闹事情就捅出去了。那样的话周祐和黄谷不好交代，很难做人，很难收拾局面。

黄谷在一天夜里一点多钟打电话给周祐。周祐接他的电话以为他查岗。黄谷却说“芝麻饼”不知道周祐有任务，向他检举，说周祐没日没夜地在杨惠惠住的地方出没，让黄谷警惕周祐。

周祐赶紧将“芝麻饼”怀疑他们的事告诉杨惠惠。杨惠惠满不在乎，也没有追根究底问消息的来源，只感叹人情薄如纸。想当初“芝麻饼”多么地听使唤，现在街上头碰头都不向她打招呼了。

杨惠惠说还是有不少人知道她离婚了，有热心人想给她介绍男朋友，要她重新组织家庭。周祐不以为然地“哼”了一声，问杨惠惠人家给她介绍了个什么样的人。杨惠惠倒也不瞒周祐，说给她介绍的是市体改委的副主任夏常青。这两天这个姓夏的有事没事总往烟草局跑，局长像是与他有交情，请他吃饭竟拉着她去作陪。

周祐劝杨惠惠还是要找个人结婚好，说结过婚的人一下子孤单了，日子很难受。杨惠惠问周祐舍不舍得她去跟别人。周祐不假思索地说：“舍不得。真的舍不得。”

周祐抱着杨惠惠有点神思恍惚，要不是杨惠惠岁数比他大很多，或许是可以考虑与她结婚、组织家庭的。他现在觉得杨惠惠不错，除了年龄，方方面面都不错。他是把她与前妻夏沄比较后得出的结论。

犹豫了一番，周祐还是对杨惠惠说了他离婚的事。杨惠惠从床上转了个身，对着周祐仰起头，说她早知道了。

杨惠惠不点破周祐瞒人瞒她的目的，周祐心知肚明。她是个聪明女人。

杨惠惠幽幽地说："其实，谁娶了我还是很福气的。"周祐"嗯"了一声，翻身伏在她的后背上。"你干什么？"她明知故问。

"我现在就很福气，"周祐用动作配合他说的话。杨惠惠说："我知道疼男人。"周祐说："我知道。"

杨惠惠说："我会收拾家里面的……"周祐说："知道，知道。"

杨惠惠说："经济上不犯愁，我有够用的钱……"

"知道了，知道了……"

周祐的动作凶猛起来，他知道她想说什么，他不希望她把话说下去。

做完爱的杨惠惠沉沉地睡了，周祐起身站到纯净水桶边猛喝了一气水，躺回到床上后一点困意也没有。他刚才不愿意杨惠惠说下去，是因为她说娶她是福气，她会疼男人、会做家务、有钱……这些话都是能够打动他的。杨惠惠让他有好感，就是因为她有这些优点，这些是他前妻夏沄不具备或者缺少的。

周祐在这个时候想起了夏沄，她和纸浆厂几个犯案的人取保候审，检察院起诉到法院后夏沄被判一年徒刑，缓期二年执行。由于不是实刑，纸浆厂的工作总算保住了，但她原来的工作岗位没有了，被安排去做苦脏累的工种。

周祐找过夏沄一次，要给她两万元处理事情，她没有要。她说冤枉周祐了，打电话到派出所举报打麻将的是她父亲。周祐追问，是不是因为这个要与他离婚？夏沄摇头说不是。那是因为什么呢？

夏沄对周祐说："你觉得我与你离婚离错了吗？"

14

周祐晚上到杨惠惠那里时被两个人堵在了楼梯上。

堵他的人前后夹击，上面的人踢他一脚，后面的人捣他一拳。他还手无力，招架不住，被两个人搽在台阶上一顿拳打脚踢。要不是被惊动的居民报警，周祐怕是吃的苦还要更大。

警察来的时候周祐伏在楼梯扶手上，他感到头上有温热的黏糊糊的液体淌出来，嘴里甜腥腥的，有东西顺着喉咙滑进肚里。他头抬不起来也说不出话。警察问围观的是否有人认识他，他听到杨惠惠的声音。他不知道杨惠惠对警察说了什么，警察让她随他们先把他送医院。

警察问周祐能不能走路，他点了点头。两个警察架着他蹒跚着上了车，警车一路鸣着警笛疾驰，车上昏沉沉的，他听到杨惠惠的抽泣声。到了医院的急诊室，周祐被安排做了包括 CT 和核磁共振成像在内的一系列检查。情况还好，头部被钝器击伤，轻微脑震荡；口腔伤害较重，上门牙打断两颗，下门牙松动两颗；身上多处软组织挫伤。医生建议住院观察，周祐坚决不肯，杨惠惠细声细语地劝他也没用，他费力地说："太丑。"

医生嘱咐杨惠惠，周祐回家后要注意观察，呕吐症状加重立即到医院或者打"120"。

周祐一直睡到第二天中午才醒来，见杨惠惠红着眼睛坐在床边，人憔悴了许多，知道她昨夜肯定没睡。想起是她把他扶上床，用热乎乎的毛巾一把把地替他擦了身子，不由得艰难地伸出疼痛的手，把她的脸很温柔地摸了摸。

他让杨惠惠拿镜子来，看到自己的脸肿得变了形，嘴里少了两颗牙笑起来很滑稽，连说话的声音都变了。

周祐说："我残废了。"杨惠惠说："我服侍你一辈子。"

周祐笑了："我没有残废。"杨惠惠说："我也服侍你一辈子。"

他一感动想说动情的话，话到嘴边又咽了回去。这个时候他还下不了决心，他怕杨惠惠对他的话认真，只是把杨惠惠搂到怀里温存了一阵子。

派出所打来电话，让周祐身体好一点的时候去说一下情况。周祐说没有什么大碍就算了。警察不同意，说是 110 出警必须要每件有结果。周祐没有办法只有去了派出所，他说他记不得打他的两个人是什么样子，至于警察问他有没有仇人，近期有没有和谁有矛盾，他说想不起来，说头还是疼。

周祐不想说出他的怀疑，打他的人肯定是受了黄谷的指使，两个人的模样他记得清清楚楚，再见到时肯定能够认出来。但他不想追究黄谷，不想让事情复杂化。

在杨惠惠那里住了两天，周祐觉得不方便就还回到了自己家里。他向公司办公室主任请假，说自己骑摩托车摔了跟头，鼻青脸肿掉了牙，要休息一阵子。

杨惠惠找到黄谷，问周祐被打是不是他找人干的。黄谷倒也爽快，承认是他指使的。他见杨惠惠因为周祐被打来兴师问罪，不由得火冒三丈，把心横下来要和她吵一场。他质问杨惠惠和周祐是什么时候勾搭上的。

杨惠惠说："你问这个呀，告诉你，是你要周祐监视我，被我发现了以后。"

黄谷脸气得煞白，手指着杨惠惠说不出话来。

杨惠惠警告他，再找麻烦就把他的事捅到公安局，捅到检察院，捅到纪委去。黄谷被杨惠惠抢白得目瞪口呆，浑身发抖。

周祐在家养伤，杨惠惠不时地来看他，给他送来水果和香烟什么的。水果周祐不怎么吃，无所谓的东西，香烟就不同了，他一刻也离不了。杨惠惠送的都是高档烟，周祐抽着心里也清楚，嘴抽刁了，将来断了好烟怕是难过，再去抽过去那种自己买的四五块钱一包的红梅牌香烟，断断是不行了。

杨惠惠跑到周祐家里来，两人一厮磨激情难抑，碍着周祐母亲只有关门关窗。周祐母亲还是看出苗头，说要管一回闲事，问儿子和他好的女人是不是岁数比他大很多。周祐要母亲“老不管少事”。她偏要管，杨惠惠前脚走，她跟着就絮絮叨叨的，问这问那。

周祐抽着杨惠惠送的中华牌香烟，在家里面思前想后，花了几天时间打定了主意。他母亲喜欢打麻将，他就打了一个通俗易懂的比方。

“我决定做一把大牌！”周祐母亲一听就明白了，狐疑地望着头还肿着的儿子，“就是和那个女人？”周祐说：“是的！”说完像是松了一口气。

周祐母亲问周祐：“你说的这个大牌大到什么程度，好在什么地方？”周祐说：“说大说好，是指这把牌我要是和下来，就一辈子都不要愁了。”

周祐母亲问：“那我和小丹也享你的福了？”周祐说那是当然的事，他还解释了一下，以后的人生目标就是儿子的成长，要让儿子有一个好的家庭环境。

好的家庭环境是什么呢？周祐现在的考虑是，他要有钱，比别人多的钱。而不偷不抢不中彩票大奖想一夜暴富是不可能的，杨惠惠是他的一条捷径。他知道杨惠惠是一张多大的牌。他认为，坐到牌桌上来和他打牌的人，口袋里有多少钱，他是能够看出来的。

15

杨惠惠陪着周祐去市人民医院口腔科装了高级的烤瓷牙。周祐还决定将牙齿都保养一下，想黄谷的打手再狠毒些，这些牙齿就都不在他嘴里了。他不再在乎钱，现在有人替他花，杨惠惠拿了施主任写的缴费单二话不说就去缴费，回过头来还把发票塞到他的包里好给他拿自来水公司去报销。

又有一口好牙的周祜回到家把杨惠惠拉到镜子面前，站在她身后抱住她腰，下巴俯下来抵在她的肩头上一起照镜子。

杨惠惠把姿势摆好了，看着镜子，好像在和周祜拍照一样地认真。转而她抱着周祜问："我们在一起，好吗？"周祜点头说："好！"

"想不想和我在一起？"杨惠惠问。周祜明知道她说的什么意思，答非所问："我们现在不就已经在一起了？"杨惠惠以为周祜真的不明白，把话挑明："我想把我们的关系固定下来……"

见周祜犹豫不决的样子，杨惠惠失望地推开他："我只是说说，知道你没心没肺。"

周祜欲言又止，杨惠惠鼓励他："你想说什么？说。"

周祜像是下了决心："我想对你好，可是我不像黄谷，我没有钱。我要是有一大笔钱，我会比他对你更好。"杨惠惠问："真的？"周祜认真地点点头。

杨惠惠笑起来："我这点自信还是有的，你会对我好。你不会心狠到对我不好，我要你拿不下意来那么做。"周祜是能够听出她的弦外之音的，他不追问。

周祜把杨惠惠带回家正式介绍给母亲，他怕母亲嫌杨惠惠岁数比他大许多，把她的岁数秃去四岁，说只比他大三岁。

杨惠惠买了很多好东西给老人家，向她保证与周祜婚后将她孙子小丹带到身边一起生活。周祜的母亲被她哄得团团转，一点也不在意年龄大的事了。她说过去的媳妇夏沄什么都好，就是好打麻将和不照顾孩子。她说这话是为了给杨惠惠一点压力，老人家有一套的。

杨惠惠提出先把结婚证领了，周祜乐呵呵地照办。结婚照没拍，要待周祜牙装好。杨惠惠买下了她现住的弟弟房子做新房，很讲究地做了装修。

周祜不想操办婚礼，这正合杨惠惠的心意。他们打算蜜月里找一家旅行社去九寨沟旅游。

杨惠惠把交通银行的存折给了周祐，里面有存款一百万元人民币。周祐激动得心差点从胸腔里蹦出来。这笔钱以周祐的实名存储，存折在周祐手上，杨惠惠掌握着密码。交通银行在泗方市没有分行和办事处，扬州有。杨惠惠说不麻烦，一年也就是处理一次，顺便还可以到扬州玩一趟。

杨惠惠和周祐订了个书面协议，周祐只有在与杨惠惠完成三十年婚姻后才能完全得到和自由处分这笔钱，并口头约定对这件事绝对保密。

周祐称这笔钱为“爱情养老金”。协议是以合同格式订立的。约定甲、乙双方的婚姻关系应在三十年以上，任何一方不得以任何理由提出离婚或变相地不履行婚姻的应尽义务；甲方（杨惠惠）赠予乙方（周祐）人民币一百万元，乙方只有在完全履行义务的三十年后才能获得全部款项，此前逐年给付。给付方式：前十年每年两万元，从第十一年开始以二万五千元为起点，每年递增基数五千元，至第二十年乙方可得四十七万五千元。从第二十一年开始以三万元为起点，每年递增基数五千元，至第三十年乙方可得五十二万五千元。

付款时间：每年十二月三十一日甲方从乙方实名存折中将款划入乙方另立账户。甲乙双方在三十年夫妻关系存续期间有一方病亡，算完全履行合同。甲方在三十年内提出离婚，应一次性将赠款未到期部分付给乙方。乙方提出离婚则退还此前所得赠款。乙方对另立账户中所有的甲方兑现赠款具有完全所有权，可自行处分。

甲乙方还明确了违约责任，即甲方不得无理由延迟、拒付款；甲、乙方在夫妻关系存续期间不得有婚外恋和婚外性行为。甲方违约，一次性付完给乙方的赠款。乙方违约，甲方则不再给予赠款。乙方打骂甲方则罚款五千至一万元，在赠款中扣除。

这份协议由周祐执笔。周秘书的应用文写作功底很深，所学的法律知识也派上了用场。为这份协议内容的完整，杨惠惠也动了一番脑筋。

蜜月里到九寨沟旅行的计划没有能够实施，原因是杨惠惠怀孕了。

本来这件事是不该发生的，杨惠惠一直上着避孕的节育环，计划生育政策也不允许杨惠惠与周祐再生育。其实不要说政策不允许，就是能够再生一个，杨惠惠也不敢再要，分娩儿子时的痛苦让她一辈子刻骨铭心。但与周祐结了婚不生孩子在以后的婚姻中是有缺憾的，她到医院找人拿掉节育环，让自己怀孕一次再进行人工流产。

这是一出周祐不知晓的苦肉计。这样她就可以和周祐在以后的生活中回忆：我们的小孩要在已经多大了，每年想着他或她成长。也证明，她杨惠惠岁数尽管大一点，嫁给周祐时还是能生孩子的，与他有过爱情的结晶。至于孩子没生下来不是她杨惠惠的责任。

这样蜜月期间周祐就很闲。杨惠惠显得非常歉疚，说让周祐委屈了。

把一个月的时间捱下来是件不容易的事。杨惠惠想到了用打麻将来度时光。

找来两个人坐下，杨惠惠才觉得她再和周祐一起上桌不合适。现在身份变了，是夫妻了。只得又再找来一个人。杨惠惠让周祐陪他们打，她在旁边“看后影”。她不好坐周祐边上，坐到他对面看别人家打牌。

打牌的人当中有个年轻女人是杨惠惠楼下的，长得有几分姿色，有点像以前和他们一起打牌的护士朱婷。这个女人下岗在家，以打麻将作为她的“再就业”。这座楼谁家打麻将缺人都知道找她，邻居给她个绰号叫“逢人配”。

杨惠惠看着周祐，观察他的表情，也看那年轻女人的表情。女人打麻将的动作很夸张，放牌到桌上时手攥着牌腕子抖个 90°，黄灿灿的手链晃晃的，白皙的手臂显出更长的一截来。杨惠惠看着心烦，又不好说什么。

更多的时候杨惠惠抢着坐到麻将桌上，让周祐到房间去看电视。

周祐在房间里面看一阵子电视就开始玩微信，杨惠惠在外面打麻将时心不在牌桌上，挂在周祐身上，耳朵竖起来听他是不是在“摇一摇”。

这个时候她就恨面前的麻将，想麻将其实不是个好东西，否则怎么会叫麻雀牌呢。

欲罢不能

1

大半夜里柏乙睡不着，脑海里始终有一簇对他摇摆着的狗尾巴草。

他盯着天花板目不转睛，想以此集中注意力，一会儿他有点丧气，看到什么，想到什么四水归堂，还是与狗尾巴草，与老婆媛凤有关。

以前做这种仰视时手臂上枕着媛凤的头，精疲力尽的她在他耳边低声告饶，“今天就这样了，明天再来……”或者与他协商，“明天早上再来一把行不行？睡一觉才有精神……”媛凤就是脸长得不好看，厚嘴唇，尖下巴，满脸的蝴蝶斑，不过只是刚结婚时觉得美中大不足，时间久了就不觉得了，慢慢地就变得顺眼。

与媛凤分床睡已经有好几年，是她提出来的，说受不了他睡觉时打呼噜，他也就认了。开饭店以后他大早要起来去买菜，分开来睡不会惊扰老婆，一个人睡一张大床，翻身打滚也落得自在。

开了饭店以后，媛凤这个老板娘在前台负责来人接待和餐后结账。俗话说，来的都是客。媛凤迎来送往的虚情假意免不了，弄成了习惯，对丈夫也这样。柏乙最紧张的就是她胳膊上挽个包出去结账，每个月总有那么几天。打扮起来的媛凤就不丑了，蝴蝶斑一扑粉不见了，肥厚的嘴唇让唇膏一描摹一点也不难看。柏乙做凉菜的时候，遇到品相不好的食材经他收拾得色香味俱全，会得意地看着盘子对助手说："丑婆娘怕个三打扮。"而见到老婆打扮得漂亮，他的赞许只会是"盘子摆得不错！"

高中毕业生媛凤评价初中未毕业的柏乙除了做菜以外，其他方面格调不高。可就是这样一位情商不高的人，却因为一簇狗尾巴草而无比沮丧起来，并且已经几天闷闷不乐。

狗尾巴草蹊跷地长在一堵墙的墙头正中，墙是饭店与相邻的雅思乐之间的隔断。这家平时叽哩呱啦的英语培训机构，竟在柏乙惊讶这簇狗尾巴草的存在时，莫名其妙地放起桑巴舞曲。

激情奔放的旋律中有两根狗尾巴草舞动起来，舞动得热情洋溢。

柏乙愣怔在那里，看着看着就觉得这是一男一女在跳舞，那翩翩妖娆的一根当然就是老婆媛凤。让他非常生气的是，它们跳了一阵子后居然交颈相拥……

柏乙眼前一黑，只怨自己个头矮，少一截身高，要是够得上墙头他定薅了它们。他当时做出一个决定，也要找人到体育馆去跳一场舞，要跳到媛凤面前去气一下她。你跳我也跳！

饭店生意清淡下来后，媛凤的生活内容倒是丰富起来，开始在下午打打小麻将，近一阵子又大清早起来到体育馆去跳舞。打牌也好，跳舞也好，柏乙原先是支持的，夫妻俩都绑在门可罗雀的饭店里，大眼瞪小眼会更难受。只要媛凤高兴的事，柏乙都会乐意。直到有一天过去的工友老佘告诫了他一下。

老佘说："跳舞是个男女混搭的事情，跳跳就贴一起去了。"

老佘原来在厂里保卫科，下岗以后在街上搭三轮车，社会上的事情见到得多，可谓是家家熟。柏乙对老佘说的装得不以为然，说不怕媛凤跳舞，这样的丑鬼有谁爱了去好，他可以解脱。老佘这就干脆把话说明了："你老婆的舞搭子是个外地口音的小年轻，前阵子是在人民公园跳的，老是和一帮老太太在跳舞结束以后去吃包子，粘来贴去的。”

遭老佘提醒以后柏乙每天早上醒得很早，听着媛凤起床的动静，知道她出门去和人家跳舞，他便开始一天的不舒服。

“有些事情看到与看不到是完全两样的。”两株纠缠在一起的狗尾巴草，像是实况转播了老婆和别人跳舞的情景，让柏乙不得不去面对和重视这件事，还要有所行动。

柏乙胡思乱想到凌晨才睡，猛然被媛凤出门时的声响惊醒。他赶紧起床，准备去体育馆去和媛凤唱对台戏。洗漱的时候他非常奇怪，家里的暖水瓶少了一只，只剩下一只空的。空的暖水瓶是媛凤用过的，而往日她会给他留着一瓶满的。

他花几分钟时间找了一下，没有找到。看到时间不早了，他急慌慌地换上买回来从没穿过的藏青西服，系上领带，出门前用一根布条下劲[1]拉了拉皮鞋的鞋头。

到体育馆门前，已经在等着他的年轻妇女小贾眼睛一亮：“啊哟喂，柏老板还是蛮帅的嘛！”夸完了，也让柏乙看她打扮得怎么样，还转了转身让他看得全面一些。

小贾是柏乙做足疗的时候认识的，是他认为看起来正派也还有点令人怀疑的那种女子。小贾三十岁不到，长得本来就好，再一打扮更是招惹人，柏乙偷瞄一眼她鼓起来的胸围，扑哧笑了一声。小贾估摸达到了他的要求，说加一个钟，柏乙说没问题。他让小贾先进去，他稍后再进。

待小贾进去有两分钟，柏乙装着单身逍遥的样子往舞厅里走。门口验票的一个老头拦住他，问他是刷卡还是买票，他愣了一下，说买票吧。掏掏口袋，里面一沓百元的钞票，就是没有零钱。验票的老头鄙夷地摇摇头，说不想买票的人都玩这一套。柏乙想解释，想丢一张票子下来不用他找零了，身后等着进去的一位大姐替他解了围，用她的卡替他刷了

1　江苏方言，意为使劲。

一下。柏乙说："谢大姐。"大姐盘着高高的发髻，嫣然一笑，说一声"不谢"，翩翩先他进去。

体育馆的舞厅柏乙没有进来过，原来就在室内运动场里，大功率的音响放着嘭嚓嚓舞曲，几百个人在里面忙忙碌碌地走着快三舞步。他一下子没有找到小贾，贴着看台往里面走，这个过程里他的头始终偏向看台，不想让媛凤发现他。

一曲舞终，中间有一段不长的间隙，跳舞的人回到自己原来待的位置，或者瞄准了谁走过去。柏乙站了下来，那位帮他刷卡的大姐挡在了他面前，笑吟吟地看着他。她问他是不是在找人？他摇摇头说："我就是来看看。"

舞曲响了起来，是舒缓的四步，大姐谢绝了一位来邀她的人，继续和柏乙说话。她告诉他，舞跳起来时不要在场子里跑着找人，即使是舞池边上也被跳舞的人注意，只要站在什么地方不动，你就可以看别人，所有跳到你面前来的人。

柏乙点点头，笑了笑。她从口袋里拿出瓶口香糖，揿开盖子伸到柏乙面前，柏乙亮出手掌由她叩一颗在掌心上。她也给自己弄了一颗到嘴里，边嚼边说："你一定是第一次到这里来，这里虽说老年人多，但是不兴叫大姐和小姐，男士们都称呼我们小妹……"

柏乙心不在焉地听她说着，眼睛不时地瞄一两眼舞池里。她在舞曲都一半的时候拉了一下他胳膊，说："我们跳个舞吧！"

他有些不情愿，又无法拒绝，到舞池里好一阵子脚步缭乱。不过小妹舞姿娴熟，跳跳就让两人合了拍。按理说他是应该正视这个舞伴的，她盘起的发髻让他想起中学课文里那句"像高高的富士山"，还有她高高隆起的小腹和扁平的臀部被弹力裤勒得现出了原形，别人对她这个样子难免要评头论足，跟她跳舞的人也难免不被人笑。想到这点，柏乙还真的有些不好意思。

他想往舞池的中央走，可主动权好像不是他的，小妹几乎是半拖半拉地和他靠边跳着。他看到了小贾，小贾做了个怀抱的动作，大概是要他将舞伴抱得紧一点，好让人取笑。他觉得小贾的心眼不好，只希望这支舞早点结束。

跳到一个位置，他看到了媛凤，她在舞池最里面的练功镜前面。

媛凤身着一件黑色的短旗袍，露出一截白腿。她毫不在意，踮起脚尖，挺直上身，双臂做搂抱勾搭状，挪移着，一步，一步，又一步。边上有个小伙拍了拍她的腰肢，大概是指出这个部位不够柔软，他接着做了示范，柏乙注意的不是他的舞姿而是他的表情，觉得这个比四十岁的媛凤小七八岁的小伙满脸的骚娘们样子，那一转身，那一仰头，那抛眉弄眼的德行哪像个男人。

柏乙不想跳到媛凤面前去，不想让她看到他与这么个小妹在跳舞，他一转身带着小妹往回走，跳到小贾面前时刚好舞曲结束了。他谢了小妹后就撇下她径直走到小贾面前，摇了摇头做痛苦状。

他希望舞曲尽快地响起来，他好搂着小贾跳到媛凤面前去。接下来却是拉手舞，有人过来邀小贾跳舞，小贾看着柏乙，希望得到他的同意，见他脸上什么表情也没有，就对邀她的那个人说她要休息一下子。待那个人悻悻地走远了，柏乙说："今天你只能和我跳，否则我很没面子。懂不懂？"小贾乖顺地点点头。

再下一支舞是慢三，柏乙的舞技连入门级都算不上，只会走走简单的四步。小贾总站在那里难受，就怕再来一个什么人邀请她跳。她鼓励柏乙跟着她学慢三的跳法，柏乙头直摇，说他今天到这儿可不是献丑来的。不过他还是和小贾下了舞池，他要和她就着舞曲跳四步。小贾有点勉为其难，不过她还是以步合拍地配合他跳起来。

柏乙得意地说："跳舞的最高境界是没有舞步。什么三步四步，搂住了慢慢晃就是。"小贾说："柏老板，你狠！跳舞不比做菜差。"

柏乙还想说什么，看到了媛凤，她拿出了放在什么地方的暖水瓶在给那个小伙的茶杯里添水，那个小伙和她有说有笑，柏乙看到心里有点堵，气不平地对小贾说："你就不能和我再靠近点？"小贾稍靠近些他，他不满意，往怀里拉小贾，小贾推着他，要保持距离。无奈，他说再加一个钟，小贾马上贴近了他。到媛凤面前时，他说再加一个钟，小贾的反应真是快，抱紧他，头靠在他的肩头上。

媛凤马上看到了这一幕，她惊呆了，本来是拿起小伙喝的茶杯想喝一口的，送到嘴边上却停在那里不动了。

柏乙转过身去当作没有看到她，翩翩然跳过去，再欣欣然跳过来。

小贾在柏乙耳边说："媛凤将茶杯重重地搁下了……媛凤气呼呼地一直盯着呢……媛凤甩了那个男的一下，看起来不愿和他跳舞……"

跳了几支舞以后柏乙就离开了，他知道掌握尺度。小贾没有走，是他故意留下的。戏还没有唱完。

果不其然，他前脚离开，媛凤就找上了小贾，情况一五一十的他马上就知道了。媛凤对小贾说，那么个糟老头子也抱着跳，浑身的油味、馊汗味，就不怕熏死？小贾对媛凤说，她喜欢，非常喜欢，一点也没觉得有什么不好。

柏乙关照过小贾，千万不要和媛凤有大的冲突，不可以骂她，小贾说她都做到了。

这天媛凤没有到店里来，柏乙知道气到她了，但他只快活了大半天，到傍晚时便心事重重，想着回家见到媛凤是一个什么后果。

他决定回家情况要是不好的话就摔样东西，和媛凤吵架他只要摔东西，媛凤就会马上收声。摔什么呢？就摔那只她提到体育馆去的暖水瓶，不值钱还有警醒的作用。

晚上店里打烊后柏乙回到家，进门打开客厅里的灯，见媛凤果真闷坐在沙发里。他装作若无其事，装作习以为常，嘴里"哼"了两声早上体育馆放过的舞曲。

媛凤细声细语地说："蝶园广场那里有跳舞的夜场，你没有去跳啊？"

柏乙一本正经地回答："我没有那么闲，今天饭店忙着呢，做了几个散台……”

嫒凤的声音大了起来：“今早，造影响是不是？找个狐狸精到我面前来显本事，贴那么紧，要不要脸啊？”

柏乙哼一声：“这是我和你一起不要脸，一起跳，将这个家跳散了。”

“你不要脸怎么又拉上我了？你不要脸我可是有证据的。”嫒凤说着拍了拍桌上的手机，“我马上就发到儿子的手机上，让他评判一下是非。”

柏乙心里想，不好，没有一点她的证据，倒被她倒打一耙。她要告诉儿子这是点他的麻经，他还是要硬下去：“你敢，儿子上大学也还是个学生，你敢打扰他……我这是你做初一，我才做了十五。”

“我怎么做初一的？你说呀……”嫒凤质问他。柏乙一下子觉得没有什么可说了，他做出很气愤的样子四下里寻东西。

“是不是要摔那个暖水瓶？”嫒凤鄙夷地说，“就知道你会有这一出，我寄存在体育馆了。你明天到那里去摔。”柏乙马上蔫了，一声不吭。待了一会儿跑自己的房间里去抽烟。

嫒凤冷了他一会儿，推开门站到他面前说：“什么玩意，动不动就摔东西。”柏乙不再吭声，嫒凤也就收场，拉他出去。

她拉他出去做足疗，居然买回来一只泡脚的木桶，打开一袋泡脚的药料倒了进去。

“我交代你，你以后不许到外面去泡脚，跳舞从今往后也必须伺候我去跳，我的国标已经练得很好了。”

柏乙不理会她，泡上脚以后眯上眼，当嫒凤的话是耳边风。他搞不明白，怎么就一下子被动了，制约她不成，倒被她套住了。

“你明天早上就和我一起去体育馆，以后风雨无阻。要不你就要告诉我，那个和你跳舞的女人是谁？”

“那个和我跳舞的我不认识，体育馆里那么多人，谁能够每个人都认识？要我从今往后天天和你去跳舞，更是不可能！我早上要买菜呢，明天我就要起大早，溥老订了饭，还要野生的清蒸甲鱼……”

“呸，他就是只老甲鱼，还不赶紧躺老干部病房去，早死早好，害我们开这么一个倒霉饭店，饿不死，胀不昏，手脚都被他捆住了。”

柏乙一听媛凤骂溥老，眼睛睁大了。媛凤说：“看什么，不能骂啊，我以后天天骂。你这个月月亏的饭店开着干什么？”

柏乙说：“继续，继续，继续骂！”

在他的记忆里媛凤从来没有说过溥老一句坏话，更不用说骂了。她很欣赏溥老，以往看到溥老连眼睛都会马上亮起来。有这么一阵子他都怀疑过她和溥老有点不明不白。

媛凤不骂了，她问柏乙：“你说我们这一出是不是闲出来的，没事找事，找茬斗是不是？”

2

柏乙对溥老感情很复杂，第二天他起了个大早，在媛凤去跳舞前就出去买菜，他要依溥老的交代到高邮湖边上买湖里捕的野生鱼虾，也算溥老有口福，他买到了一斤多十来厘米长的银鱼和一只近二斤的野生甲鱼。

溥老喜欢请刚退下来的干部吃饭，那些年高沙市部委办局的人调侃某个人，或者知道某人要退了，就背地里说“溥老要请他吃饭了”。这两年退下来的干部十有八九和溥老扯不上什么关系，这样的事情自然也就少了。不得已，蜻蜓吃尾巴的事情溥老也做，他做了东以后被请的人再轮流做东，有那么数次以后，这些复东的人想想埋单找不到主了，就很头疼。掏自己的腰包毕竟很伤人，这也是大食坊生意淡下来的原因。

有一个基本上类似的情况，那些到龄退下来的干部刚歇到家里时会有一阵子不愿意接电话，怕人家称呼他原来的职务，怕别人找他工作上的事情。遇到溥老这样的邀请感觉很不爽，总想离他远远的，不想加入他那个圈子，就像要死的人不甘心离世和怕提殡仪馆似的。而溥老总是在饭桌上知道谁谁谁退了，又总是马上拿出电话打，打电话之前还翻出这个人过去什么时候被他照顾过的陈年往事，话说得很满，被他请的人要是不来他岂不很没有面子？所以，他有时候要霸王硬上弓。

一次溥老听说教育局的胡局长退下来了，立马要将他“捉”过来。柏乙当时在桌上敬酒，恰巧看到这一幕。打了三四次胡局长的手机没接，溥老的脸色很是难看，桌上有人赶紧说胡局长一定是机身分离，洗澡了，看电视或者跑步去了。或者，根本就不知道这是溥老在找他。也有人愤愤不平地，说胡局长也都退了，还有什么可拽的？柏乙则想到溥老过去是管工业出身的，虽说做过两年常务副市长，教育口子的人毕竟不是他的亲兵亲将。

溥老眼珠子一转，从他的包里拿出《高沙市机关事业单位通信录》，翻找到胡局长在档案局当副局长的太太手机号码，电话马上就接通了。溥老像是要挽回面子，将电话按到免提上，让大家都能够听到他说什么。

“小徐啊，我是老溥！我还在你的档案里吧？”

“啊呀，是领导啊，想起来关心我了，感动，感动……”（银铃一样的笑声。）

干咳两声，溥老让自己也有些笑意，对电话说：“我关心的是小胡……”

“那我替他感谢您，也一样感动。”电话那头说。

“你感动之余吧，请带个信给小胡，就说老头子想他，让他出来走走，我为他换心情，一回家，连个电话也不接了……”

“他一定不知道是您的电话，他不敢的。我代他请您，明天让他陪您……”

“其他地方我不去，现在没有一家饭店没有大院里的人在吃饭，我就在大食坊这个小地方，图个清静。客还是我请，这个说定了。”

“好的，好的，好的！”

第二天下午，天还没黑胡局长就骑自行车来了大食坊，想早溥老一步到的，哪知道溥老已经在饭店里打了半天掼蛋牌。

过了几天，被溥老改称为大胡的原胡局长在大食坊复东回请溥老，饭后埋单的是教育局办公室主任；后来再一场饭局为大胡做东埋单的是做校服的服装厂厂长；再后来是学生家长或者大胡的什么朋友；再再后来大胡就躲得远远的了，不论是圈子里的什么人请也不来，溥老也喊不动他。

原农开局的副局长老余专门拜托溥老请大胡，为孙子就读实验小学行个方便，溥老硬是叫来大胡，大胡酒喝得开心，就是没有将事情办成。他一口回绝，说实验小学的校长换了几茬，现在的这个校长在街上和他撞个跟头也不认识他是谁。

溥老从桌上下来到洗手间的时候，大胡乘机跟着，伺候溥老上洗手间的柏乙在外面听见大胡对溥老说，以后吃饭就吃饭，不要有麻烦事情，那样就没意思了。溥老讪讪地说，就只是关心一下，能办就办，人家也没有勉强。

溥老在有新成员加入的时候，会说明一下他这个圈子的宗旨：退就退了，我们不在其位不谋其政。大家聚一起是为了加强联系，是为了玩玩。

大家在一起玩玩这句话是被溥老反复强调的，话是这么说，溥老有很多时候要关心一下什么事情，帮人家操作一下。

柏乙在洗手间门口听到的大胡对溥老的一番话，让他知道溥老真是一天不如一天了，过去哪有人敢这么对溥老说话啊？他也不会容这样的人。

这天柏乙在处理那只湖边买来的甲鱼时费了番周折，一般的甲鱼只要被他踩住了背，头马上就会伸出来，而这只老甲鱼任他怎么用力就是不露出头来挨刀。他只得用筷子去戳了一下缩在甲壳里的鱼头。甲鱼的报复心很强，一口咬住筷子不松口，即使是刀已经在它的脖子上割开了也不松。

大概是想着溥老，柏乙的手上没有了轻重，竟然将甲鱼的头割了下来。看着甲鱼头落地，他愣在了那里。

溥老喜欢清蒸甲鱼，将甲鱼的内脏掏空，在里面塞进冬菇、油炸过的虎皮鹌鹑蛋。每次必须由他将甲鱼头拨下来夹给请客的人，逢他请客他也不怠慢自己，这几乎成规矩。看来，今天这只老甲鱼只有拆开来做了，到时候记着将甲鱼头放在餐具当中一个显眼的位置，不要害得溥老翻找就是了。

中午生意仍然清淡，只有几位撞到店里来的游客，想是图这里的清净。这里靠着文游台，步行到那里的游客要路过店门口。这样的客人用不着柏乙下厨房，菜都由给他打下手的小厨子烧，他站前台顶媛凤的工作结账。

柏乙抽着烟，面前放着烟盒，来结账的客人他都挑根烟给人家。

一位中年男子带着他太太和八九岁的小姑娘吃完了饭，结账的时候问柏乙到盂城驿怎么走，他们是从南京过来玩的——周末自由行。柏乙告诉他们怎么走，还在一张账单上画了一下路线图。客人很是感激，又问他此地名菜炒软脰长鱼在哪一家饭店能够吃到？

柏乙马上来了精神，对中年男子说：“你问对了人，我们店里面这道菜是高沙市最地道的，是我烧的，我给省长和很多大领导都做过。”

中年游客不走了，重新坐了下来，要点这道菜尝尝。柏乙不想做，因为他们都吃完了，肚子饱了以后再好的菜也食之无味。中年游客不想下次来，说那样的话很难有机会。他太太也帮着说好话，央求柏乙做一份让他们尝尝，要不这次高沙行就有大遗憾。

万事怕人劝，柏乙马上套上工作服进了厨房。小厨子说：“不能玩，就几条野生的鳝鱼，得替溥老留着，下午不一定能买得到。”柏乙说：“管他呢，老头子每次来都吃，也不见他动几筷子，盘子端下来最心疼的就是他们总留下一大半，实在是浪费，这次就短他们一回，不给他们吃了。”

菜做好了是小厨子端上桌的，软脰长鱼一盘，外加一碗鸡毛菜豆腐汤。柏乙过来招呼客人，汤是他送的。是托口开胃的，没放盐，大味至淡。

中年客人赞许地点点头，他惊喜地打量着眼前这盘炒软脰，都是大拇指宽的鳝鱼脊背，挂着油亮亮的芡汁，粘着细碎的黑胡椒粒，由几片紫的洋葱和绿的脆皮椒衬着，香味夺人，他甚至忍不住咽了一下口水。按照柏乙的建议，他先喝了一口汤后扁过筷子夹了两条鱼背，女儿也学他样子，只夹起一条，小心翼翼地才送进嘴。太太没有下箸，看着丈夫和女儿，想先分享一下他们的快意和赞美。他们嘴不停动着，谁都没有说话，紧接着来了第二筷、第三筷。中年游客吃了好几筷子以后才用闲着的左手竖起大拇指摇了摇。

一家三口很快便将一盘菜吃得干干净净，这个过程柏乙在远处一直看在眼里，他很满足，被欣赏的那种满足，根本与生意和赚钱无关。

不过结账时有点不愉快，八十元一盘的炒鳝鱼中年游客觉得价格不菲，他甚至将这四个字说了出来。柏乙急了，他并没有多收钱，他告诉客人，这一盘菜用了近两斤的野生鳝鱼，差不多就六十元了，还有调料和人工什么的。他等于没有赚钱，要是滚酒席里这盘菜定价一百五十元，一等钱一等货。客人听了解释不觉得贵了，直夸菜做得好，说想不到鳝鱼还能够这么好吃，软中还能够带脆，最后那口汤让人滋味无穷，让鲜味都留在嘴里了。

柏乙热情地送客人到门口，说下次有机会来，他做赫赫有名的雪花豆腐羹。见老佘的三轮车停在门前，招他过来送客人去盂城驿，交代老佘五元钱车费由他来结。老佘好像有话对他说，正巧溥老的电话来了，柏乙赶紧跑回店里接电话。

溥老要马上过来，他约了晚上吃饭的几个人过来掼蛋，让柏乙将棋牌室准备好。

放在以往，柏乙做好接待准备以后会站在店门口张望，远远地迎接溥老，替他将自行车架好。接受他类似于检查工作一样的询问，向他汇报店里的经营情况，抑或家里发生的大事情，譬如孩子考上重点高中了，他最近检查身体“三高”都不高之类的，都是可以说的内容。也就是从店门口到包间这一段他能够接触溥老，待他到里面坐下，柏乙能不能在他们面前出现都是一个问题，饭店里是有讲究的。

今天柏乙自己也说不清楚原因，就是不想迎接溥老。

3

“溥老来了。”服务员小霞在前厅喊。

柏乙边从厨房里出来，边走边应道：“来了，来啦！”

溥老迈着四方步走进来站下，他威仪俨然，穿一套藏青的名牌西装，打一只端庄的蓝色领带，手里拎着一只新的咖啡色的公文包。

柏乙一见到溥老，将手在围裙上擦了擦做迎请的动作，溥老没有应他，冷淡地说：“你忙吧。我们客气个什么？”

柏乙说天没亮就到湖边去买鱼，买了只大甲鱼回来，差不多有二斤重，不能给小师傅收拾，亲自动手才放心。他这是心虚了，为自己解释。

溥老说：“那么一定是只老甲鱼吧？”柏乙是不敢直接将老甲鱼说出口的，他回答说：“应该是，几年买不到这样的好东西了。”

“唉，老鸡老鸭老甲鱼值钱，老人是不值钱的。”

溥老这句随之而来的感慨，在柏乙听起来是针对他的，他马上就后悔没有出来接他，溥老总是能立刻发现问题，哪怕是一点点的问题。

好在溥老不再深化这个话题，转过来问他的客人来了几位。服务员小霞说来了一位姓袁的，请他坐棋牌室他不去，只肯在包厢里坐着。溥老说这位就是他今天专门请的，社保局的袁局长。

溥老小下声音来对柏乙说：“他们说我叫不动袁裕民，量他不会来，我只一个电话，你看他来得比谁都早。”

柏乙讨好地说：“溥老太爷的面子谁敢不给，就是请当今的谭书记来，他也不会不来。”这么一说，弥补了一下刚才的过失，溥老的脸色明显地缓了过来。

柏乙刚才在厨房里，不知道袁裕民已经过来，要知道的话他倒是真愿意到门口去迎，这个人口碑很好，到社保局之前做过组织部的副部长，人称“远三桌”，远离牌桌、酒桌和办公桌。要放过去他在职时，溥老这样的场合他是绝对不会参加的。但现在他退了，也说不定会改变一下自己。

柏乙送溥老到包厢门口就转身了，他其实很想见见这个“远三桌”，哪怕寒暄一下。心里清楚的是，他不能出现在溥老和袁裕民见面的场合上，他只是一个饭店老板，不合适。溥老厌烦一切不守规矩的做法。

溥老进去以后，他请的一帮人陆续来了，都是一帮老面孔，是他们量溥老请不来袁裕民的。柏乙想，想想又觉得不是。他们都是溥老的拥趸。

溥老没有进棋牌室，这天谁也没有打牌，整个下午他们好像都围坐在酒桌前聊天，至于聊了什么柏乙不得而知。

席开得比较早，不到下午五点就开了。菜少了一道软脰长鱼，用“芙蓉黄花”代替，高沙叫银鱼为黄花鱼，用姜汁浸了鱼裹了蛋清到锅里煨油，说煨也就是在锅里跳了跳即起，鱼肉鲜嫩，鱼骨爽脆。掉了头的甲鱼配上滋补的天麻用汽锅蒸了一下午，取名“汽锅团鱼”，一揭锅盖鲜香扑鼻，为了突出甲鱼头的地位，在甲鱼头的颈部系了一根青翠欲滴的米葱。

“汽锅团鱼”端上桌以后柏乙很是忐忑，就等着溥老叫他过去。溥老在开席以后叫他过去有两种可能，一是菜有瑕疵，这是他最担心的，通常都由溥老发现，当众给他指出来，要承认不足，并提出以后改进的打算；二是有重要的客人夸奖菜了，这也不是什么好事，与这位客人见面，谦虚一番然后敬这位抬举他的客人一杯酒，弄不好就要敬一圈，还要特别向溥老表示一下，多来两下一口吞。出来以后一定是头重脚轻晕晕乎乎的。

溥老叫他过去果真与老甲鱼有关，他认定柏乙一定是用高压锅压熟了甲鱼以后装汽锅里扮卖相。他要柏乙说，是不是如他所料想的这样。

柏乙不能解释，溥老怎么认定他都要完全接受，他只能微笑着，点点头。这等于招认了弄虚作假，心里面有一万个不情愿，就想稍后得由小霞来替他解释。非得解释，巧妙地解释一下。

溥老说：“很多事情是瞒不过我的，我一眼就能看出来。创新是一种时髦，探索也要搞，但不能以为标新立异就是创新，科学的道路只能一步一个脚印。我只不过是借小柏做菜的问题，来反思一下现在社会上的问题。在座的有人会说我说得多一点了。都说不在其位不谋其政，我也这么要求过自己，可现在我倒是觉得不说不行了，我憋不住了。我们总归还是这个国家的公民吧，公民关心生存的社会所发生的问题总可以吧？”他将目光转向他身边的袁裕民，问他：“老袁，你说呢，我们老干部能不能说说问题，给他们提提意见什么的？”

袁裕民说：“可以啊，党和政府现在走群众路线，国家问政于民是科学民主的做法，我们都有发言权和言论渠道，退休老干部每年度要搞几次座谈会，我在组织部就主持过。”

溥老说：“这几年找我们去开会的时候不多，反正没有怎么找我去，老袁你退下来时间长了就知道了，慢慢地就当你不存在了，这个过程很快……”

柏乙见袁裕民哼哼哈哈的不好接溥老的话说下去，也觉得溥老似乎在为难这个“远三桌”，他站着旁边听得很不自在。溥老甚至都没有向初次来这里的袁裕民介绍一下他。

柏乙胆大起来，他自作主张地拿起桌上的酒瓶斟酒，说菜做得不好，就当作是赔罪。溥老没有反对他，说要敬酒的话就敬在座的每位一杯。

柏乙是有准备的，预备溥老这一手，不过他还装作勉为其难，一副豁出去的样子。这桌上有他特别想敬酒的一个人，他不好显露出来，有这个机会他挺高兴。临到敬袁裕民酒时，他把杯子倒得满满的，恭恭敬敬地先饮为敬，待袁裕民喝了酒以后，他说了声谢谢。

一桌酒敬下来柏乙喝了不少，基本上到量了，谢了在座的客人转身想回厨房时被袁裕民叫住，他要单敬柏乙一杯，感谢柏乙菜烧得好。柏乙停下来，竟然由袁裕民替他将酒斟了。他请袁裕民为他加满，他一饮而尽。

从包厢里出来的柏乙心里暖烘烘的，觉得袁裕民这个人让人舒服。真是没架子，真是很随和，真是一个尊重人的人。

饭局结束前袁裕民单独出来，到前台来要求结账。柏乙说账不用袁局长结，他是被请的客人！袁裕民说这个账一定得由他结。

柏乙为难了，看得出袁裕民不是虚假客套，但他不得不想到这么做会受到溥老的怪罪。他迟疑着，总觉得收袁裕民的钱是不合适的。

他想到一个折中的办法，让袁裕民在账单上签个字算结账，至于以后谁给钱那是另外一回事，事情能进能退。

袁裕民不肯，拿出厚厚一沓钞票说："算帮我个忙，谢谢你！掏了这个钱我才轻松。"

柏乙看出，袁裕民要结账是有考虑，大概是不想背上被请客的人情负担。他又想，袁裕民刚退下来，拿张餐费发票到单位报也不是什么大事。他便问袁裕民要不要发票。袁裕民说要发票。柏乙不和他客气了，他要是说不要发票，那可能是私人请客，就给他一个折扣；要发票，那一定是到单位报销的。

五千四百八十元。酒水是大头，三千元。

袁裕民大概没有想到会有这么多钱，将手上握着的一沓钱递给柏乙，又从另外一个衣袋里掏出了几张百元钞票凑上。

柏乙问袁裕民开发票的单位名称和消费名目，提醒他可以开会议费。哪知道袁裕民说就开他的名字，就注明是餐饮费。

柏乙蒙住了。他说，那就不能收这么多钱，要打个折。袁裕民问他为什么要客气。他说由个人掏腰包的就不能收这么多，得给个优惠价。

袁裕民说：“那不行，料想你不会这样对每一位来消费的，不要对我客气，真的不要。”见柏乙揿计算器算折扣，他不要发票了，转身回了包厢。

柏乙挠了挠头，不好跟他到包厢里去。

一会儿饭局散了，面红耳赤的溥老被众人簇拥着走在前面，柏乙迎上去殷勤地送他们出门。较之往常不同的是，溥老对柏乙说了声账由他来结。柏乙只得告诉他袁局长抢了结账，非要结，已经结了。

溥老显得很不高兴，站下来，看看边上的袁裕民说：“老袁啊，你这就不对了，见外了。”袁裕民说：“难得和大家聚一聚，做回东，没关系的。”

溥老说：“知道你讲原则，告诉你老袁，我也是自掏腰包，你怕什么？你都和我们一样了。我退下来已经十多年，吃的喝的还能够拿什么地方去报销？”

袁裕民说：“没那么复杂，就一顿饭，你请我请都一样。我还说一句，以后有聚会叫我，就得由我埋单，否则我就不来。”

溥老笑了笑说：“由我请你一次，不会坏了你一辈子的清名。轻松一点，真实一点，你总是请客能请得起？”袁裕民没有回答他这句话，挽他的胳膊拉他离开。

溥老走到门口，对替他拉门的柏乙说：“你不好收袁局长的饭钱，交给你一个任务，明天到他府上退给他。”

要是往常，遇到溥老这样的交代，柏乙会一叠声地说好，说是是是，可今天他想都没想就说：“我退袁局长他也不会收，肯定的！”

溥老狠狠地剜柏乙一眼出门。柏乙也没有问溥老一句要不要送他回家。

十来分钟以后，回到家的溥老给柏乙打了电话，骂了他一句：“二百五！”不由分说地挂了电话。

柏乙正在酒劲上，对着响着忙音的手机说：“我二百五，你还三百六呢！”

4

还在回家的路上柏乙就后怕了，怎么就得罪了溥老呢？

这可是他过去最怕的事情，现在想不怕也有些难，总归要考虑到可能的后果。

后果是什么，是溥老气得不到饭店来了？

这似乎是柏乙现在求之不得的事情，只是让溥老因为今天发生的事情而生气，而不上门了那实在是他的错。他也想，要是溥老还照常到店里来，人前人后地说他不上路子，是忘恩负义的人呢？这才是最糟糕的结果。

这件事要赶紧告诉媛凤，柏乙打定主意，回去先过媛凤这关，与她结成统一战线。他有些后悔昨天和媛凤斗的那场气，钱花了不少，效果还恰得其反，落得自证其罪。在足疗店和小贾谈好两百块钱出场费，被她在体育馆加了三个钟，还要再送给她一百八十块，就怕是要给四百整数了。

回家一打开门就看到阳台上挂着的短旗袍，因为他开门和关门造成的空气对流，使得短旗袍晃动了一下，这使得媛凤在舞池里的情景又浮现一次。不过，他没有恶感了。

媛凤的卧室门开着，她在里面用蒸汽熨斗熨着明天跳舞要穿的衣服。柏乙先问她吃饭了没有，知道她不会回答，问还是要问的。接着他给自己泡了一杯茶，轻描淡写地说起溥老的事，说今天大概是得罪他老人家了。

媛凤阴阳怪气地问：“溥老什么反应，打你了还是骂你了？”柏乙说：“那倒不至于，脸上不怎么明显，心里一定很不舒服。”

“他心里不舒服，你还能替他抓痒啊，管他呢。”媛凤说。

柏乙见媛凤一刻也没有停下手中忙的，心里倒是踏实了一些，这证明她没有将这个当作多大的事情。

“你吧，心里藏不住事，什么都会放在脸上。早就烦溥老了，可你连在我面前说两句都不敢。我前天在你面前一骂溥老，长了你的精神，你这就去对他发泄不满了。我肯定你是这样的，你都不要将事情原原本本告诉我，我便知道。”

媛凤收拾着熨衣板，算是抱怨了柏乙一句。柏乙说：“也不是，我就是受不了他，要人家社保局刚退下来的袁局长，让人家为难。袁局长一定要结账我就让他结了，这是其一；溥老要我将钱退给袁局长，我说袁局长不会收这个退的钱，这是其二。我是接二连三地让溥老不高兴了。还有，还有，老甲鱼也没有做好，没有照他刻下来的模子做……”

“溥老放个屁，你当成本戏唱。这些年多少受不了的你都受了，还在乎这一场半场的？你继续受吧，不要再对我说这些烂事，我要去睡觉。他要是一个月不来，我们就把店关了，做其他生意，哪怕开棋牌室也比现在赚钱。倒是他照顾了我们。”

媛凤说完真的去上床睡觉，还立即关了灯。柏乙体贴地替她关上门，接下来在洗漱的过程中轻手轻脚，就怕有大的声响出来。

这一夜，柏乙又是像前天那样彻夜无眠。天亮以后听到媛凤起床的声响，他立即起来。

他站在卫生间外面与媛凤商量：“你说我要不要给溥老赔个不是？”

媛凤正在刷牙，嘴里含混不清地说了要还是不要，柏乙没有听清楚。待她含一口水进嘴里渡出牙膏泡沫，清晰地说了句：“你敢去！”

“那么我就去给袁局长退两个钱，人家自掏腰包，我不能收那么多。”

“也不允许！”

“为什么？”

“不为什么，我们不是偷他也不是抢他，更不欠他什么。他们这些当官的，拿张招待自己的餐饮费发票到单位报销会脸红？才不会呢！你认为这个人正派就正派？纪委没查他，查他也会一裤子屎。”

“好人还是有的。”

柏乙总是在媛凤教训他时有些悖论，发出些虚弱的，不至于激怒她的不同声音。他也会在受挫时和她对着干一把，你媛凤这么说，我非不这么做。至于做出不好的结果以后再在老婆面前做孙子那是另外一回事。他在媛凤出门去跳舞的那一刻做出决定，向溥老认错或者赔罪，他对自己说：不就是舌头打个滚的事吗？身上汗毛都不会少掉一根，多大的事啊？

中午的光景他给溥老打电话，拨了好几次溥老都不接，到第三次的时候他想是最后一次，哪知道还是又再拨了两次。越发认定溥老对他意见大了，心里恓惶起来。

心里烦就给老佘打了电话，让他晚上过来喝酒。他关照老佘直接过来，不要回家换衣服。每次老佘到店里来都跟做贼似的，怕被人认出是踩人力三轮车的。这是为柏乙着想，而柏乙也为他着想，从来都是新开一瓶酒，烧两个油水大的菜。他特别喜欢和老佘一起喝酒，平等而轻松，不要讲究什么礼数，胡说八道也没关系。让他觉得自己又是厂里食堂的大师傅，刚炒了大锅菜歇下来，无忧无虑的。

晚上老佘九点多过来，这时候店里连散客也没有了。前天中午老佘在店门口转悠，确实是想和柏乙聊聊事的，他每天踩着车从大食坊门前过，看得到店里门可罗雀心里着急。他要拉上柏乙去看一家新开的“天一冒菜馆”，这家饭店没有包间，只设了火车座，卖一种用香辣油汤涮的菜，生意好得出奇，一晚上要翻好几次台。

老佘喝上酒对柏乙说：“现在的形势是抓公款吃喝越来越紧了，高档饭店都有做不下去的趋势，你还不赶紧调头？人家天一冒菜馆就是看准了消费对象，三五朋友聚会，花一两百块钱，吃得舒服，吃得有档次。”

柏乙一口口地喝酒，他极想将话题绕开去，说其他的事情，不要提他倒霉的饭店。他们以往喝酒的时候主要话题是过去的老单位石油机械厂的事情，两个人将知道的向对方说说，厂里面熟悉的工友哪些人混得好，哪些人倒霉了，哪些人得病了，又有哪个人死掉了。别人混得好他们不羡慕，对不幸的他们非常地同情，会去帮人家想办法，遇到无能为力的时候长吁短叹一番，为此多喝几杯到醉。

老佘有一次问，如果没有改制，没有下岗，他们还在厂子里每月拿两三百一个月的工资，享受着公费医疗，那样好不好？他经常怀念那样安逸的生活，怨恨日子一下子不平静了。遇到不顺心的时候就会想，就想骂骂谁。

柏乙说那样的生活好也不好，就说老佘的女儿，在省城里读大学后去了北京，在一家外资企业拿上万元的工资，要还像过去那样，至多顶替父母进工厂，还在高沙这个地方嫁个家庭条件差不多的人过灰溜溜的日子。“现在的生活主要的是空间大了，你想做什么可以去做，但又不容易做成什么。”这是他的看法或者感慨。

柏乙打住替他饭店出谋划策的老佘话题，说他这个店先这么拖着，还没有到亏得吃不消的那一天。他告诉老佘溥老昨天带人来吃了饭，竟然由被请的社保局袁局长掏腰包埋的单，人家可是一听说要给打折连发票都没要。他问老佘相不相信袁裕民真的自掏腰包，是不是做给人看的。

老佘知道袁裕民退了，说这个人正，他说是自己掏钱就一定是。“我和他闹过，起初也没有把他当好人。”老佘以此证明自己的判断是正确的。

厂里刚搞买断工龄让工人下岗的时候，老佘带一帮人到社保局去闹，在袁裕民的办公室摔过一只茶杯，锅炉工沈伟抓住袁裕民的衣领捋下三四颗衣扣。人家就是没有计较他们，对赶来的警察说没事。最后还在沈伟极为困难的时候帮了他一把。

这件事柏乙是知道的，沈伟下岗后办的医疗保险要在半年后才能报销医疗费，恰巧这个时候他得了红斑狼疮，袁局长很同情沈伟的困难又不能违反规定，他找到市慈善总会的朱会长帮沈伟办了慈善救助金，又在社保局里发动了捐款，他本人就捐了一千元，算是帮助沈伟渡过了难关。柏乙开饭店，拿社保局给他发的本子享受了三年免税待遇，好处虽不是袁局长个人给的，但袁局长说，有政策就为大家落实好，扶上马再送一程，他们社保局说到做到了。

和老佘喝完酒，柏乙做出一个决定，他要为袁裕民的餐费打个八折，照规矩酒水是不打折的，他就满打满算地要退他一千块钱。他请老佘留意一下袁裕民家住的地方，他问了好几个人都说不知道。

他又想这件事先缓一下，等安抚了溥老，向他赔不是以后再说。希望溥老不要提这件事，再骂他几声二百五、三百六都没有关系。

关店门之前，他突然想看看墙头上的狗尾巴草，跑过去见影影绰绰的，便取了手电筒照上去。

狗尾巴草静静的，一动也不动。

他站在那里半天，直到有尿意才跑开去。

5

听溥老说过，他每天早上都在嘉禾桥那里早锻炼。柏乙不知道溥老是在什么时候到那里，也不知道他会在那里待多长时间，他只有早早地等在离嘉禾桥有百十米的地方。他还不能站在星河边等，那样会让溥老觉得是在堵他。柏乙原来并不是处心积虑的人，开饭店以后遇到的事多，要讲究的多，也算是被逼成现在这个样子。

星河原来是一段臭水沟，被房地产开发商看中后搞成了“欧亚风情带”，拓宽和浚深了河床，在两岸摩肩接踵地建了所谓的欧式别墅。溥老的家是嘉禾桥堍的那一幢，面积是最大的。照他说，他一个退休很多年的干部敢买，在职的或者刚退下来的想买还不敢。

五点多一点溥老出现了，在下河边的台阶时他狠狠地打了两个喷嚏，用手在鼻子上揩了揩，顺手自然地抹在身边一棵香樟树的树干上。

等到溥老在河边的走廊上耍了几下自创的五禽戏，柏乙才从远处现身，大着嗓子问候了一声“溥老早！”

溥老点点头，没有回他一言半句，是专注于正在施展的动作，还是对柏乙就是要摆出这种姿态，看不出来。

柏乙到溥老面前后很尴尬，不知道说什么做什么，就讪讪地说：“溥老，我也出来跑步了。”溥老笑笑说：“跑步应该到体育场的塑胶跑道上去跑，那样才伤不到膝盖。你倒好，跑到河边上来。”

柏乙就坡下驴，接上自己要说的话：“跑这里来主要的目的是接受您的批评。”溥老盯柏乙一眼说：“跟真的似的。”

柏乙严肃地表态：“我是很认真的。”溥老说：“人不能忘本，不能不识好。”柏乙点点头说：“那是。这一点上我做得不好。”

“你不要往身上扯，我说的不是你，也不是其他什么人。你我关系不外，我告诉你，我说的是袁裕民。”溥老又看柏乙一眼，慢条斯理地说：“有些事情你不知道，我帮过袁裕民，他是在我手下被上面提拔的，我给过他机会。机会是什么？就像是当初我让你开饭店而不是要张三李四开，他们就没有这样的机会。”

“是的，溥老你对我的恩情是大得不得了的。”柏乙必须要认这个账，领这个情，他也得承认和检讨错误，“前天，我没有将事情处理好，不应该收袁裕民的钱，确实是做了二百五的事情。”

溥老白了柏乙一眼，动作停了下来，不满地说：“你收钱没有错，一点不错。我难道不知道他出去那么长时间是干什么？我就是让他结，让他将廉洁进行到底。你错在那句为他背书的话上，我说退给他，你“嗯”一声就行了，说什么他不会收？他要是收下你退给他的，那才是笑话。连台的好戏被你这句话砸了。”

柏乙倒吸一口凉气，想溥老原来是给袁裕民下了葫芦套子，就是要出他洋相的。袁裕民也不是吃素的，他拆了溥老的招数，他那句：“以后有聚会叫我，就得由我埋单，否则我就不来。”客客气气拒绝了与他们以后的往来，不和他们为伍。

“老袁这个人工作能力还是很强的，少什么呢？少人情味，少群众基础。一定要把自己搞成一个异类，搞得大院里的人对他怨声载道，有什么意思？因为这种表现就显得能力突出了，就受重用了？我看他一点也没有落到什么好处。我和他那点事其实不算什么，他不办，我找其他人也办了。东边不亮西边亮。”

柏乙听出溥老的话外音，他一定是有什么事情在袁裕民手上没有被照顾，对他有积怨。

溥老让柏乙回饭店准备一下，后天要请安监局的扈局长吃饭。柏乙自然很高兴，这说明溥老已经不再生他的气。事情能这样过去多好，也幸亏来向溥老打了招呼，以他对袁裕民的态度看，他的报复心是多么强啊。

回到店里，又是一个生意清淡的日子，几个散客要一两瓶啤酒，点两三个冷盘为主的菜，用西红柿蛋汤拌主食，每个台子只几十块钱的消费。

闲着的时光很难打发，真是那种“大眼瞪小眼，伙计望老板”的情景。柏乙便打电话，向老婆媛凤报喜，说溥老又订下一桌，是请安监局领导来吃饭的。媛凤鼻子“哼”一声，轻蔑地说：“这个老虎爪子，又痒痒了。”她并不为溥老照顾了生意而高兴，干脆以此为借口不再到店里来，她说待在店里，溥老不来，她想着生气，来了，她看着生气。

高沙这里将手长、贪婪猎取钱财的人称作老虎爪子。柏乙知道，媛凤也知道，溥老请在职的领导吃饭就一定不是他请，是别人请托，他落下的也一定不只是吃一顿饭的好处。

这种请托的人在酒桌上坐在不显眼的位置上，不多说话，满脸堆笑，尽讨好巴结的能事。通常溥老只对他做简单的身份介绍，重点在于这个人的人品，说明他是可以交往的。

溥老请客的这天中午柏乙就知道了谁是埋单的请托的，他是高沙城里做水产生意的赵二蚬。赵二蚬的生意做得很大，渔民从高邮湖捕上来的一半鱼虾螃蟹都在他手上。他用皮卡车拉来一箱茅台说晚上用，又卸下几个充氧的塑料袋，里面是活鲜的鳜鱼、难得一见的青壳湖虾和一条足有八九斤的活蹦乱跳的青鱼。

赵二蚬还一拍脑袋说忘了捞几条大鳝鱼来炒软脰长鱼，问柏乙晚上他来的时候带来迟不迟，是不是来得及。柏乙说来得及。一烫一划一炒，也就是十来分钟就上桌了。说着话，瞄着这些东西，柏乙心里不太舒服，差不多等于办来料加工了。饭店里赚钱的大头是酒水和湖鲜，他搬来这么多东西，这一趟忙下来还有什么赚头？

赵二蚬像是看出柏乙的心思，说酒水照收开瓶费，鱼虾这些就当他免费送的，该怎么结账就怎么结账。柏乙可要表明姿态，溥老安排的他不会乱来，什么事情都是有谱的。

赵二蚬开着车走了以后，柏乙嗅了嗅鼻子，店堂里弥漫着一股子他带进来的腥味，这是做水产生意的人走什么地方的记号。他想不通赵二蚬有求于安监局什么，是他那一摊子出事故了？船在湖里沉了，还是手下有人触电了？这些问号只能放在肚子里。

溥老下午依然约了几个人早早地过来打牌，柏乙趁他们牌还没有打起来时介绍那条罕见的青鱼，并征求溥老的意见怎么吃才好。溥老听从了柏乙的建议，一鱼三吃，鱼头用剁椒蒸，鱼尾做葱油烧划水，中间段的肉剐下来做鱼圆。他说这么大的鱼是可以七吃八吃的，不过那样就吃成全鱼宴了。他在牡丹江镜泊湖吃过全鱼宴，有一种鱼性极其寒，得就着狗肉吃才不会肚子疼。夏天吃狗肉真是够呛，害得他的鼻血流得止不住，只得猛吃那种性寒的鱼。

溥老现在不像刚退下来的时候，开始热衷于回忆。他在职时借考察之名去过东南亚，招商引资去过东北大兴安岭、海南的天涯海角等地方，他也就是说说在那些地方吃过喝过的，不说其他的。

安监局的扈局长天黑时才来，带着位年轻漂亮的女人。有所区别的是，这个女人没有替扈局长拎包，倒夹着一个大的公文包。柏乙只看到她窈窕的背影，她因为穿着高跟鞋又随扈局长走得快，肥硕的翘臀一下下摆动着。

开席以后服务员小霞传溥老的话过来，专做一道西芹百合。她捂着嘴笑，与小厨师叽咕，那个长得好看的小女人是溥老的儿媳妇，一帮人在闹溥老是扒灰公，要他们喝交杯酒。柏乙拉下脸，交代小霞再进去时不要跟着别人笑，省得溥老黄瓜抱不过来抱瓠子，将怨气发到她身上是可能的。

溥老今天的陪客，柏乙只认识两位，一位是原市里的政法委书记，一位是原交通局的一把手。陪衬的客人是有讲究的，溥老一次为一桩事情不舒服，找了一桌子纪委、检察院、监察局、公安局的人，桌上挂角坐着的一位陌生面孔，大气都不敢出，一看就知道是“进补”的对象。

溥老不知道是替赵二觍事情办得好还是被在座的闹得开心，结束时夸了柏乙一下，这是少有的事情。他夸柏乙做的鱼圆鲜美无比，细腻、柔滑，到嘴到肚，“比豆腐格高！”

柏乙乖巧得很，溥老刚回到家门口，他已经抱着一大锅鱼圆等在那里。他随溥老进门，用一个更大的不锈钢盆将鱼圆用清水养起来。

溥老对柏乙说：“你太客气了。”

溥老的口气很冷淡，让柏乙觉得溥老在饭店里对他的热情其实是做给别人看的。

他的感觉是对的，溥老从此以后再也没有来过他的饭店。

6

两个月以后，媛凤每天都催促柏乙将大食坊关了。她找到了接手饭店的人并要带到店里来和柏乙见面，这个人要将大食坊改为韩式烧烤店。

柏乙对嫒凤说，再等等，到年底也就是三个多月，至多倒贴个四五万元的人员工资。这个门脸房在柏乙经营了两年以后买了下来，三百二十平方米只花了不到四十万元，那是八年前，是沾了溥老的光。私下里柏乙又花了五万元打点卖房子给他的棉纺织厂厂长，那一年溥老的儿子结婚，他随了两万元的大礼。

嫒凤算的账是，将饭店租给别人一个月都稳拿两万，什么心都不要操。柏乙被她说得心烦便说：“你想想这处房子是从哪里来的，谁让我们得的这个好处？总不能过河拆桥。”嫒凤听他这么说也就闭嘴了，这套话是她过去在柏乙对溥老厌烦时数落柏乙的。柏乙还加上一句：“人不能忘本，不能不识好。”

嫒凤是记得以前的情况的，那时候不仅柏乙要下岗，她所在的棉纺织厂也开始对她们吹风要买断工龄。依嫒凤当时的打算是，她下岗回家后找一家小门脸房开面馆，下阳春面和小馄饨；柏乙则找一家饭店去打工，凭他那两个拿手菜，还是会有人雇他的。

机会是溥老给他们的，他对柏乙说：“我要让你发财太容易了，不知道有多少人在我手上发了财。我没有贪过，人的享受、快活也就是在吃喝上，我在台上没有少这两样，退下来只要不缺就心满意足了。我要扶持你做一家饭店。”

柏乙何尝不想开饭店，可自己手头上只有不到一万元的积蓄，还是为孩子上学准备的，这么点钱给嫒凤开个面馆还差不多，要说开饭店，那是往大海里撒了一把米。

溥老说门脸房和饭店的前期投资都不要柏乙掏一分钱，柏乙马上想到溥老是不是想和他们合开，就说由溥老做大股东。溥老说：“不用，一点也不用。我帮你顺一下，搬一搬。你饭店开起来，发财了不要忘我帮过你就行。”柏乙一听这么说，自然要有一番表态，表忠心，表决心。

棉纺织厂有一座三百多平方米的仓库后身临街，溥老将主意打在了这处地方。先是高沙市消防大队开了重大隐患整改通知书，接着又是市安全生产办公室下发了限期整改意见，棉纺织厂的厂长这两个文件一签收，屁股就坐在了火山口上，马上就将这个装棉纱的仓库腾空了。

溥老也就是一个电话，媛凤就以很低的租金向厂里租下了这处房子，溥老说这是给带头下岗的工人再就业提供帮助。办营业执照和开饭店的一应手续一路绿灯，也因为柏乙夫妻俩的下岗工人身份沾了光。他们将仓库后身开了个门，这就马上成了门脸房。虽说地势偏了一点，照溥老说的，偏也有偏的好处，酒香不怕巷子深。

柏乙的单位石油机械厂一点也没有给他帮助，柏乙曾经想提出一些要厂里帮助解决的事情，被溥老制止了，溥老说犯不上找他们。柏乙以后知道的原因是，溥老有更大的事情在石油机械厂顺了一下，搬了一下。

柏乙的饭店开张真如溥老说的没有用他掏一分钱，拿到营业执照以后店里的账上就有了十万元，这是与溥老关系好的一家企业打过来的，只当是餐饮消费的预付款。棉纺织厂近水楼台先得月，有这么一家交房租的饭店在身边便吃喝得毫无忌惮，厂里最多时三十多个人有签单权。到第三年欠下一大堆白条时，只得考虑将这座房子卖给柏乙了。对于一家亏损企业来说，这样的事情不是一桩两桩，也无所谓。

柏乙开饭店，除了做菜，其他方面都是溥老指点的。媛凤比柏乙会来事，逢年过节便招呼棉纺织厂和几家在大食坊定点消费的单位领导，过年的菜已经给他们备下，家里什么都不需要再准备。

除夕这天上午，大食坊三轮车满当当装着菜送往各家，打当好的净菜、半成品的菜、烩一下、炒一下就好的菜琳琅满目，连刮了皮的生姜和捋了根须的葱也都有准备，可谓周到齐全。

溥老家自然是柏乙六根指头抓痒的对象，送上菜不说，他们家初二带女儿回门吃饭，初五请他的老部下老朋友，都由柏乙上门服务，亲手掌勺。一直到现在，年年如此，即使是这两年饭店不景气也没中断过。

柏乙尽管有很多怨溥老的时候，但也不得不佩服他。溥老在退下来以后，有那么几年他还能够享受众多别人给的好处。自行车零件厂即使是转卖给私人、更名为制动件股份有限公司以后，它的新老板奎总也还是像原来的厂长那样讨好溥老，奎总给了溥老在大食坊一年五十万元的消费额度，他当时是这么说的：“溥老以后在你们这里的招待费你柏老板拿我那里去报销，多的不敢说，三五十万元不在话下。我和溥老有这份感情！”

这话说了以后，溥老在大食坊吃吃喝喝有个十来万块钱挂账，柏乙拿发票去奎总那里报，真的是一点问题也没有。这样的报销以后也是在溥老手上由他停止了。

那年溥老的儿子结婚，在华侨国际大酒店办喜宴，柏乙是溥老任命的婚庆主管。溥老有一句话，柏乙没有充分领会，他说奎总的五十万元在大食坊花不完。柏乙接话说，是花不完，他问溥老要不要将喜宴的费用拿奎总那里报一部分，报三十万应该没有问题。溥老不同意，说他怎么可能做这样的事情呢？他很不满地质问了柏乙，接下来告诉柏乙，以后他在店里消费的一分钱也不要拿到奎总那里去报。

这样一来，溥老到大食坊的吃喝、宴请也就一下子少了很多。柏乙免不了要找找根源，他觉得自己当时的大脑是短路了，为什么就不能开三十万元的大食坊餐费发票到奎总那里报销了送给溥老呢？那样溥老面子里子不都有了，对于大食坊来说，最多也就是贴一个发票的税费，还有二十万元的消费还怕找不回来？

柏乙当时对这件事的处理不当是有遗恨的，说给媛凤听，她说溥老不是这样小肚鸡肠的人，溥老在她的眼里是一个光辉形象。这件事让他觉得，老婆的话要听，但绝对不能全听。

当事者迷，局外者清。老佘对溥老就有比较清醒的认识，他说溥老退下来还有人对他那样，不是他人缘特别好，而是这里面有权钱交易、利益输送和不正当的回报。溥老在位时赶上了公退民进，搞改制，高沙城里的国营和集体企业一个不留地姓了私，像柏乙原单位石油机械厂这样的亏损企业基本上就是零转让。自行车零件厂也是零转让，要知道这个厂除了有厂房、设备、滞销产品和嗷嗷待哺的工人，也还有没收回来的销售款，光预留建厂房的土地就有两百多亩。

7

袁裕民的住处是老佘帮柏乙找到的，老佘坚持要柏乙坐他的车去。

坐老佘的车柏乙还是第一次，他觉得不自在，问老佘收不收车费。老佘说：“起步十元，每公里三元。”

柏乙知道老佘这是开玩笑，要老佘和他换个位置，由他踩一回车子，钱让他赚一回。老佘笑了，知道柏乙绕来绕去的是想踩三轮车，哪里会同意他，说一个饭店的老板在街上踩起三轮车，是混穷了。大街上被人看见马上就传出去，以后不在台面上混了？

柏乙一把拉下老佘，说，话不能这么说。老佘知道拗不过，只得由柏乙踩起三轮车。倒是老佘马上又不自在起来，坐在自己的车上被别人载着很别扭，特别是被同行看到。老佘三番五次地要柏乙下来还给他踩。柏乙正在兴头上，有人没人都拉一下铃铛，怎么也不肯下来。

老佘最后也就由着他了，坐在车上给他指路。过去在厂里保卫科负责消防的老佘，说消防车上有一名消防兵就干他现在的事，为驾驶员指路。

柏乙乐了，又拉一下铃铛，让老佘晚上到他厨房里去炒一回菜，做个软脰长鱼给他尝尝。还感慨做一行怨一行，经常换换角色就不怎么怨了。老佘说，踩三轮车的活，一时一刻会觉得好玩，长年累月的就不好玩了，风吹日晒多辛苦啊。他问柏乙可想过自己是个当官的，是位成天到饭店吃喝逍遥的领导而不是吃苦受累的厨子。

柏乙说做领导吃喝未必就逍遥享受，说不定是一种累，是不得已的活受罪，嘴吃馋了是什么好事，能这么吃一辈子吃下去？哪一天下台了、被冷落了怎么办，到什么地方去吃？除非有溥老那样的能耐。但还是要被人家背地里指说的。像做袁裕民这样的领导其实很好，下台了也被人想念，被人尊重。做领导被人在背后指指戳戳的，自己不难受，家里人也会不舒服。老佘说："当官的怎么可能这么想，还不是快活一天是一天？"

到袁裕民家，敲开门接待他们的是袁太太，袁裕民不在家。柏乙就说他是大食坊饭店的，老袁那天在那里吃饭应该退他一千块钱的折扣。袁太太怎么也不肯收，说她不知道这个情况，请柏乙还是当面交给老袁为好。柏乙硬塞下钱就走，怕袁太太出门追他，像抢了别人东西一样慌忙地逃，下楼梯三步并成一步。

回饭店的路上，柏乙还是要踩车子，老佘不再和他争了，心安理得地坐在车上，悠闲地看街上他平时不在意的风景。他突然想起一件事，冲着柏乙的后背说了一句："溥老的儿媳妇偷人了！"

柏乙听了一惊，立马就拉了刹车的把手，转过脸来对老佘骂了一句十分难听的话："嚼屎呢！"

老佘说："证据确凿，有时间，有地点，有那个人的姓名。"

柏乙不想再踩三轮车了，要老佘赶紧拉他到店里，仔细说一下这个事情。

到了店里，老佘将事情仔细说了，不得不让柏乙相信。赵二蚬和溥老的儿媳妇钱秋萍好几次开房都被老佘撞见了，他们总是一前一后地进宾馆，再一前一后地出来。一次钱秋萍先出来的，搭了老佘的三轮车回家，路上给赵二蚬打电话说："你这个疯子，力气太大了。我回去就要洗澡，身上的腥味太重了。"

真是"要想人不知，除非己莫为"。

柏乙分析，赵二蚬勾搭上钱秋萍一定是那次大食坊吃饭以后，事后他知道赵二蚬要建一座大型冷库，要储存大量的液氨，赶上吉林一家公司液氨在大火中爆炸死一百二十人的特大事故，安监局不敢批这个项目，溥老替赵二蚬做工作让这个项目过了关，在安监局工作的钱秋萍也就卷入了这件事。

算起来，是溥老为做公务员的儿媳妇钱秋萍和民营企业家赵二蚬发生关系牵了线搭了桥。

柏乙让老佘仔细回忆一下，最近两次赵二蚬和钱秋萍是在什么地方开房的，越详细越好。见柏乙这样，老佘害怕了，他知道柏乙与溥老的关系，干过保卫工作的老佘是了解这种事情可能的后果和危害的。他问柏乙想干什么。柏乙挠挠头说他又能干什么，问问情况而已，溥老的事他不得不关心，也不知道老佘的怀疑是不是真的。

老佘说一定是真的，他说了两次时间和地点，以此验证自己所说的可信度。他也劝柏乙不要多管闲事，知道就行了。

晚上回家柏乙问媛凤："你说，我对发现的一段奸情是睁一只眼闭一只眼，还是不再容忍给以揭露？"

媛凤以为旁敲侧击她，冷冷地回答："以我说，你是胡搅蛮缠不想过好日子，是准备另砌炉灶，想跟那个搂你跳舞的狐狸精怎么样？"

"错，不关我们的事。只是我对人家的这么个事情是可忍孰不可忍！"

"凭你？"媛凤鼻子"哼"了一声，转身进自己的房间，用重重的关门声表达她的不屑。

柏乙愣在那里，他没有一下子说明白，想卖个关子吊媛凤的胃口，哪知道媛凤的反应竟是这样，他决定不再对媛凤说这件事，一句不再说。

8

赵二蚬的特种水产经营公司还没有搬到开发区的新址，还在大运河边上的老地方。看到赵二蚬到大食坊送酒开的切诺基停在院子里，柏乙知道他找了个准。

门卫听柏乙说是找赵总，挥了一下手让他进去，倒是进了灰溜溜的两层办公楼有一个总经理接待处，一位穿戴像饭店服务员的女孩子拦住他，请问他找谁。还问他与赵总预约了没有。柏乙说他是赵总的二爷，家里人约什么，从来不约。女孩真以为他是赵总的亲戚，热情地做了个请的手势，在前面引路，送柏乙到赵二蚬办公室门口。

柏乙推门进去，脱口一声："赵二蚬！"

赵二蚬在打手机，见到闯进来的柏乙似有不悦，对通话方说过会儿再聊，随手将手机扔在桌上。

他冷冷地问柏乙："你有什么事？"马上他想起柏乙是谁了，"噢，你是大食坊的柏老板，来结账的？账……好像已经结过了吧。"

柏乙摆出很横的态度："我不是来结账的，是来找你算账的！"

赵二蚬翻了一下眼，显然是一头雾水。

门这时轻轻地敲了两下，服务员女孩端着一杯茶进来，放在柏乙面前的茶几上，轻柔地说："二爷请用茶。"

赵二蚬盯着柏乙的狐疑目光移到女孩身上，变得带有怨气和责备，他一定搞不明白自己的手下怎么会这么称呼柏乙。

女孩赶紧识相地转身出去，轻轻地带上门。

柏乙似笑非笑地问赵二蚬："你知道我和钱秋萍是什么关系吗？"

"不知道。"赵二蚬下意识地看了一眼桌上的手机，似乎刚才那个电话是与钱秋萍通的。提到钱秋萍他稍稍有点吃惊，但表面上还是镇定的。

"那你应该知道钱秋萍与溥市长的关系……"

"那又与你有什么关系呢？"赵二蚬知道柏乙是来找麻烦的了，他打断柏乙的话。

柏乙回答："因为你与钱秋萍的男女关系。"

说到男女关系这四个字时，柏乙是一字一顿的，他的口气开始带有火药味。同时，由于紧张他的胃开始疼了起来。

"胡扯，滚滚滚……"赵二蚬心虚地动怒，用手指着门让柏乙离开。

“我是有证据、有事实才来找你的。这个月你和她二号在水榭宾馆，六号在蝶园大酒店开房，我可是照片都拍了下来……”

“你……”赵二蚬不知说什么好，接着他的口气软了，问柏乙，“你什么意思？想怎么样？”

柏乙说：“不是我想怎么样，是我要问你，你这么做是什么意思？”

“你是代表谁来找我的呢？”赵二蚬镇静了一点。

柏乙没想到赵二蚬问这句话，回答他是代表自己。赵二蚬一听他是这么个角色，态度立即变成强硬的，拿起桌上的茶杯摔了，骂柏乙代表个屁。

柏乙对怎么回话没有充分的预设和准备，对使狠耍泼是有准备的，他也学赵二蚬摔茶杯，摔茶几上的茶杯，还冲到赵二蚬面前指着他说：“我就是个屁，屁是来用刀剁你作案工具的。”

柏乙怎么也没有想到会说出这么一句。他的手一直按着腹部，因为紧张，胃疼得越发厉害。赵二蚬一直盯着他这个动作，以为他怀里揣着一把厨师用的剔骨刀，他害怕柏乙上前一步，而柏乙说了狠话以后就站在那里没有再动弹。

柏乙其实是在等赵二蚬的反应，他不怕赵二蚬这时候上来给他一个铳头，一个耳光，或者捣他一拳，踢他一脚，来这里之前他就有被赵二蚬或者手下打一顿的思想准备。可赵二蚬萎蔫了，竟然像个在警察面前的犯罪分子，面色苍白，浑身哆嗦。柏乙瞪着他看，越看越觉得赵二蚬猥琐，像那个和媛凤跳舞的年轻男人。

他忍不住上去给了赵二蚬一个耳光，警告说：“告诉你，你离媛凤远一点，再靠近她，再和她不三不四的，我要你的小命！”

赵二蚬用右手捂住左脸颊，表情痛苦地点点头。

柏乙转身而去，拉开门看见赵二蚬的女服务员站在门外，她一定是听到动静跑过来的，她畏惧地看着气汹汹出来的柏乙，倒没忘了礼节性地招呼：“二爷，您好走！”

柏乙头也不回地举起手摇了摇说：“好，再见！”

这时候他其实开始紧张，出了赵二蚬公司的门，他的脚步加快，越走越快，最后变成了小跑。他边走边回头，到他停放电动自行车的地方，觉得气都喘不过来，有要吐的感觉。

回到店里，他跑到厨房拿了把厨刀出来放在他平时坐的前台，预料吃了亏的赵二蚬会来找他，会带人带家伙来找他。

他把手机按了 110 的数字待机，想赵二蚬只要一露头他就将报警电话拨出去。他给自己泡茶的时候发觉自己的手还在哆嗦，他让小霞赶紧烧开水，灌几瓶热水放面前，到时候都是手头上的炸弹。

紧张地等候了两个小时，赵二蚬也没有出现，这时候他便开始想另外的可能，赵二蚬到派出所去报案了，警察稍后会来找他。或者赵二蚬的人已经等候在店外面，只等天黑了以后对他下手。

他跑到店门口四处看了看，见没有什么情况，回店里给老佘打了电话，让他马上过来，有重要的事情。

老佘十分钟不到就赶来了，一进门就问柏乙找他有什么事。

柏乙还不想这时候就将事情告诉老佘，说只是叫他来喝酒。老佘到底是干过保卫的，看柏乙的神情不对，眼睛马上就瞄上了那把厨刀，他让柏乙用报纸盖上，让人看见不好。不过他只想到柏乙是在闹家务，抱怨自己在媛凤跳舞这件事上多嘴了。他说：“有话好好说，媛凤是能够听进道理的。或许不应该在这件事上多疑，与男人在一起跳舞也不见得就有什么事情。”

老佘竟然说到媛凤，这让柏乙很烦，他说与媛凤无关，一点关系也没有。老佘继续问，是不是遇到地痞流氓到店里来闹事了？老佘平时总是吃他的喝他的，有点过意不去，现在他遇到麻烦事了，老佘觉得是应该帮他出头或者一起担当什么的。

柏乙见老佘一个劲地追问，便就将老佘带到包间里说了他去找赵二蚬的事。老佘不相信自己的耳朵，问：“你摔茶杯了……你打他耳光了？”柏乙点点头说：“是的，见到这样的人忍不住要出手。”

“你有胆，你还是蛮狠的！”老佘赞赏了一下。柏乙说：“我现在也不敢回头想，计划是去警告他一下，准备吃他的老拳的，哪知道……看来他和钱秋萍一定有那个事情，不假！”

柏乙让老佘帮他分析一下，接下来会是一个什么情况。

老佘排除了赵二蚬到派出所报警的可能，一个耳光打不伤人，一般的做坏事的人是不愿去公安局的。

柏乙说他哄赵二蚬拍了开房的照片，赵二蚬害怕是因为做贼心虚。只不过自己是开饭店做生意的，赵二蚬现在在明处，自己在暗处。赵二蚬咽不下这口恶气，会来寻衅挑事，这些人手上有点钱就麻爪子了。

老佘说他也想到了这一点，怕就怕的这一点。他建议柏乙将这件事告诉溥老，这样的话发生什么不测，也多个人承担后果，毕竟是为了维护溥老。

柏乙说：“不说。坚决不和他说！”

老佘说不管怎么样，还是小心为妙。这几天他会将三轮车歇在饭店附近，也会和工友们联系一下，发生什么事情好来帮个场子。

柏乙说：“这个要的。”

他忽然不想再说这件事，一句也不想说，一字也不想再提，一下子感到烦躁。

晚上他和老佘喝酒时也一声不吭。喝了酒总归能轻松一些，他想出什么事就将饭店堂而皇之关了。他找赵二蚬之前是没有这种打算的，也没有想利用这件事。现在觉得，坏事也能够变好事。

媛凤这天听到柏乙回家开门的声音就将卧室的门关上了，她还在为柏乙头天对她说的话生气。柏乙也没有敲她的门，他不想，也不敢对她说这件事。

直到第二天他的心才放了下来，赵二蚬找人登门讲和了，请了税务分局的戚局长。

戚局长开门见山地介绍他和赵二蚬的关系，是自小到初中的同学，关系也很不错。赵二蚬托他来解释一下这个事情，他觉得消除两人之间的矛盾很有必要。

柏乙说："不是解释的事情，我罪证确凿，我是见义勇为。这个事还没有完，反正这个饭店，我也不打算再开了，准备这里成为战场。"

戚局长说他了解柏乙和溥老的感情，也理解柏乙的做法。他保证没有谁为这件事要为难柏乙，赵二蚬找他来是认错的，他怕了。"你是不是腰上别了一把刀去找他的？"戚局长问柏乙。

柏乙不回答，倒反过来问："他要不做坏事怕什么？我为什么不去找别人？"

戚局长摇摇头，说赵二蚬真不是个东西，找人家公公帮忙，倒搞上了人家儿媳妇。不过他已经承认错误，保证不再与钱秋萍接触。他与柏乙商量，能不能给他一个面子，不要再计较这件事，他保证赵二蚬和钱秋萍的事情到此为止，绝不再犯。

柏乙心头一喜，嘴上还没有彻底饶恕赵二蚬的意思，说赵二蚬得写一份检讨书交给他收着。戚局长说没问题，只是柏乙要将那些拍下来的照片销毁了。他说数码照片不像胶片，说消除也只能是君子协定。柏乙说，只要赵二蚬做到了，他保证这些照片不存在，赌咒都行。

戚局长说那就好，柏乙非常给他面子。柏乙留戚局长吃饭，他也没有客气，到一边去打电话。

柏乙乘机去了一趟洗手间，在里面他捂嘴笑了，对流氓要流氓原来只要有胆。戚局长对他的客气是从来没有过的，让他有一种全新的感受，不再低他一头。

戚局长没有叫其他人来吃饭，也不让柏乙叫其他人，只想和柏乙聊聊。他似乎对柏乙去找赵二蚬算账的情节非常感兴趣，仔细地询问，要柏乙说说想用什么法子废了赵二蚬的作案工具。

喝了点酒又在兴头上的柏乙就发挥了一下自己的想象力，将一件并没有预谋的事讲得如同发生过一样有声有色。

“我已经做好了侦察，知道赵二舰在什么地方洗桑拿，他一身的鱼腥味没哪一天不要洗澡的。我带一根锯条去，注意，锯条是工具而不是刀具，一字之差在公众场合产生的后果不一样。我寻到赵二舰的包厢，不管他这时候是在干什么，哪怕是趴在小姐身上也会对他动手，用锯条去锯他那根祸害人的东西。”

戚局长打断了柏乙的叙述问：“他就听任你锯他的……就不反抗？即使你锯成了，你得逞了，你也逃不过法律制裁，你要去坐牢，要赔偿，你不也跟着倾家荡产？后果还是很严重的……”

柏乙说：“你以为我会真的让他做太监？我还嫌他的那套东西骚腥呢。”

“那你只是到他面前去挑衅一下，扬言要怎么样，他又不是细伢子，就被你吓住了？无意义，无效。”

“有意义，有效。我去之前杀一只鸡取了鸡血，到那里后挤破塑料袋将鸡血抹在锯条上，抹在身上，别人听说我要锯他那个东西又见到血出来了，还不相信我是得手了……”

戚局长摇摇头，甚至还轻蔑地笑了笑。

边讲边编撰的柏乙急了，他必须让说客戚局长相信这件事是可能发生的，是有震慑力的。他对戚局长说：“要知道，人都喜欢看别人笑话，你戚局长不喜欢看他的笑话？不喜欢，问这么仔细干什么？你就是喜欢，说不定巴不得有这样的事情发生呢。”

戚局长的脸色变了，不再是那种质疑的倨傲，变成了满脸的尴尬。他慢吞吞地说：“我不喜欢这样的事情发生，违法，也不道德。”

柏乙说：“你觉悟高不等于别人觉悟也高，你不相信不等于别人不相信。他赵二舰那个货，说被我打一耳光脸肿了是造谣，他可以站到中市口热闹的地方给人看他的脸没有肿，说被我下了那个东西，他能给人家看证明自己？谁都宁愿有这样的笑话发生，这是搞人家老婆所要付出的代价……”

戚局长说：“看来你有周密的、具有震慑力的行动和计划，不要说赵二蚬，放谁身上也担不起。你对溥老真是知恩图报，溥老有福……”

柏乙也打断戚局长的话一回：“溥老有个屁福，儿媳妇被人家搞了还有福……”

戚局长连忙摆手说：“不说了，不说了，到此为止，一定要到此为止。拜托了！”

柏乙点点头算是答应，他这时候的神情概括一下就两个字：矜持，或者换两个字——装的。

下班后回到家，柏乙敲开媛凤卧室的门挤进去，坐在她的床边要给她说事情，媛凤骂他脸皮真厚，他笑笑。他想，叙述这件事聪明的做法是先让媛凤知道好的结果。

他简单地概括，溥老的儿媳妇出轨了，勾搭上了做水产生意的赵二蚬，知道情况后他去找了赵二蚬，警告了他，也教训了他。赵二蚬害怕了，找税务分局的戚局长来打招呼，希望取得原谅。

“有这样的事情……”媛凤眼睛瞪得滚圆。

柏乙说：“有，就是发生了。想不到的事情多呢。”

他于是将整个事情从头开始娓娓道来。

他对媛凤说事情的时候察言观色，在讲到赵二蚬摔茶杯他也摔的时候，他发现媛凤的脸色开始不好，讲到他甩了赵二蚬一耳光的时候，他停了下来。他看到媛凤的眼里喷出了火花，不能肯定是同仇敌忾的那种，还是冲着他来的，她的呼吸越发粗重，跃起身来猛然打了他一耳光。

他懵住了，说：“我打赵二蚬耳光，你打我，为什么？”媛凤死劲抱住他哭了起来，是真哭，热乎乎的眼泪都淌到他脖子上，她抽泣着说：“你要是吃了人家苦，被人家打伤了……打死了，我们一家子怎么办……多害怕啊……”

柏乙说：“没什么害怕的，你听我说，精彩的在下面。”

他一边像赵二舰那样捂住自己火辣辣的脸，一边给媛凤讲下面发生的事。媛凤并没有等到他讲戚局长来讲和那段就睡着了。

她并不是不想听，她起得早，明天还要起得早。

柏乙对自己这么解释。

9

媛凤第二天早上跳完舞就到了店里，她整理了一下这两天她不在时柏乙做的账，做完了帮小霞将店里的卫生搞了搞。

“这一爿饭店是在手上一点点地盘起来的，以后让人家开，不管生意怎么样，看到了都会不舒服。”她说这话的时候神情怏怏的。

柏乙讨好她：“我们就不转租给别人，改造一下，开一间棋牌室，方便你打打小麻将。我呢，给打牌的你们做饭，烧雪花豆腐羹，炒软脰长鱼。要想赚多少钱干什么，少受些气，人舒坦一点就行了。”

媛凤不领情，她总是能够想到柏乙考虑不到的地方，她说：“你还想惹鬼啊？开棋牌室引他们天天来掼蛋，你还是做孙子。”

柏乙不吭气，端着茶杯进了厨房。想到饭店关门的事情，他也免不了有点不舒服。

手机响了，是一个陌生号码，接通了竟然是袁裕民。他为柏乙上门退钱的事，说柏乙对他太客气了，退的钱真不能收，他要送过来。他体谅柏乙开一家小饭店不容易。

柏乙说：“那钱真是该退的，打折是应该的。我都见过您给困难的下岗工人捐那么多钱。这钱您就留着做好事，您给人家一千块和我给人家不一样，你给人家，人家会觉得天还亮着，国家还关心着他，下岗工人还没有被人忘了。你们做领导的、当干部的其实只要在老百姓身上多用一点点心，多给一点点情，就蛮感人的。”

袁裕民说：“你的话很有意思，可惜我不在岗位上了，有机会我会对原来的同事讲讲。你那些下岗工友当中有需要我关心的，你告诉我，我仍然会去做，现在反正闲下来了，是无事佬。”

他说柏乙的菜做得非常好，比大酒店里的特级厨师还好，遗憾的是那天没有吃到享有大名的软脰长鱼。柏乙马上就约袁裕民这两天来品尝，与太太一起来，他会做出最高的水平。

柏乙说到做到，第二天早上就到乡下买回了野生鳝鱼。媛凤看到一大桶鳝鱼提出来给她留一份，她要请几个舞友来店里吃顿饭。柏乙一听她说请这帮人吃饭是不乐意的，就要她把那个总是和她跳舞的舞搭子也请过来。

他说：“我等他吃完了告诉他，我好吃的东西都让你吃了，你以后离我老婆远点，否则我到澡堂子找你，带根锯条……”

媛凤愣了一下，待她明白过来以后说：“我现在知道你找个女的到我面前跳舞是什么目的了，是我怎么样，你就怎么样，是不是？我告诉你，和我跳舞的是我的表哥，二舅家的大儿子徐虎。你眼睛睁那么大就没有看清楚？”

“哄鬼。”柏乙不相信，他知道二舅丈家是有个儿子在外地煤矿工作，那是个挖煤的，怎么可能是跳国标舞的教练？

媛凤解释，她这个表哥从矿上退休回来了，他原来在煤矿也不是下井挖煤的，是煤矿文工团的舞蹈演员。

柏乙听媛凤这么一说，觉得还真是冤枉了她。他乘机提出一个要求，不开饭店以后媛凤就不要和他分床睡了，还说家和万事兴。媛凤说可以考虑，但前提是不要再喝酒了。她的理由是，不劳累就不要喝酒解乏了，不喝酒就不会呼噜打那么响。柏乙说是的，不开饭店，以后身上也就没有油气味了。

夫妻俩说说闹闹就来了感觉，反正生意不好，早早地关了门回家睡觉。心情好起来做什么事情都做得顺。气喘吁吁的媛凤发誓，以后不和柏乙分床睡了，这辈子也不分。

溥老还是知道了柏乙找赵二蚬这件事，他约柏乙早上到星河边他锻炼的地方见他。

溥老对柏乙说："这件事情你是多事，我不怪你，也不谢你。"柏乙回答："我只是做了应该做的。您有恩于我。"

溥老沉默了一会儿，说："求得其反，你一闹，不知道的人也知道了。"

柏乙低下头，懊恼自己怎么总是在溥老面前吃瘪。他也不得不服，溥老可以对事情如何以他的想法定位，并且让人难以违拗。

"老不管少事，我儿子都不问她，我问她干什么，你又问什么？"溥老终于神情有些变化，显得黯然和真的无奈。

柏乙说："我想不通的是，赵二蚬怎么有这个胆，敢冒犯您？"溥老说："冒犯又怎么了，你不也在我面前耍一点小情绪，玩点花招？我是能够看出来的。"

溥老仰起头看着天上，天上有一大群鸽子掠过。他说："鸽子成群的时候厉害，能掳到孤单的鸽子……你看后面落单的这只，它在往鸽群里扎……"

柏乙顺着溥老的目光仰起头看天上，天上什么也没有。

再看看，他眼前晃起一大团毛茸茸的东西。

无底洞的底

这件枪案除了留在公安局、检察院和法院存档的卷宗，留在这个世界上的痕迹真是越来越少了。死者康隆的家人在尽力把他从记忆里抹掉，为了消除他曾经存在的痕迹，他们卖掉了在老城区里的房子，丢弃了里面有可能引发记忆的一切物品。

“但这样仍然无济于事。住在银行分配的福利房里，康隆的父母真的就颐养天年了吗？他们现在得到的一切可都是与康隆的死有关系的啊。”

把话说这么刻薄的人是吴安平，一个成天想从身边找一些事情写写的业余作家。他一直盯着康隆被枪杀这个案件，认为案件并没有真正侦破，司法部门是把一件故意杀人案变成了罪过要小得多的过失杀人案，凶手因此重案轻判逍遥法外。这些年吴安平从起初的愤愤不平到后来对案情紧追不舍，弄了许多的假设和推想出来，这种作为要是能够让他所说的凶手绳之以法倒也好了，事情不是那么回事。司法部门是重事实重证据的，尽管他写了很多的材料给公安局和检察院，但他不是当事人也不是当事人的什么亲属，有人直接告诉他，还不如用这些材料做素材去写小说。

要不是吴安平，康隆的父母亲早就从丧子之痛中解脱出来了。吴安平不时地打电话或者跑到康家对两个老人说死去的康隆，无外乎是说康隆死得悲惨，有蹊跷，要寻找真相什么的。这无疑是往他们老两口的伤口上撒盐。不像话的是他后来居然指责康隆父母亲对冤死的儿子无动于衷。见他这样让康家不得安宁，有人站出来指责，说他是“无事痨”，一根唯恐天下不乱的搅屎棍。

康隆的弟弟康辉为了替父母摆脱这个麻烦，请吴安平去吃了酒店，他说父母亲为他哥哥的事情伤心得过了头，怕是都伤心不动了。

“你不知道，事情发生后的那两年我们是过的什么日子。”说着说着，康辉的眼泪就要淌下来。吴安平说：“真相是无底洞的底。他说他还是要去挖，直到找到真相。”

康辉没有办法，谁也没有办法，吴安平就是要找这件事情做。他说康隆曾经托过一个梦给他，说他死得很冤。

不知道有没有人相信吴安平的话，人们说到这件事的时候，想到他是一个写小说的就不说什么了。也不说他虚构。在小说以外虚构，谁都知道那就是说谎。

1. 杀人犯归来

过失枪杀康隆的罗维戈被判了七年有期徒刑。罗维戈刑满的时候，吴安平是这么说的，时间过得真快，一眨眼康隆都冤死了八年。好像只有他还记着康隆似的。

罗维戈劳改释放后，母亲让他到深圳住了半年，他舅舅在那里做生意发了大财。罗维戈当然不是到改革最前沿的深圳去考察，而是去享受了一番花天酒地的生活，或者说是在那里做了某些方面的补课。从深圳回来的罗维戈第一件事就是找吴安平，把他约到小县城里最好的一家咖啡厅。他们以前是相识的。

吴安平在接到罗维戈约他的电话后，认真地想了想，罗维戈这么做的动机是什么。他还是赴约了。到了咖啡厅，见到早已等着的罗维戈，他第一句话竟是“我是不喝咖啡的”。罗维戈笑了笑说：“我陪你一道喝红茶。”他介绍这里的红茶很地道，不再与吴安平商量，让服务生来一壶，在里面加两片柠檬。

泡着袋装红茶的茶壶和两只杯子端上来时，罗维戈把话往正题上说了：“我去了康隆家，去认罪，去给他父母亲磕了头。请他们饶恕我。”

吴安平打断他的话：“有这么简单？他们会原谅……不……饶恕你？”

罗维戈说：“他们什么话也不说，陪我站了一会儿。最后康辉让我走的，他是康隆的弟弟。他说，你走吧，不要再来了。”

“康隆的死真的是一场意外！我想对所有的人说，康隆是我的朋友，好朋友！我怎么会要他的命呢？我想知道他父母是怎么想的，现在看来那是不可能了。我知道你也不相信我是失手，以为我是故意害死了康隆。你一直在盯这件事，甚至希望真相如你猜想的那样。”

停顿了一下，罗维戈说：“我想你这时候面对着我把你的想法、你的判断说出来。”

吴安平说：“你真的想这样？”

罗维戈说：“真的！”

吴安平说：“你是要在我面前再表现一下你坦然、伪装的无辜表情？”

罗维戈说：“就当作这样吧，给我一个机会。”

吴安平打量了罗维戈好一会儿。他没有想到罗维戈会这样。

“我不是警察，不好对你进行刑事侦查；我不是检察官，不好对你进行起诉；我更不是法官，不好以我认定的事实对你定罪。我只有把你写到小说里，在小说里探究案件的真相，或者说揭露你。”吴安平不急不缓地来了这么一大段，意在打乱罗维戈的阵脚。

2. 与真相有关的小说

罗维戈找到那本《长江文学》并没有费什么事，帮他找刊物的同学毛定岗说，注册一个用户，在收费的期刊网站上也能够看到。毛定岗是在图书馆里帮他复印了这篇小说的。

小说的标题叫《哈姆雷特的独白》，利用了“生存还是毁灭”这句经典台词，拆分做三个故事的小标题。故事“生存”和“还是”看起来是写的其他人，而“毁灭”这一篇在罗维戈看来一定是写他的。

……

关键词：毁灭

工商银行有一位叫阚龙的经警在金库被同事枪杀了。

这样的事情发生在高沙市这样一个县级市里马上便家喻户晓，各种途径得来的消息成为人们茶余饭后丰富生活的谈资。我很快就听到了这件事的不同版本，上午在单位听到的和中午在家里老婆对我说的简直驴头不对马嘴。为了让饭桌上喋喋不休的老婆住嘴，我提醒她：“你不是公安局的，不要把街谈巷语搬到家里来。”她说：“你检察院的，你知道案情，你告诉我呀。”

我没有什么能对她讲的，一是这个案件还没有到我们检察院；二是我也从来不在家里谈工作。

晚上，我过去的老上司，警察武劲找到我家里，奇怪地开门见山地告诉我是为了银行的枪案来的。我有些敏感，他看出我在装为难的表情，拍了一下我的肩膀。我们知根知底的。

他说这个叫阚龙的经警是他的妻侄，死得太惨了，吃一颗子弹，还打在脑门上，惨不忍睹。他只是让我帮他到殡仪馆去开个后门，看一下阚龙的尸体。不是他要看，也不是阚龙的家里人看，是阚龙一个在苏州读研究生的同学要看，他们两人同学十多年，感情很深，他是从苏州赶回来的。为了见阚龙一面，他跪在阚龙的父母亲面前不起来，阚龙的父母亲只有把这件为难的事情交给他。

阚龙的遗体是刑事案件的重要物证，公安局肯定对负责保管的殡仪馆有要求，我作为司法人员介入这样的事情是不应该的。可武劲是培养过我的人，回不起他的面子，他知道我和殡仪馆的关系好。

我还是给殡仪馆孙馆长打了电话。电话那头的孙馆长以为又是我什么亲戚朋友殡葬的事，劈口问我：“时间、地点、人物？”

我说：“时间，明天早晨五点；地点，停尸间；人物，看一下冰柜里阚龙上面一层的那具遗体。”

孙馆长说：“看下面一层的那一具吧，阚龙是放在顶层的。”

我说：“你孙馆长也太精明了，我就实话实说，不是家里人看，是一个同学。”他说反正都是看，千万不能碰尸体，也不能太激动。武劲在旁边一个劲地点头，我说：“行，我保证。”

第二天，我没有陪他们去殡仪馆，由武劲带着那个同学去了。碰巧的是，省公安厅为阚龙案件派到高沙市指导侦查的痕迹专家李建军是我的同学，我还是在上午去了殡仪馆。

李建军在检验阚龙的尸体，向我挥手招呼了一下就继续俯下身子忙去了。孙馆长把我拉到一边说，早上来的人往阚龙的尸体上扑，拉都拉不住，还哭得惊天动地的。我握住他的手说，又欠了他一壶。

阚龙的相貌绝对不像短命鬼的样子。年轻、俊秀，皮肤白皙。上身着一件那年流行的槟榔色王子T恤。枪眼醒目地在脑门上，边缘有暗褐色，是血液干了后留下的。殡葬工帮助李建军将阚龙的尸体翻了个身，这样就看到后脑勺有一个比脑门上大的窟窿。李建军用尺量了一下创口，对身边高沙市刑警大队的刑警说：“确实是近距离开的枪，枪几乎顶着脑门。”看来，李建军已经看过案发现场，勘察过现场阚龙卧尸的位置以及弹头的着落点。事后我知道，这与开枪者的供述是吻合的。

晚上我陪李建军以及省厅来的另一个法医吃饭，此前他们对枪案给了个指导意见：以定误杀为宜。饭桌上还有市公安局一位分管刑侦的副局长，大家谈笑风生，没有沾一点案件的话题，我们喝了不少的酒。

公安局对枪案定性为过失杀人。阚龙的亲属有异议，他们不能接受，为此他们在找检察院表明他们的态度以后，准备到北京去上访。他们怎么也不相信这是枪走火，更不相信是开玩笑造成的。

武劲对亲戚们说：“我相信！我相信公安局的结论没有错！杀阚龙的人是他的同事，是他的朋友，你们也认识，还到家里来吃过饭。他们无冤无仇，这人根本没有杀阚龙的动机。”

武劲在公安局工作，是郊区一个派出所的副指导员，局里不会不知道他与死者阚龙的亲戚关系，找他出来做工作是有可能的。

果真，武劲对局里的结论也不能完全接受。他找到我多次陈述他的疑问，要求检察院重视案情。我只有劝他照程序来。从他的陈述中我大概知道了枪案的一些情况。

阚龙和许双格都是退役武警，退役后安排到银行工作，成为负责金库保卫的经警。那天本该阚龙当班，他女朋友硬拉他去看电影《卡桑德拉大桥》，于是他就向队长请假，与同事许双格调了班。

看完电影将女朋友送回家的阚龙见时间还早，大概晚上十点钟不到吧，就到超市买了包花生，去银行看替他代班的许双格。金库值班室是有摄像机二十四小时录像的。从事后调出的录像可以看出，阚龙从进值班室到枪响倒地三分二十四秒。

金库值班应该两个人，阚龙问另外一个人怎么不在，许双格说他到大门的传达室找开水泡方便面了。阚龙把带来的花生拆开包，两人隔着桌子对坐着，边吃花生边聊《卡桑德拉大桥》这部电影的情节。许双格似乎更热衷于美国西部片，手舞足蹈地站起来比画，他欣赏牛仔拔枪的动作。许双格的枪当时是放在桌上左手位置的，是一支 54 式 7.62 毫米手枪，他背起枪套做了几个拔枪收枪的动作，阚龙笑着摇头，可能是不欣赏他。许双格再次拔枪出来时对着阚龙的脑袋，距离枪口约 1.2 米。手枪击发时许双格嘴里发出模仿枪响的“砰”声，但是被真的枪响覆盖了。这一声“砰”很重要，录像机里提出的音像资料经过技术处理证实他确实有这么一声。

所有的问题在于枪怎么就响了。值班时的枪械除了遇到情况才能上膛，经过训练的持枪人在上膛后会有一个习惯地打开保险的动作，瞄准后击发前也有一个打开保险的动作。而且，用枪口对着人这是禁止的，更不用说搂扳机击发了。

许双格为什么这么做？找不出理由。但是，许双格要是想杀阚龙，他就可以利用这一点，利用人们通常在因果关系中找答案的心理。

武劲一定认为许双格有问题，觉得他是铤而走险。他说这可能是一种真正意义上的谋杀，以承担过失杀人罪为代价，掩盖其杀人的真正动机。我说许双格在案发后一直以泪洗面，并长跪在地痛不欲生。武劲说这一切都可能是伪装的，恐惧会催生他的悲哀，让他装得更像。

后来的一段时间，阚龙家的人提出对许双格使用测谎仪，说即使不能作为证据，他们也要一个明白。测谎仪的结果开脱了许双格，他被检察院以过失杀人罪提起公诉，法院判了他七年。

枪案的事情应该就这么过去了，从司法程序上来说已经结案。

发生枪案的银行在次年分来一个长得极像许双格的小伙子，他遇到了一件令他非常尴尬的事，门卫赵老头的精神病女儿见到他就发疯病，在众目睽睽下解开裤子往他身上贴，这种事发生了不止一次，造成了很不好的影响。倒霉的小伙子不得不调到一个小镇上的储蓄所去做营业员。

这件事我一点也不知道，武劲也是看了那个叫王澍的作家小说以后才知道的。

王澍是高沙市的一个省级作家，对发生在小县城里的事情有很强的捕捉能力。银行枪案、疯女孩、倒霉的营业员……作家被触发了灵感，写了部中篇推理小说演绎了枪案。

小说中“作家”在案情中找到了“许双格”枪杀“阚龙”的动机：“许双格”奸污门卫精神病女儿被“阚龙”发现。与其臭名昭著的强奸精神病人的强奸罪案发，不如杀人灭口顶一个过失杀人罪。这样起码在出狱后容易被社会接受。

“作家”找到“许双格”服刑的劳改农场，告诉他案情大白了，“许双格”说他以为事情已经过去了，他现在已经真的认为自己是过失杀了“阚龙”，说再做一次测谎还是这样。“作家”告诉他录了音，会把这个录音作为证据提供给警方，规劝“许双格”投案自首。“许双格”一口唾沫唾到“作家”脸上，“作家”高兴地看到了这个冷酷杀手的失态和恐慌。

如获至宝的“作家”走出劳改农场的会见室后，发现由于自己操作不当，并没有用 MP3 录下他和“许双格”的对话。

“作家”只有希望最好的结果出现——“许双格”心理崩溃。

“许双格”没有自首，相反地，由于服刑时表现好而得到了减刑。

出狱后的“许双格”将面临一个誓死要揭露真相的作家……

阚龙的家属们并没有十分在意这篇小说，有人将这篇小说拿到他们面前过，他们家没有一个人有勇气看。他们丧失亲人的伤痛已经痊愈了，悲哀也已经淡化了。在这件事后，他们想到，即使许双格故意杀了阚龙，再枪毙他也于事无补。他们觉得必须接受这个事实，让生活有安宁，恶有恶报，善有善报。

知道这个情况我很是欣慰，直到有一天奇怪的事情发生。

高沙市法院民二庭的陶庭长告诉我，他有一个女当事人说，是她害死了阚龙，她在承担一辈子的自责。听她说得认真，以为与过去的一桩刑事案件有牵连，哪知道了解下来不是这么一回事。

仲凤是阚龙生前的女朋友，他为了和她一起看电影《卡桑德拉大桥》调了班。

仲凤说她与阚龙很相爱，他们的恋爱到了谈婚论嫁的阶段。他们在一起时很亲热，就是没有突破底线。主要是她在坚守着，觉得这种事应该发生在新婚之夜。

那天看完电影后阚龙提出到他家坐一会儿，她没同意。前一天他们在外面散步后回到阚龙家里，两个人在小房间里激情难抑，差一点就到了那一步。这天要是再去，定会上演昨天的一幕。阚龙没有坚持，他哪怕再要求一下，或许只是揽一下她的腰，她就会跟他进去的。

阚龙的这种态度她理解为对她的尊重，代价是他去银行送了命。

仲凤在阚龙死了以后痛不欲生，陷于深深的自责中不能自拔，她打定主意独身一辈子。三年后阚龙的同学、好朋友路朝发从医学院毕业后回到高沙市中医院做了医生。他经常找机会安慰仲凤，并对她产生了感情。他向她求婚时她答应得有点勉强，说他将来一定会后悔的。

结婚后他们有了个漂亮的女儿，仲凤给她起名叫路龙凤。女儿四岁的时候，什么兆头也没有，什么迹象也找不出来，路朝发突然就铁了心要离婚，还说再不离婚就崩溃了。

替他们调解的朋友知道原因，问题似乎出在仲凤身上，她总是说阚龙不该死，总是说不是因为这个阚龙会怎么样，就是因为那个会怎么样，唠叨个不停。路朝发觉得仲凤最混账的话就是：“要是阚龙在，我怎么会嫁给你？”

仲凤和路朝发最后协议离婚，办完了离婚手续，仲凤说：“当初答应和你结婚时就料想到有这么一天。”

路朝发说：“那就更要离了，太可怕了。”

离婚后仲凤倒反而不说阚龙的事了，再也不提一句。她经常挂嘴边上的是：我们谈对象时就是这样的。现在，他受不了了，受不了了……

仲凤家里人带她到精神病医院检查过，医生说她不算精神病。

换了家医院，医生说她有病。

罗维戈说：“那么我想看看小说，看你究竟把我写成什么样子，看你认为的事情真相究竟是什么？”

“好啊！”吴安平说。不过，你得自己去找，在一九九九年第二期的《长江文学》上，这本刊物在图书馆里可以找到。

“如果你能够找到电子版就更简单了，只要把小说的主人公阚龙在电脑里做一个替换，改成康隆就OK了。至于其他的，你知道你是谁，你也会知道小说里的其他关键人物，只是你看了不要激动。另外，我告诉你，小说是文学作品，是虚构的，你不要与生活中的某些人和事对号入座。还有，你要珍视回到社会的生活，更不要忘了，你曾经是一个杀人犯，过失杀人也是杀……”

3. 小说虚构了多少

罗维戈看完小说后，费了一番周折后找到钟娟的手机号码，电话打通了，听到的是一个让他感到陌生的声音，略沙哑，显得疲惫。

她说：“是我，是钟娟，你快说话！”

他说：“我是罗维戈，我，想见见你。”

“哦，”她如预料的那样，有点惊讶。沉默了一会儿，一小会儿，她不紧不慢地说：“不会吧?！再说我为什么要见你，有什么必要？”

他说：“有必要。非常有必要。”

她笑了，显得宽容又很无奈：“算了。因为康隆你已经得到了应有的惩罚，牢也坐了。我现在结婚有了孩子，不希望过去的生活影响我。”

“那么，现在就因为你，我也一定要见！”罗维戈的声音大了起来。

“莫名其妙。”钟娟说了这么一句后搁了电话。

罗维戈知道，自己显然是过急了。再一个，自己应该编一个说得过去的理由。

第二天上午他接着给钟娟打电话。她在电话里什么也不说，只听他一个劲地说，要见她，一定要见她。在过了五六分钟后她怕是听烦了，把电话挂了。罗维戈再一次打过去时她的口气很不好：“你什么意思？话费可是很贵的！”

许是被缠得没办法，钟娟最后还是答应了罗维戈的见面要求，不过她提出来必须在她家里，当着她老公的面。罗维戈咬咬牙，说了声行！钟娟还说，什么时间去她家要听通知。罗维戈也只好答应。

等到钟娟打电话让罗维戈去她家，是十天以后。她要告诉他地址，他说已经知道了。

钟娟说：“我们家那位这两天情绪还可以，但说不定。见到你肯定要给你脸色看，你要有思想准备。像是建议，你提两瓶酒来，没准气氛会好一点。”

罗维戈“噢”了一声算是答应，转过来，问她的那位喝什么档次的酒。钟娟说一般的酒就行，二三十块钱一瓶的最合适。罗维戈听钟娟的语气有点不好意思。他这么问倒不是在乎钱，而是想妥当一些。

在到钟娟家的前一天晚上，罗维戈失眠了。他想不明白，钟娟为什么不问他见面的目的，只字不提。还有，见到钟娟的老公他如何应对。

罗维戈直到第二天上午才昏沉沉地睡了。醒来已是下午三点多，家里没人，他知道母亲肯定是去“血战到底”了，每天中午几乎一放下饭碗，她就起身出去，不知道谁发明的这种麻将打法。过去他也打麻将，那时候没有这种打法。已经过了饭点，肚子也感到饿了，他没有热母亲给他留的饭菜，而是到街上的小吃店去吃一碗馄饨和面条下一道的“饺面”。这是他非常喜欢的小吃，鲜。酱油是搁了河虾子蒸过的，再多讨一勺猪大油，撒上青蒜丝，吃的时候脑子里什么念头也没有了。回来后几乎每天都要来一碗，少吃了七年多的“饺面”他想补回来。

在一家超市里罗维戈买了两瓶中档的金六福酒，售货员帮他装在塑料袋里，告诫他要托着袋子的底部，言下之意袋子不结实。出了超市他把装着酒的袋子在空中划了一圈，见酒瓶没有穿出来。他知道这么一来就不会再有什么问题了。捧着两瓶酒去见钟娟是很滑稽的事情，他才不会呢。

钟娟住在馆驿巷，到她家要经过西门大街。西门大街依古迹修缮过，景象不伦不类，宛若一个穿马褂西裤的人。罗维戈正东张西望，他的衣角被人拉了一下。回过头去，见是一个五六岁的胖乎乎男孩。

男孩口齿伶俐，说：“我妈妈说，手上提两瓶酒的叔叔是到我家吃饭的。你跟我走。”罗维戈说：“我不是去你家的。”男孩说肯定是的，对罗维戈用这种小诡计骗他，他“哼”了一声表示轻蔑。罗维戈去摸男孩的头，他厌烦地拨开手说：“脏不脏？”罗维戈正色道：“我手不脏，一点也不脏。”

跟在男孩后面跑不了多远，罗维戈就看到了钟娟的家，那处院墙里冒出枇杷树冠的低矮平房。前两天他依照别人提供的这个特征已经找到了这里，在外面打量过一番。

在进钟娟家门前，罗维戈心里有点紧张，他对自己说：“我遇到什么事情都不怕的。”尽管这样他的脚步还是慢了下来，离男孩远了一点。

男孩一进门就对里面喊：“妈妈，吃饭的人来了。”跟交差似的。

院子很大，里面没有立即跑出人来。罗维戈四下里瞄了两眼，很旧的平房，一溜三间，东面拖的一间厢房一定做了厨房，里面伸出一根抽油烟机的烟囱。几间房看得出是上世纪七八十年代砌的，因为那时候兴空斗墙，门窗虽换成铝合金的，还是显得破旧和寒酸。

三间房的中间是堂屋，里面伸出一个中年男人的头来，招呼罗维戈，一连说了三声请进，身子就是没有出来。待罗维戈进去，看到他手上拿着一个花的围裙，一定是刚刚解下的。罗维戈想，他一定是钟娟的丈夫鞠安贵了。罗维戈看鞠安贵的年纪比他要大很多，或许只是显老，他穿着一件皱巴巴的浅灰色西服，明黄的暗格领带刺眼地系在油腻的粉红色衬衣领上。他没有给罗维戈让座，只扯着嗓子喊：“钟娟，钟娟你出来，你的客人来了。”

钟娟没有应声，从厢房也就是厨房里拿着一把锅铲出来，见到罗维戈轻声说了句：“你好。”罗维戈笑着点了点头，这是他事先设计好的，他要求自己的表情要温和端庄，笑容必须是礼节性的。他知道边上有一双眼睛在观察他们。

钟娟看到罗维戈放到茶几上的酒说：“这么客气，还带东西来。”罗维戈看了看边上的小孩，说：“不好意思，应该给孩子带礼物才对，忽略了。”鞠安贵把手摇到罗维戈面前来，说：“没这个必要。”

钟娟把小男孩拉到罗维戈面前，让他叫罗叔叔，接着指了下鞠安贵说：“我们家小克的老子——鞠安贵。”

这会儿，他学刚才钟娟的口气对鞠安贵说了声你好。鞠安贵显然不是罗维戈的风格，他搓搓手说：“我们喝酒、喝酒，到我这里来要喝酒。”看了看钟娟，他又补充一句：“平时，都是我带人回来喝酒。”

罗维戈也不客气，大方地坐下来。钟娟约他这个时间来显然也是有留他吃饭的准备的。刚才，罗维戈认真看了钟娟一眼，她胖了，一点也不像她过去，也不像他在监狱里想的那个模样。他很失望。倒是局促、尴尬和不安被抛到了脑后，没有了沉重的念头，他开始感觉轻松自如。

端起酒杯后罗维戈甚至主动起来，他对鞠安贵说来意，把吴安平的那篇小说掏出来，说找钟娟是要联合起来去法院告吴安平，告他的诽谤。

罗维戈对鞠安贵说：“我没有杀人，你们也不像他写的那样，你们过得好好的，我看着幸福着呢。是不是？”

鞠安贵喝干了酒放下酒杯：“老罗，你因为这件事吃过大苦；我呢，看起来倒是占了便宜，娶了钟娟做老婆。就像你说的，我们现在过得好好的，不去找事做，喝酒……”

罗维戈听他这么说就收起了小说。钟娟端菜过来，像是听见了鞠安贵刚才说的，她对他说：“你现在怎么这么消停呀，怎么不像过去那样骂我克夫？说要不是你娶我，我就没人要了，真是出了鬼了。”

她拿起罗维戈的酒杯干了，满斟了又喝了一杯。罗维戈见此情景不知道怎么好，看得出他们夫妻俩是要较劲，他不想夹在中间，又不能站起身来离开。

鞠安贵骂骂咧咧起来，骂钟娟贱，骂她是人来疯。罗维戈只有劝鞠安贵，不是要他息骂，而是要他喝酒。他把酒一口干了，对鞠安贵示意他的空杯子，鞠安贵不甘示弱，与他一杯接着一杯地干。

跑开去的钟娟转过来，一把夺过罗维戈的酒杯，让他不要喝了。鞠安贵恼火了，瞪着一双血红的眼睛。钟娟不等他发作，抢先说："我告诉你干什么，为什么，我护着他，就是护着他。他爱过我，现在就怕还爱着我呢……"

鞠安贵呸了一声说："你……喜宝子，万人爱？鬼才相信你的话。"

钟娟冷冷地说："人在你面前，你可以问他。"鞠安贵看了罗维戈一眼，并不怀疑的眼光。

罗维戈说："是的。"

钟娟听了语焉不详的这一句，冷笑一声，得胜似的出去。

鞠安贵端起酒杯对罗维戈说："疯子。自从我下岗她就疯了，还拿你来垫她，以为这样她就不低我一头了。当初要不是我娶了她……"

罗维戈说："我知道了。"

鞠安贵说："我不是没有办法了，我还有一招没用呢，我要狠狠地扁她，让她认识我的厉害。"

罗维戈拍了一下他的肩膀，厉声说："你敢打她?!"

鞠安贵像是不明白，说："我敢。"

听得出鞠安贵不是抬杠，是在说明自己，罗维戈就打起了主意，看起来他的酒量不如自己，干脆让他喝躺下算了。

最后，鞠安贵喝得趴在桌子上，而罗维戈事实上也喝多了。在以后的两天里他试图回忆起那天最后，也就是离开时的情景，怎么也回忆不起来。

他有点懊悔，想，我为什么让钟娟喝酒呢？她说的话要是她老公相信了，计较我怎么办？

她为什么要对她老公说我爱她呢？

4. 进入小说

罗维戈在接下来的几天里把钟娟想了又想。

在想到她的时候，他的身体理智了起来。不像过去那样反应强烈。过去八年多的时间里，他一直意淫着她。有一点他非常奇怪，他从来没想到钟娟会有痛苦的表情，甚至觉得她站在死去的康隆面前也是笑嘻嘻的。

从深圳回来后他对女人的身体有了真正的了解，在街上即使见到穿戴整齐的女人也能够想象出她们赤裸的样子。钟娟已经不是过去那个有着妙曼身材和迷人笑容的女孩，第一眼看到她就知道，她已经不是过去的那个她，她胖了，身形发酵了一样大了一套，脸圆了，腰粗了，身体臃肿了。而过去撞人眼的挺拔胸部竟瘪塌塌的，看不出形状。一句话，曾经洋溢在她身上的青春气息一点也没有了，她对他的笑明显地掩藏着什么，像一缸搅起来的浑水，而她在丈夫面前的笑多半是鄙夷的冷笑，或者是尖刻的嘲笑。冲钟娟当丈夫的面对自己的逼问，罗维戈已经感到她是一个有心计的女人，竟然懂得利用他人与自己的生活抗争。要知道，他罗维戈可是个在她生活中有特殊经历的男人。她究竟想干什么呢？

思前想后的罗维戈到超市里买了笔记本，开始写的时候记了日期，打算以后每天都记一点。可也就写了那么一行字，就不知道下面该写什么。

生活改变了我们。

这个“我们”是包括钟娟的。这个和他一起生活被改变的女人过了不久给他打来电话，电话里她说：“要是八年前我们就在一起多好！”

罗维戈没用一点时间体味她的话，紧接着就说：“你怎么不说‘要是我们之间没有康隆多好’？”

“可是，没有康隆我们怎么会认识啊？”钟娟说。

罗维戈说：“我想过这个问题，没有他我们也一定会认识，大街上也可能会见到你呀！”

钟娟“哼”了一声说：“大街上花花绿绿的，要看见的也不是我一个。”

罗维戈打断她：“不说了。不说了！现在说这个一点意思也没有。”

钟娟不想把话打住，接着问：“我问你，那时候我和康隆好，你是不是就喜欢我了、想着我了？”

罗维戈说：“没有。告诉你，肯定没有。那天在你们家我之所以顺着你说了一句，和喜欢你、爱你没有关系。”

“那是因为什么，为什么这么说？”钟娟追问。

罗维戈说：“那是因为我觉得你希望我这么说，那是因为我有一个男人的胆量。”紧接着他警觉起来：“只是这种胆量和杀人无关，我的那件事是一个过失，严重的过失。”

钟娟问：“你有没有想过要对我说一声对不起？”

罗维戈迟疑了一下：“想过。但不会这么做。”

钟娟说：“你现在的这种胆大是硬撑着，是装出来的，那时候你为什么不敢对我说，不敢对康隆说喜欢我？”

罗维戈说：“犯不上。犯不上这么做。你为什么不告诉警察我喜欢你？那样的话，就变成桃色枪杀案。我也就像有些人希望的那样被枪毙了。”

“那样对我有什么好处，你想过没有？”钟娟居然反过来问他。

罗维戈说：“你当初对我的态度是对的，人过好自己现在的日子，不要再去想以前的事情，此一时，彼一时了。要往前看。”

挂电话前罗维戈重申一句：“我们以后不要再联系了。”

5. 谁要了谁的命

鞠安贵打电话给罗维戈。罗维戈想，那天和他喝酒时大概给过他电话号码。鞠安贵说钟娟去找了那个作家吴安平，说要了解小说的事。

“她以前不许我提康隆的事情，现在倒好，成天挂在嘴上唠叨个不停。她这样绝对是别有用心，是要和我闹离婚……”

鞠安贵愤愤不平地、颠三倒四地说钟娟，说她和康隆的关系，说她当初是如何晦气，说自己顶了多大的压力与她恋爱结婚。

这当儿罗维戈在想鞠安贵来对他说这些的意图，不就找了一个死了男朋友的女人做老婆吗，受了多大委屈？竟然觉得自己做了英雄一般。到了总算能够插一句嘴时，罗维戈说：“都怪我不好，康隆要是不死，你哪里有这样的麻烦？”

鞠安贵像是听不出罗维戈的话中话，喝了口茶又说开了。

到天黑时，罗维戈建议去找一家饭店喝酒，鞠安贵一听来了精神，马上站起身来就走。

在酒店里他们两个人喝了很多的酒，两瓶剩下的一点点要不是泼在桌子上，肯定也喝掉了。罗维戈希望鞠安贵在酒喝大了时说一些他想听的话，他没有如愿。有些价值的话，是鞠安贵说，钟娟要是给他三万元就同意离婚。说这句话时鞠安贵还没有喝多，他还说罗维戈之所以在他面前承认喜欢钟娟什么的，是觉得欠她的。罗维戈对鞠安贵的话没有说是，也没有说不是。

钟娟第二天打电话给罗维戈，问他昨天有没有和鞠安贵在一起喝酒。罗维戈说喝了，就他们两个人喝的。他问钟娟是不是在和鞠安贵闹离婚。

钟娟问：“你关心这个？”

罗维戈说：“是的。我没有给你带来什么吧？”

钟娟笑了笑：“我即使离婚也和你没关系，你不要害怕。”

罗维戈解释说：“我不是担心与己关系。”钟娟说：“那好，我到你那里去，你告诉我，鞠安贵怎么和你说的。你把情况一五一十地告诉我。”

罗维戈急忙说：“你不要来，我不想牵涉到你们的纠纷之中，我不想蹚浑水。”

钟娟说：“我看了那篇小说，我有问题要问你。”

见罗维戈不吭气，钟娟说：“你不会怕我问这些吧？”

罗维戈说：“不怕。我怕什么？”

一会儿钟娟就到了。她骑电动自行车来的，在门口架车子时罗维戈的母亲看到了她。罗维戈的母亲认定这个女人肯定是来找自己儿子的，她冲罗维戈喊：“有个婆娘来找你了。”罗维戈当然知道来的是谁，嘴上却说：“会有什么人来找我?！”

这天的钟娟不像那天在家里的样子，换了个人似的，鲜活了起来。她穿的衣服很紧身，包裹在身上，让那种罗维戈此前感觉的臃肿变成了丰腴和撞人眼球，一下子让他有了另外的感觉。他有点慌张地招呼她，回过头来看了一下身后的母亲。母亲明白了他的意思，马上对这个还站在门外的年轻女人发出了邀请：“请进，请进。”

钟娟进门后，罗维戈的母亲继续表达她的热情：“我们家难得有女孩子来，欢迎，欢迎。”说着替钟娟搬来一张椅子。

罗维戈有些不悦，怕就怕母亲在外人面前对他黏三黏四的。他要钟娟到房间里去坐坐，钟娟点点头跟在他后面。罗维戈的母亲在背后殷勤地说：“姑娘，晚上在我们家吃饭……”

罗维戈有点不耐烦，顺手将门关上。钟娟小声地说：“你妈妈对人真客气。”罗维戈“哼”了一声。

在钟娟打量房间的那一刻，罗维戈替她泡了一杯速溶咖啡。房间里只有一张椅子，放在电脑桌面前，钟娟坐了上去，随手摇了一下鼠标。罗维戈将咖啡放到电脑桌上，她看着他，做了一个罗维戈非常熟悉的双手抱膝的动作说：“你喝吧。我要开水就行了。”罗维戈问她为什么，她说喝咖啡太兴奋。罗维戈说："兴奋不好啊？我就想自己多一些兴奋时候。"

钟娟将抱膝盖的手移到腿面上，将肩膀撑了起来，浅浅的笑从嘴角扬了起来："兴奋了睡不着。"接着又补充一句："白天喝一点点都不行。"

罗维戈转过来给她倒水，身后她问："昨天你们喝酒时说了什么？"他开水阀的手停了下来，没有转过身来。

"你老公问我是不是爱过你，问我们的关系深不深？"

"你怎么说的？"钟娟追问。

"我怎么说啊？我告诉他爱过你，想过你，想有那种关系，但连毛也没有沾到一根。"

"罗维戈你神经病，你不会真的这么说吧?！"

"我真的这么说了。不为过，你不是也看透我的心思，那天在你们家酒桌上告诉你老公了吗？"

"我那么说是借你气气他，他把我不当人，对我不好，以为我晦气。"

"这什么话？"罗维戈说鞠安贵又像是在说钟娟。

钟娟沉默了一会儿，猛然问罗维戈："那篇小说你也看了，上面说你的像吗？不会无影造西厢吧？"

罗维戈说："首先我告诉你，这是小说。小说里的事与我对号干吗？我那个时候对你好感，嫉妒康隆，可也犯不上去要他命也坏了自己前程啊，你说是不是？"

钟娟回答："我说不清楚。有时候我倒是想，你要是真的因为我而……"

"而……什么？我会因为你而杀了康隆，真是脑子坏了！"

像是突然醒悟了，罗维戈问钟娟："你不会是来套供，寻找事情真相的吧？"

见钟娟不吭气，罗维戈接着说："也真难为你，这么多年了，还想着康隆，想着替他报仇呢。"

钟娟气恼地站起身来，将面前装满咖啡的杯子砸在键盘上，骂罗维戈不是人。欲夺门而出的时候，罗维戈一把抱住她。她质问："你干什么？"他说："你现在不要走，我妈妈留你吃晚饭，你没吭气就是答应了。"

钟娟挣脱他说："什么逻辑？不吭气就算答应了。你要是强奸我，我没吭气也是答应了？"罗维戈听她这么说，愣了一下疯了，将她推倒在床上，用胳膊和腿别住她扭动的身体，一件件地脱她的衣服。

到最后一件的时候，罗维戈住手了。她用头拼命地撞他的胸部。

在罗维戈松开手以后，她趴在床上半天没有动弹。罗维戈有点紧张，怕她哭闹什么的。她并没有哭，坐起来后赤裸的身子也没有避他，就在他眼皮子底下穿衣服，一件件地往回穿，慢吞吞地。

钟娟走了以后，罗维戈的母亲马上跑到他房间来。她四下里打量了一番，哀求道："小太爷，你千万不要再闯祸了，我的命已经搭给你半条了。"

6. 寡妇都这样

罗维戈在钟娟离开后觉得自己是吃了一只死苍蝇，非常难受。第二天当钟娟再来时，他把她挡在门外。

钟娟在移动公司上班，是下了中午班过来的。这当儿罗维戈的母亲在外面打麻将还没有回来，罗维戈百无聊赖地在电脑上看一部漏洞百出的警匪片。

钟娟白了他一眼："这么挡着我是不给我进呀？"罗维戈说："不是，我母亲和邻居在家里打麻将呢。"钟娟说："不要编了，我怎么没听到麻将的声音？"她往屋里大声喊了一声阿姨。见屋里没有应声，猛推了罗维戈一把。

罗维戈让开了身子让她进去，不远处有人走过来，他不想让左邻右舍看到一个女人在家门口纠缠。

钟娟进了屋径直往房间跑，她没有像昨天那样坐在电脑桌前的椅子上，而是大大咧咧地坐到床边。这样，她就好面对着站在房间门口的罗维戈。

罗维戈说：“你不怕我再对你做什么？”钟娟说：“怕什么？”见罗维戈居然有疑惑的样子，她接着说：“你昨天那个样子说明你还是喜欢我的。”

罗维戈说：“错！两回事。”

说着，他脑子里在想，她今天还来，说明她不在乎他昨天做的，是把他做的想成是喜欢她了，又估计她现在这架势是送货上门。

钟娟探身在他的床头一气乱翻。罗维戈正想制止，她却起身帮助罗维戈收拾屋子，边动手边嘟囔：“真够乱的。”罗维戈跟了一句：“床底下还更乱呢。”

收拾完了，天也就差不多黑了，钟娟拿出包里的手机看了看，说要回家了。罗维戈说：“尽管不希望你帮我这样的忙，但我还是要谢谢你。”

钟娟说：“那你就抱我一下。”罗维戈说：“这容易。”说完他轻轻地抱了她，还拍了拍她的肩膀。

钟娟是笑吟吟地走的。她走后罗维戈的母亲就打麻将回来了。她嗅嗅鼻子问罗维戈：“家里来过什么人？”罗维戈说：“就昨天那个女的，是她又来了，你以后轻松了，多了个做家务的。”罗维戈的母亲“哦”了一声，说罗维戈这下子讨便宜了。

接下来的第二天，钟娟没来，第三天她来了。一进门问罗维戈想她没有，罗维戈将暂停的视频重新放起来，大言不惭地说：“想就能想到手呀？”

钟娟凑到床前，俯下身看了看床底下，笑了：“想也想得不厉害，没有表达出来。”

罗维戈不再理会钟娟，津津有味地将一部警匪片看完了。再看一部时钟娟坐到了他身边，说这部佩内洛普·克鲁兹主演的片子她也喜欢。罗维戈看这部片子，是因为豆瓣上有人说这是一部情色片。见钟娟说喜欢，他不怀好意地看着她笑了笑。

其实也没有什么，都没有看到露点的镜头。因为钟娟坐在他的身边，他还是激动了起来，把手搭到她的肩膀上。她并没有反对的意思，听任他把手放在上面，倒是他不知道怎么办了。斜睨了她圆鼓鼓的胸脯一眼，有点奇怪，也是生过小孩哺过乳的，怎么和他在深圳公园里遇到的女人不一样呢？那些女人也是钟娟这个年龄，花二十元钱让你摸遍全身，无一例外地都胸脯松塌塌的，他在深圳时花过两次这样的钱，在他舅舅生意忙起来、没时间带他去洗头和唱歌的时候。要不是钱包被这种女人偷了，可能还会再有几次。

罗维戈不能肯定再出手时她会不会抵制，到目前为止他还搞不明白钟娟与他接触的真正目的。她可能为死去的未婚夫康隆报仇，可能因为现在不幸的生活报复他，强奸罪是一定会送他重回牢狱的，也没准翻以前的案子，重新审定是不是过失杀人。

看完了片子，他的身子动也不动，木呆呆地坐在沙发上。他把双臂平伸着，搭在沙发上，眼睛望着前方。钟娟好几次扭过头来打量他，顺着他的视线看，前面，他盯着的是一面光溜溜的墙壁。

挨天黑时钟娟走了。一会儿他母亲回来了，到他房间里探了一下头，想说什么又忍住。罗维戈问她是不是打麻将输钱了，她说不是。

钟娟在以后隔一天就来一次，都在下午。她单位上的班很奇怪，早上八点到下午两点，或者下午两点到晚上八点。没有星期天，也很少有节假日。上下午班时她来不了，说要在家里烧中饭。也就是说她把闲暇时间都扑到罗维戈这里来了。

每天罗维戈都会有一小段时间不理会她，她就默默地、不吭声地坐在他的身边。话总会说起来，有时候以钟娟骂他一句开头。家里有个年轻的女人光顾，帮助做一些家务，直接的好处就是他房间里不像过去那样杂乱无章，被收拾得清清爽爽。

罗维戈的母亲把这些也看在眼里，她对儿子说：“你该娶个老婆了，条件不要太高，现在是人家挑我们了。我看经常来的那个就不错，看样子是个半边身子，只要不带孩子过来就好。”

她说的半边身子是指结过婚生过孩子的女人。罗维戈一直默不吱声，她急了：“你逢场作戏的，就不要带到家里来，就不要带到我面前来。左邻右舍都长着眼睛，人家问到我怎么说！”罗维戈回答说：“你想怎么说就怎么说。”

母亲说：“你的事情我问不了，也不想问了。”说完，不满地，气呼呼地走了。罗维戈冲她背影说：“这个女人会要我的命的。”

也不知道她听到没有。

罗维戈告诉钟娟，他母亲看上她了，想她做儿媳妇。钟娟说：“好啊，我赶紧离婚嫁给你。”这么说罗维戈竟不知道怎么往下说，没想到会是这样一个结果。

钟娟有点得意，推了他一把说：“吓得大小便失禁了吧？”

罗维戈皱起眉头：“我妈过去可不是这样的，我谈的女朋友，见一个黑一个，没一个入眼。把人家说得一钱不值。”

钟娟说了句在罗维戈看来极不靠谱的话：“寡妇做得早的人都这样，儿子找女人跟要她命似的。”罗维戈被这句话气得脸像猪肝一样发紫，用手指着她说：“你，你……以后不要再来了。”钟娟说：“从某种意义上说，我也做过寡妇。不是吗？”

接下来几天钟娟没来，倒好像是受到了伤害。忍不住的是罗维戈，他打电话给她，问：“你没事吧？”钟娟说：“我有什么事?!”

搁下话筒的钟娟就过来了，拎着一个衣盒，打开来是一件花呢的全毛西服，她要罗维戈套一下。罗维戈说：“干吗，送我的呀？”钟娟笑笑说：“当初省了两个月的工资买了送康隆的，他都没有能够看到。”罗维戈把拿起了的衣服放下说：“你应该给你老公穿才是。”钟娟说：“他不也穿着西服，不过不是我买的，我没有那个心情。”

钟娟提着西服的双肩比画着罗维戈问：“你敢不敢穿？不穿我就扔了。”罗维戈说：“那样多浪费心意。”钟娟打量着穿好衣服的罗维戈说：“你的身形和康隆就是像。”

罗维戈将衣服脱下来说：“我不会穿。”看到钟娟瞪着他，他说都夏天了。

钟娟说：“那就放着，等秋天再穿。”

她走了后，罗维戈在盒子里找到一张小票，衣服是刚刚买的。

7. 户外

钟娟的电话频繁起来，这天她建议第二天下午去游泳。罗维戈问她到什么地方去游，都还有谁。钟娟说就他们俩，到大运河去游，游到对岸去。

第二天在大运河的大堤上见到钟娟时，罗维戈以为她会带上一个救生圈，或者是一只吹了气的车胎，哪知道她什么也没带。她指着密密麻麻站浅水里的人说：下饺子一样，一锅混汤。我们得找个人少的地方……

为这样的地点她想了一会儿，像是拿不定主意去哪里，她让罗维戈坐上她的电动车，沿着河堤往上游走。罗维戈看了一眼单薄的电动车，不忍心坐上去。她催促他快走，说太阳晒得人受不了了。

坐上车，罗维戈觉得很滑稽，手必须扶在她的肩膀上，身子才能够坐稳。钟娟回过头来问他：“怕不怕被熟人看到？”他没有吭气。不一会儿他感到手出汗了，湿漉漉地印在钟娟的肩头上，她并没有感到不自在。

车开了很远的一截才停下来。在路边架好车，钟娟指着堤坡上灌木丛的一条缝隙说：“我们从这儿钻过去。”罗维戈先走了下去，转过脸来看到钟娟下来时踉踉跄跄的，扶了她一把。看了看四周，罗维戈有些担心：“衣服放这里安全不？要是我们从对面游回来发现衣服不见了，怎么回去？”钟娟扬了扬手中的塑料袋，说把衣服放里面。

看着宽阔的河面，罗维戈深深地吸了一口气，做了几下扩胸运动，看钟娟慢吞吞地开始脱衣服，他三下五除二地先脱了。钟娟瞄了他一眼，莫名其妙地说：“你身上的肌肉真多。”罗维戈“噢”了一声，也瞄了她一眼，浑身有点燥热。她把两个人的衣服放在了塑料袋里，往里面吹了几口气，塑料袋鼓胀成一个大包，口被她用一根塑料绳细心地扎好。

罗维戈将塑料袋扔到河里，河水流得还是很疾的，袋子向北飘去，他赶紧跃入水中。由于举着袋子，游得有点吃劲，而钟娟则轻松自如地游到了他的前面。她含了一口水喷向他，见他狼狈地将头埋到水里，开心地咯咯笑了。罗维戈愠怒地说：“小心我报复你……摸你。”钟娟说：“你敢?!”罗维戈说：“我有什么不敢的！”钟娟说：“我知道，你杀人都敢。”

罗维戈真的拉下了脸，他威胁说：“你再这么说，我就往回游了。”

钟娟连忙说她不再说了。上了岸，她说回去的时候得往上游走一段，走在前面的罗维戈其实已经往那个方向走了。钟娟说：“我们说好了到湖边去的。”罗维戈说：“湖边没什么意思吧？休息一下我们就游回去。”钟娟觉得他为刚才的话不高兴了，央求他：“去吧。我们去待一会儿。”

高宝湖在大运河的西边，到湖边去要越过高高的石头砌的湖堤。钟娟要过罗维戈手上提着的袋子，解开来取出鞋子穿上，罗维戈这才感到脚下硌得疼，热辣辣的太阳把石头湖堤烤得很烫。走在蜿蜒的湖堤上，罗维戈的泳裤水分在蒸发着，屁股热烘烘的，身上的毛孔在水中时紧闭着，此刻慢慢松开，经湿润的湖风一吹，凉意透到了骨子里。

走在罗维戈身后的钟娟问：“你看我的身材变形了吧？”他没有回头，说胖有胖的好处。钟娟说，胖有什么好的，真是奇谈怪论，觉得胖到不成人形了。

罗维戈转过身看了钟娟一眼嘟囔：“胖得好看是丰满、丰腴，是肥美，是杨贵妃的味道。”

钟娟说：“还味道，我们以前在一起时可不是这么说话的，有一次康隆、我和你一起吃饭，你喝多了啤酒，话是多了一些，但还是斯斯文文，最多毒辣辣地偷看我一两眼……”

罗维戈说：“打住，说我用什么眼光看你？无中生有吧。你要是想说康隆的事，我倒是可以说许多的给你听。”

钟娟说：“你说吧，我又不怕你说，你挑过分的说。”她让罗维戈不要走了，坐下来。

罗维戈坐下来后问钟娟，知道不知道康隆在和她谈对象前有过一个叫胡菊芳的女朋友？钟娟说她怎么会知道。罗维戈说，康隆给他讲过，高一时他和胡菊芳偷偷地游过大运河，在小树林里搞过。康隆说这是他的第一次，形容自己是手忙脚乱。钟娟啐了一口，说知道胡菊芳这个骚货，早熟，初三的时候就和班上一个大个子男生坏过事，她妈妈气得将她的头发剪了。

看到钟娟站了起来，罗维戈解释，他和康隆值夜班时很无聊，什么样的话都说。钟娟问罗维戈康隆有没有说到过他们俩，有没有很过分地说他们之间的隐私。罗维戈说他记不起来了，他把话岔开去，说康隆和胡菊芳那次差点出意外，回去的时候在河中央康隆感到一点力气也没有了，是胡菊芳将他拽到岸上去的。

钟娟说康隆那时候就该报销了。罗维戈瞪了她一眼，说：“你怎么这样？”钟娟说：“你要我哪样？笑话！”

罗维戈不说什么了，他还坐着，眼睛直勾勾地看着波光粼粼的湖面。站着的钟娟对他说：“你起来，抱抱我。”

罗维戈站起来抱住她，在她耳边说：“前面的树林很安静，不远，我们走过去。”

钟娟厉声说：“不！我才不呢！”

8. 有点区别

钟娟第三天下午到罗维戈家的时候他们发生了关系。

这天罗维戈的母亲出去打麻将了，他们汗淋淋地在床上泡了整个下午。其间闲下来的时候，钟娟让罗维戈再说说康隆的事情。他不乐意，还给她定规矩，以后在一起的时候不许说康隆的事情，不能因为康隆将心情搞坏了。

临分手时罗维戈关照钟娟小心一些，不要带什么痕迹回去，也不要让鞠安贵看出什么来。钟娟说她不怕，说有一天会把一切都告诉鞠安贵。因为她一定会和他离婚的。

罗维戈说："不要扯上我，那样事情就复杂了，毕竟康隆的死和我有关。"钟娟说："迟了。现在事情已经复杂了。"

第二天上午，钟娟破例跑了过来。她说是偷着跑出来的，菜还炖在锅里。她给罗维戈带来了一件真丝的短袖 T 恤衫，还硬压着罗维戈当她面换了新衣服穿起来。

钟娟急慌慌地走了以后，罗维戈的母亲踱了进来，指着儿子身上的 T 恤衫说："吃人家嘴软，拿人家手短。关系不想往深里走就不要送东西、拿东西。"

罗维戈烦她，脸拉得长长的，将面前的电脑键盘拿起来，见她还不走，就重重地掼在桌上。这下子他母亲赶紧跑了。

第二天下午钟娟没有来，这让罗维戈很失望。湖边的事情有点囫囵吞枣，回味的时候对细节模糊不清了。细节很重要，因为康隆的死他被追究过细节。

在那次对钟娟来硬的没有得逞以后，他就不想再作为了，期待着钟娟的主动。这个过程长了一点，直到两个人游到大运河对面去，溜到湖边去钟娟都还在拒绝他。回来后他几乎一夜没有睡觉，将整件事情想了又想。钟娟约他一起游过大运河，又要到湖边去，本身是很暧昧的举动，他觉得两个穿着泳衣的男女，到那种地方发生什么是水到渠成的事情。她不愿到小树林去的原因只有一条，她被吓住了。说什么康隆和胡菊芳搞得精疲力竭，差点在河中央沉了。弄巧成拙，坏了自己的事情。她当然不敢让他也有康隆的那种状态。

接下来的见面，他主动抱她，摸她，她也就半推半就了。汉语的成语有许多绝的，半推半就就是一个，将女人如此情境下的行状拿捏得十分到位。至于钟娟事后说她以后离婚的时候要用这件事和鞠安贵摊牌，罗维戈没有一点点紧张。服刑时狱友说许多的女人总要在丑事后粉饰一下自己。监狱是个大课堂，也是一个大熔炉，他在里面锻炼过了。他想，在将所有的情景复原以后，就是说演绎一番他过去的妄想以后，他就想办法和她脱离干系。那应该不是什么麻烦的事情。

钟娟过了好几天才过来，还是在罗维戈打电话给她以后。她告诉罗维戈，是因为那个作家吴安平，他在纠缠她，言行很无耻。

罗维戈让钟娟说说怎么无耻了，钟娟说了句很流行的话，人不能无耻到如此地步。

罗维戈哈哈大笑，钟娟的脸红了。

9. 关键人物

吴安平过去关心康隆的案情，他写小说，为康隆的死愤愤不平。罗维戈在监狱里臆想和钟娟发生关系的时候，他在小说里虚构情节。钟娟说他现在开始纠缠她，这等于他也加入到这个故事里来做了一个角色。如今这个故事要演绎下去，钟娟应该是主角了。吴安平现在关心的究竟是什么呢？

罗维戈这时候忽然想到了这个问题。很奇怪，他更应该弄明白的其实却是钟娟与他接触的真正目的。钟娟会不会因为康隆死在他的手上而仇恨他，康隆的死给过她多少痛苦和悲伤？这些事是被他有意忽略的。

案件发生后警察进行刑事侦查时问过他，和钟娟是不是认识，有没有深的交往。他记得当时告诉警察，最深的交往就是他和康隆、钟娟一起吃过饭。在预审阶段的一次讯问中，警察老庞在一番东拉西扯后突然问他，对钟娟有没有好感？当时他愣了一下，过了一会儿说，好感是必然的，钟娟长得漂亮，他也希望有这样一位女朋友。紧接着老庞追问他是否嫉恨康隆？他说有过这样的时候，希望康隆身边这个女朋友吹了，和他一样等着什么人给他介绍，像他一样为穿什么衣服去见别人介绍的女朋友费尽心思。

罗维戈被法院定罪以后没有提出上诉，老庞在送他到外地去劳改之前与他见了一面。他对罗维戈说，如果是故意杀害的康隆，罗维戈就太狡猾了。许多人不相信罗维戈是过失杀人。这个案件让一家子人晴天霹雳，让一家子人长久地生活在痛苦里，你没有见到康隆的小女朋友哭的样子。老庞摇了摇头。

罗维戈就是没有去想钟娟的痛苦，甚至在老庞说了以后也不愿意相信这是真的。

他想象不出钟娟哭的样子，印象一直是过去和康隆在一起时她笑嘻嘻的样子。钟娟很快会有新的男朋友，在新的男朋友身边也还笑嘻嘻的，我要是有这么一个女朋友，她会在我出了这样的事情以后，过一段时间和我彻底分手，当着什么事情也没有发生过。

罗维戈有一天终于忍不住了："钟娟，我告诉你关于康隆枪案的真相吧。"钟娟说："我不要听。"

罗维戈之所以要说，是他觉得钟娟和吴安平的接触说明她还在寻找事情的真相，直到有一天当他知道钟娟竟然为他离婚了，才知道不是那么一回事。

事前唯一的迹象就是她曾经问过他，以后会找一个什么样条件的人结婚，罗维戈随口说："有你这样的就行，就心满意足了。"

钟娟因为这句话回去就闹离婚了。她说她老公鞠安贵不得不同意，他们的夫妻生活早就完蛋了。鞠安贵由于常年酗酒而酒精中毒，有一个小时不喝酒，手就不停地抖……

钟娟说下岗工人买断工龄，她买断了婚姻，给了鞠安贵十万元，这么一大笔钱有一半是和娘家人借的。钱都给了鞠安贵当教师的妹妹，她没有孩子，由她负责抚养儿子。鞠安贵说他会把房子卖了，住到养老院去，喝酒喝到死，谁也不要管。

罗维戈觉得这么一个结果很残酷。钟娟说她当时嫁鞠安贵就是一个悲剧的开始，也很残酷。有一句话罗维戈不敢说，那就是如果康隆不死，她和他结了婚会是什么样子。

“不管怎么说，我们两个人到不了一起。我不想把过去的事弄得再复杂起来。”罗维戈直言不讳地对钟娟说。

钟娟说：“我都离婚了。”罗维戈说：“你离婚与我无关，又不是我要你离婚的。”

钟娟说：“好，你以后不要靠我。从今往后我们什么关系都没有啦！”

10. 回到小说的结尾

钟娟真的不再来了。罗维戈发现自己开始想她。

成天待在家里的他有一天忽然觉得无异于过去坐牢的日子，只不过没有人看守他。这样问题更大，连一个说话的人都没有，也听不到什么人在他面前说话。

罗维戈非常想找一个人说说话。以至于有一天他母亲突然问到钟娟，他也不再反感和不耐烦了。他母亲奇怪钟娟怎么一连许多天不来了，说：“我天天在外面打麻将是为了给你们方便，你以为我喜欢天天在外面打麻将呀？我知道她来得勤，隔一天就会来一次。我闻得到她留在我们家里的味道。”

罗维戈说，是他不让那个女人来的，因为那个女人离了婚要嫁给他。他母亲说：“这不是正好，你怎么把到嘴的一块肉吐了？”他说：“什么肉不肉的，这个女人曾经是康隆的女朋友。”他母亲说：“这又有什么关系，你和康隆的账都结清了。他死了，你也吃了苦。再说，她虽然做过康隆的对象，都已经和别人结过婚，等于回过炉了。”

罗维戈头直摇，令他意想不到的是，他母亲问他是不是心中有鬼，还说她觉得罗维戈能够娶到这样的“半边身子”很不错了。“半边身子”多少有点鄙夷的意思。在他面前说，明显有不看好他、让他将就一点的意思。说到心中有鬼，难道她也怀疑康隆的死不是那么一回事？

罗维戈找出吴安平写的那篇小说，从头到尾又看了一遍，他忽然生出一个奇怪的念头，他要把全文背下来。

按理说，背这篇不算长的小说对于罗维戈来说不是难事，可他就是背不下来，总是被情节纠缠着，一段文字会让他想起一大堆的事情。想背这篇小说本来没有目的，背的过程中倒是让他觉得，只有摆脱了小说里的情节，不再有联想，把这篇小说当着完全虚构的东西，他才能够真正平静下来。他也发现，从劳改农场回来以后其实一点也没有平静过，本该去回避的东西却使劲地去接近。为什么呢？

罗维戈约吴安平到他们第一次见面的咖啡厅，吴安平说就知道罗维戈要找他。

吴安平说：“你真的不要在意我小说里写的，你不要对号入座，也不要指责我无中生有。”罗维戈笑笑，给他点红茶。吴安平说他现在喝咖啡了，而且要清咖，不加伴侣不加糖的那种。罗维戈不惊讶，叫服务员做一杯清咖来。

喝上清咖的吴安平一句话也没有，慢慢地，一小口一小口地嘬咖啡到嘴里。

罗维戈告诉吴安平，他在背那篇小说。吴安平抬眼看了看他，说要背到倒背如流的地步才有用。罗维戈感觉到这个蹩脚的作家在字斟句酌，他说：“我也不知道怎么一回事，回来后总是在接触过去的人和事，按理说，我应该避开那些，忘掉那些才是。为什么呢？”

吴安平说：“过去别人怀疑你，现在你自己怀疑自己。这就是原因。”

罗维戈苦笑了一下，说：“或许有道理。”他建议吴安平将那篇小说扩写一下，特别是结尾，写另外一种结果。

“什么结果？”吴安平兴奋起来，饶有兴致地要罗维戈说下去。罗维戈说：“你可以写仲凤在许双格坐牢回来以后离了婚，她要嫁给许双格。为什么呢？许双格回来后仲凤的生活发生了变化。”

“不合理。这是不可能的。”吴安平说。

“什么都有可能。”罗维戈说，“许双格的举动出乎你的预料，他竟然娶了她。”

吴安平一口喝完了咖啡，一字一顿地说：“那么你就很愚蠢。”

两天后罗维戈知道了吴安平的妹妹和钟娟是初中同学。

第三天钟娟来罗维戈家找他，恰巧他不在。

罗维戈回来时见到钟娟在和他母亲说什么。钟娟的脸转过来时，他看到她泪流满面。他径直回了房间。

钟娟立即跟了进来，罗维戈说：“没想到你会哭，会哭成这个样子。你赶紧擦一下脸。”钟娟说：“现在你看到了。你的心真是太狠了。”

罗维戈还想躲闪一下，说：“怎么这么说我？”

钟娟说吴安平又找了她。罗维戈竟然一下子感到不安：“他又怎么了？”

“他告诉了我你们见面的事情。”钟娟说。

11. 结尾或许是开头

罗维戈对钟娟说：“结婚以前，我想对你说说康隆的事，就是枪案的事。”

钟娟慌忙堵罗维戈的嘴，她说她知道，让他什么也不要说了。

他们两个人结婚的时候没有操办，一桌酒席也没有请。吴安平出于某种目的，到高沙市电视台替他们点了歌。其实，他不这么做，高沙市也会街谈巷议，把约十年前的这桩案件重提出来添油加醋。凶杀加情色足以编造出一些离奇的故事来。

罗维戈由于不怎么出门，他根本听不到这些。至于钟娟听回来说到他耳边，他一笑了之。什么事情都会过去的。他安慰钟娟，又像是安慰自己。因为钟娟总是看到他自言自语。

结婚后，一直在资助罗维戈的舅舅告诫说，他能救急但不会救穷。罗维戈也想做事情，就在市公安局车管所边上租了一间门脸房，卖从深圳一家公司进的汽车卫星定位仪。新鲜东西都能赚到钱，但时间不会长。罗维戈也合计着其他的事情，譬如与人合作开一家旅行社什么的。

钟娟怀孕了。体形更胖的她有点心虚，说生了孩子后一定更不像人形。罗维戈起初想不到安慰她，也不会。一阵子里，钟娟的情绪十分不稳定，经常发无名的火。她经常盘问他是不是真的爱她。

罗维戈总是说："我不爱你与你结婚干什么？"

钟娟这么做也有她的理由，她说："我嫁的人必须爱我，这一点也不过分。"

有一次钟娟逼着罗维戈讲劳改时的情况，问他在里面想过女人没有，想的谁？罗维戈说想的是她。这是句实话，但她怎么也不相信。

钟娟一把抱住罗维戈说："告诉我，你是因为爱我而做了那件事，现在你仍然是爱我的。"

罗维戈大惑不解地问："我做了哪件事？"钟娟不说了。

待罗维戈上了洗手间回来，钟娟说："我知道你是因为我而杀了康隆。"

罗维戈的脸色变了："没有的事，你不要自作多情。"

钟娟央求他："你就哄哄我，说就是的又怎么样？"罗维戈说："我们结婚前我要对你说，是要重申一下，我真的不是有意害了康隆。你不让我说……"

罗维戈突然想起什么，气急败坏地拉钟娟起床，在枕头、被套里面、床单下面搜了一遍。再拿起钟娟的包，里里外外查了一遍。

钟娟说："你不要找了，没有你怀疑的录音机。即使你做了那样的事情，我也不会计较你，你是我丈夫，康隆算什么？警察当年一个劲地问我，你是不是也看上我了，我什么也没有讲。"

罗维戈说："你很可怕！"

钟娟说："可怕的是我现在怀疑了，你是不是真的爱我。"

见罗维戈低着头。她大喊一声："罗维戈，吴安平一直想欺负我，你敢不敢去找他算账？"

罗维戈从厨房里拿来菜刀，在钟娟面前亮了亮，找一张报纸包了夹在腋下出去了。

一会儿，他转了回来，将菜刀咣当一声扔在桌上，"你真的要我去杀人啊?! 我算看清了，我是你什么人呀？我是你丈夫。俗话说'家有贤妻，丈夫在外不惹横祸。'你什么东西？"

杠
打老虎虫吃鸡

1

腊月过半，佟兆丰让妻子苏可可请假在家待几天。苏可可说她突然想起柳老太，这个喜欢吃鱼的老县长夫人现在每天在农贸市场与卖鱼的讨价还价，弄得卖鱼的嫌她麻烦，都怕做她的生意。

十年前柳老太家里的浴缸常年是用来养鱼的，老县长喜欢吃的黄丁鱼和湖里野生的鲫鱼密匝匝地浮在水面上换气。到腊月里乡下的鱼塘清塘，七乡八镇的鱼都往她家送，搞得满屋三间都是腥味。苏可可会主动地去帮忙，帮柳老太打当鱼，处理鱼灾。柳老太看着忙活的苏可可会说：“没有你帮忙我不知道该怎么办，我只有把它们都扔掉，统统扔掉。”嘴上说的这样，打当好的鱼一条也舍不得给人，她有三招：“风、腌、糟”，吃不完的坏了以后才舍得倒了。柳老太有时候让苏可可将鱼头、鱼子、鱼泡这些鱼杂带回去，这是她体贴当时跟着老县长的小佟秘书，她说他喜欢吃这些。拎着鱼杂回家的苏可可，身上是腥的，心里是酸的。

鱼杂和佟兆丰的成长有关，而鱼与老县长的下台也有关。是鱼害了柳老太，不，是她让鱼害了老县长。柳老太认识那两个到他们家来过几次的人，知道他们是找老县长帮忙办大事的。她不明白他们拎来两条尺把长的草鱼，孙子一般的鱼要讨什么样的好。两瓶酒还不错，她留下了，两条不中意的鱼随手就扔进了垃圾袋里。扔垃圾时的感觉她事后记得清清楚楚，因为有点分量她使了点儿劲，一扬手，沉甸甸的垃圾袋才投进垃圾箱里。事后因为这个动作，她的肠子都悔青了。苏可可也知道，柳老太还想抱怨她，平时去得勤的她那几天没有去。

苏可可问佟兆丰：“你说今年会不会有人给我们送鱼？”

佟兆丰说：“你以为是十年前呀？现在谁这么干?!”

苏可可自作聪明地说：“是啊，要是有人拎条鱼送你佟大县长，我一定不辞劳苦，开膛剖肚。”

佟兆丰听了这话摇了摇头。老县长夫人把那两条鱼扔了以后，他跟在后面忙了好一阵子，他见到老县长为这件事都掉过眼泪，他觉得谁都应该引以为戒。

佟副县长的工作还是很忙的，分管工业、交通又兼着安委会主任，节前不仅要检查春运工作、重点企业的安全防火，还要应付困难企业的工人上访，每天算是披星戴月。回家后见到苏可可笑吟吟的模样，疲惫顿时就没有了，早就知道，做了副县长后的这年春节肯定会与往年不一样。苏可可给佟兆丰泡一杯他喜欢的普洱茶，喝茶的时候将记事的本子拿出来，向他汇报这一天到门上来拜年的名单。绝大多数来人佟兆丰都知道了，人家来了怕白来，对他通了气，打过电话。

佟兆丰把脚泡在苏可可端来的热气腾腾的水里时，给那些没有与他招呼的人打电话，不管人家送来的东西是什么，表示一下谢意是必须的。做了多年秘书的他知道，送东西给别人多半是不情愿和没有办法的，安慰一下让人心里舒服一点。

电话里佟兆丰总是客气地说：“谢谢你的关心，真的不好意思。谢谢哦！”

打量那些送来的东西，苏可可一般要说明一下，没有超过五千元的红包。佟兆丰无数次地叮嘱她，超过这个数字的钱就烫手了，不能收。苏可可现在不用摸，看一眼红包的厚度就知道里面是几千块，她绝不会收下超标的。她把收下的钱用橡皮筋扎着，每五千元一卷。佟兆丰有点想不通她为什么要把钱弄成这样。

送来的东西里面也有些假烟假酒，苏可可识别这些东西就不行了，这是佟兆丰的特长，他几乎扫一眼就知道真伪。他与苏可可商量好了，过了年把假烟假酒外带五千元钱送到县纪委去。这是自我保护的绝招，将来有送东西的人犯事了，他说得过去，我交你们纪委的钱和东西就这人送的。佟兆丰说这么有水平的不是他一个，许多人都这么做，他只是活学活用而已。

腊月二十三这天晚上，佟兆丰刚进门苏可可就对他说了件奇怪的事，居然真的有人给他们家送鱼了，就一条不大的鱼。

佟兆丰看她神神叨叨的样子，以为鱼肚子里面有什么东西。苏可可说："问题是鱼肚子里什么也没有。"她把剖开肚子还没有刮鳞的鱼捧到佟兆丰面前。

这下子奇怪的就不单是苏可可了，只是一条怎么看也不起眼的草鱼，三四斤重的样子，照市面上的价格满打满算也就值二十来块钱。

送这么贱的东西给他佟副县长真是匪夷所思，难道有什么深意？

佟兆丰马上追问送这条鱼的人说了什么没有，苏可可说来人只说姓丁，名字不愿说。

"我想他会打电话给你的。"苏可可想了想说。

佟兆丰把他想得起来的姓丁的都在脑子里过了一遍，想想没有一个会这么做，给他送这么一条鱼来。他让苏可可把鱼和内脏都放冰箱里妥善保存起来。

苏可可知道老公为这个事情困惑了，躺到床上还在想，翻身打滚的睡不着。她把事情往好处想，说没准是一个得到帮助的下岗工人来表示感激之情。

佟兆丰不轻易接受这种推测，他生气地问苏可可，为什么把鱼肚子剖了。苏可可迟疑了一下，说是想收拾了送给柳老太的。

佟兆丰知道她的心思，这不是真话。转过身来没好气地说："不要提柳老太和什么鱼的事。"

2

送鱼的人第二天也没有打电话，佟兆丰心里面总觉得有点事，只要一闲下来就会想，什么人，送这么一条鱼来干什么，什么意思？琢磨不出其中的名堂。

晚上苏可可小心翼翼地问，那个送鱼的有没有和他联系。佟兆丰忍不住了，责怪苏可可贪小，这么一条小鱼也收，弄得他心神不宁的。苏可可很委屈，又不好说什么，做了副县长以后她体贴他工作忙压力大，怕罡罡吵吵地坏了他的情绪影响工作，一般的情况下都是忍气吞声，倒是弄得他的脾气越来越大了。

到第三天佟兆丰看到手机上呼他的号码，才猛然想起来，这个送鱼的肯定是现在打电话给他的丁烷，承包服装厂亏损得一塌糊涂的丁烷。

接电话时佟兆丰还客气地称呼丁烷为丁厂长，丁烷纠正他说："我现在不是厂长了，是倒霉蛋，是法院的被告人丁烷。"

佟兆丰嘴里打了一个哈哈，问他什么事。果不其然，丁烷就是送鱼到他家的人。他说要过年了，提前到县长大人家里拜个年，送条鱼，表示年年有余的意思。

"谢谢你对我的关心，真的不好意思。谢谢！"佟兆丰顺嘴来了这么句老套的话。

隔了一小会儿，他没有忘记处理这件事："不过谢谢你的好意，鱼还在那里，我着人送给你或者麻烦你自己去取一下。”

丁烷并没有和他纠缠，答应自己去取。他夸佟副县长真是廉洁，说像他这样好的干部现在不多了。佟兆丰对他的恭维不感兴趣，手上事多，巴不能马上将电话搁了。

挂了丁烷的电话，佟兆丰马上告诉苏可可丁烷来取鱼的事情。他松了一口气，一连声地说：“让他拿走，让他拿走！”

下午开会的时候佟兆丰坐在主席台上，听县委史书记做招商引资的动员。听着他照秘书写的稿子讲话实在是枯燥。他眼睛直勾勾地看着台下，又为那条鱼的事情分神了。

鱼的问题还是问题。那条丁烷送的鱼已开膛剖肚，应该让苏可可到菜场买条一样的鱼还给他，破相的鱼再还给人家总有点说不过去。

开会时手机放在包里，设置在静音上。待开完会他立即把手机从包里翻出来，这是他的习惯。果不然上面有家里的来电显示。

赶紧跑一边去给家里打电话。丁烷已经去过家里了，苏可可说丁烷打量了鱼一番，放下鱼不拿了，说还是留给佟副县长吃掉算了。

佟兆丰心里凉了，事情搞砸了，丁烷定是见到那条鱼开膛剖肚后才不要的。

重新买一条鱼给丁烷，他想到了，但忘掉了。他有原谅自己的理由——工作太忙。她苏可可在家可没什么事，为什么就想不到呢？平时为女儿学习成绩不好拌嘴，总说女儿遗传了他的智力，为她的智商比他高扬扬得意。她是有根据的，考大学时她的成绩比佟兆丰高出二十多分。处理这件事她脑子怎么就不够用呢？应该在他打了电话，得知丁烷要来取鱼就到街上去买才对，贤内助个屁呀。

现在说什么都晚了。他马上预料可能发生的情况，想对付的方法。这是他抓安全生产的法子——搞预案。

丁烷原来是做服装的个体户，开了一家生意不错的服装店，不知道什么药吃错了，要承包轻工局下属的亏损企业影杉服装厂。刚刚开始改制的高沙县正缺少这样的典型，不仅扶持他承包，还把他大肆宣扬了一通。哪知道他是扶不起的阿斗，承包不到一年就搞不下去，钱没赚到，倒欠了一屁股债。到撂挑子时，欠工人半年多的工资，还欠不少原材料款。讨要工资的工人到轻工局、信访办集体上访。县政府为了解决这个问题，擦这个乌七八糟的屁股，花了大量的人力财力。轻工局一纸诉状将丁烷告上法庭，要求他根据合同偿付拖欠工人的工资三十六万元、续缴承包金二十万元是有理有据的。

为诉讼的事丁烷找过分管县长佟兆丰。佟兆丰一句话就推了，轻工局依法办事，他管不着。丁烷搞这种送鱼的勾当，难道与诉讼有关？

佟兆丰打电话给轻工局陶城局长，问起诉丁烷的案件进展到什么程度。陶局长说法院的传票已经送达丁烷，年前开庭，案情不复杂，估计法院会当庭宣布判决结果。他问佟副县长有什么指示，佟兆丰想了想说，开庭时多安排几个企业的负责人去旁听，上上法制课。像突然想起来，佟兆丰问陶局长丁烷最近有没有找过他，陶局长说丁烷天天找，不是堵门就是电话，反正也习惯了。佟兆丰说这就好，千万不要把矛盾往领导面前推，尽量在下面消化了。陶局长表态：绝对不会给老领导添麻烦！

刚搁下与陶局长的电话，丁烷的电话就打了进来。这次他开门见山了：“我要请你佟副县长帮忙。”

佟兆丰说：“我帮你帮得够多的了，当初要不是我支持你，你怎么能够承包到服装厂？”

丁烷叹了一口气，说正因为如此，他才觉得是佟副县长害了他。弄得他现在四债临门，连过日子糊口的钱都没有。

佟兆丰说：“不会吧?！庙穷方丈不穷，我知道你还是捞了不少。”丁烷说了句在佟兆丰看来实在是不靠谱的话，“你以为我包服装厂是县太爷的差事，一年十万白花银呀？”

佟兆丰赶紧将话题岔开去，说要开会了。丁烷在电话那头笑了笑，佟兆丰觉得他的笑有点不怀好意。果然他抛出了意图，要特困企业的补助金。佟兆丰告诉他，补助金很有限，杯水车薪，是解决那些揭不开锅的工人困难的，即使考虑到影杉服装厂这一块，款子也到不了丁烷手里。丁烷听了嘴里开始骂骂咧咧的，问工人是人，他这个做厂长的就不是人？“我为了服装厂的工人倾家荡产，还被你们告到法院，我现在不是揭不开锅的问题，是眼看着要去坐牢的问题。向我要原材料款的人天天堵我的门，我没有日子过，已经到狗急跳墙的地步了。跳了墙以后会怎么样，你知道吗？那是要咬人的！”

佟兆丰说：“我听出来，你有威胁的意思，是不是？”

“当然有！”丁烷气呼呼地先挂了电话。

佟兆丰想了想，打电话给法院的程院长，问轻工局诉丁烷的案件能不能过年以后再开庭。程院长觉得奇怪，此前三番五次地要从速办理的案件，怎么又要延期了？佟兆丰说开庭时安排企业负责人旁听，年前这些人都忙，还是放在年后妥当一些。程院长说不知道庭里的传票发出了没有，要是传票没发出都好说。

一会儿程院长电话来，好在传票还在信封里没有寄出。

3

佟兆丰是曲线提上去的，从县政府秘书科下派到县里最大的企业汽配厂当厂长，然后就到轻纺局当局长。轻纺系统这一块对于他来说，是革命老区，有特殊的感情，也是他手中的算盘珠子，要怎么拨就怎么拨。他打了一个电话给汽配厂的景厂长，告诉他汽配厂的特困企业补助金安排不了了。粥少僧多，大有大难，小有小难，当家的最难。景厂长说：“本来就是佟县长给的一口，裤带再勒紧一点也没有关系。”

佟兆丰笑了：“拿你根猪尾巴，还你个猪头。年后的技改贷款是个大头，一直在紧锣密鼓地操作着，银行现在是越来越不好说话。”

景厂长打了个招呼，说过几天去佟县长家里拜个早年。佟兆丰说免了，像突然想起来，他问到樊春林的孩子是不是得了白血病。景厂长说千真万确，樊春林老婆天天到厂里来借钱，烦死人了。佟兆丰嘱咐景厂长在这些事情上要体恤职工难处，要景厂长替他捐一百块钱给樊春林。

景厂长赶紧说了一堆感激的话，像他就是樊春林似的。

佟兆丰的手机响起来，一看号码是丁烷的，他厌恶地按了，一会儿座机响了，他看了一下号码，拿起话筒。没想到还是丁烷，他压低声音说：“在和外商谈事情，等会儿打过来。”

只一小会儿，丁烷的电话又打进来了，打在手机上。换了号码，真是防不胜防。佟兆丰克制住恼怒，一字一顿地说：“我——在——谈——事——情。”丁烷说：“我知道县长日理万机，可我有好消息要报告，真是好消息。我这个下岗的承包人再就业了，做自由撰稿人了，写东西挣钱，解决自己的生活困难。我写时评，题目是‘从一条鱼说起’我做的文章在报纸上发，网络上发……”

佟兆丰愣了一下，说：“好事情，好消息，你应该把这个喜讯报到社会保障局去。”说完重重地挂了电话。

喝了一大口水，佟兆丰后悔电话挂早了，觉得应该让丁烷多说几句，弄清楚他究竟想干什么。有一点可以肯定的是，丁烷是想利用那条鱼做文章了。

如同吃了只苍蝇一样，佟兆丰把手机像用过的打火机扔到办公桌上，骂了一句粗话。

傍晚的时候，苏可可打电话来，说丁烷到家里敲过门，手里还拿着个本子，要采访佟副县长，她没有让他进门，这会儿恐怕还在门外待着。

佟兆丰说：“让他在门外站着，他愿意站多久就站多久。我今天晚上约了电视台的记者，到高速上去检查春运。还犯了邪了，跟我搞歪门邪道。不就是一条鱼吗，看他能掀多大的浪，能够做多大的文章？”

4

佟兆丰在高速公路的生活区吃了消夜，和电视台的记者谈笑风生，好像将丁烷给他带来的不快忘了。大凡喝酒的时候，秘书齐御风替他把包保管着。包响了起来，齐秘书把包递过来。佟兆丰掏出手机，一看是赵总的，站起身来跑一边去接。

赵总是县里最大的民营企业老板，打电话总是咋咋呼呼的，声音炸得耳朵轰轰响，他告诉佟兆丰，刚才到他家里去拜年，门口多了个接待的，手里还拿个本子，问他是不是送礼的。

“你县长大人怎么也惹了一条疯狗？”赵总悻悻地说。

“什么样的人都有，我总不至于把他当疯狗打一顿吧？”

佟兆丰有怨气，又有些无奈，话中的话赵总是能听出来的。赵总公司里员工举报他偷税漏税，他找社会上的小痞子把人打伤了，还振振有词地说是打的疯狗。这件事最后是佟兆丰帮他摆平的，私下里赵总对佟兆丰认过错。

“对这样的疯狗我们来个法制，我打电话给派出所田所长，把这个家伙关一夜，让他遭遭罪。”赵总小心翼翼地试探佟兆丰的态度。

“不行！你以为派出所是你公司里看门的？”佟兆丰坚决制止，说不用管，由他来处理。

搁了电话，佟兆丰拨丁烷的手机。电话响两声就被丁烷挂了，再打，还是被挂了。想必丁烷是报复下午佟兆丰对他的态度，佟兆丰无奈地从包里拿出一部不常用的手机，给丁烷打过去。

这回丁烷接了，电话里阴阳怪气地：“佟县长，你现在终于有时间接待我了？”

佟兆丰直截了当地问他，究竟什么意思，为什么待在他家门口不走？

丁烷说："我更正一下，我现在已经不在你家门口了。我已经下班了，我的工作不用加班加点，你也不要躲我。"

佟兆丰见丁烷不直接回答他的问题，有点光火："兜圈子不是你的根本目的，你想怎么样，你说。不要得寸进尺，我已经在帮你了，法院过年以前不找你了，影杉服装厂我拨了补助金，工人们也不会在年前找你要工资了……"

"这又怎么样？"丁烷反问道："过了年我仍然没有日子过，我仍然要还那些钱。我承包的情况你是再清楚不过的，替你们背包袱，养了两年工人，落得倾家荡产。现在服装行情这么好，你还让我包下去才是，不然把我的欠债一笔勾销也行。"

佟兆丰说："这不可能，你的承包是依法终止，债务是必须偿还的，不是我能够说了算的。"

丁烷急了，说出了威胁的话："看来，你是要我这个烂砖头来碰你这块景德镇的瓷了?!"

佟兆丰不示弱，说："我记住你说的话。"

丁烷说："我还录音了，准备了呈堂证供……"

佟兆丰搁了电话。齐秘书在远处等着他，见他电话完了，跑过来说电视台的人都走了，佟兆丰无精打采地说："我们也回吧。"

回到家，苏可可见佟兆丰脸色不对，赶紧将泡脚的温水端到他面前。佟兆丰愠怒地将水盆用脚推一边去，换了双塑料拖鞋，到卫生间用自来水冲了一下脚。

上了床，佟兆丰根本就不搞以往的前奏就开始做爱，看着他一声不吭地埋头做着，苏可可不知道怎么配合他。

5

苏可可第二天早上醒来时佟兆丰已经在客厅里打电话。

她大概听到了内容，佟兆丰让景厂长找他们厂保卫科长石小满到他们家来，收拾在门口捣蛋的丁烷。

吃早饭的时候，苏可可小心翼翼地提醒佟兆丰，找一个保卫科长来，要是动了手就麻烦了，还不如找公安局的人。

佟兆丰不耐烦地说：“你懂什么，石小满有药擦丁烷的头。丁烷欠他的钱，在他面前像孙子一样。”苏可可不再说什么，赶紧将佟兆丰搁下的碗收拾了。

佟兆丰出门时没有遇到丁烷，这天他上班也早了点。苏可可过了三五十分钟凑到防盗门的猫眼上打量外面，见丁烷果然又来了，站在楼道里捧着一张报纸看。

苏可可把后阳台西面的窗户打开，这样她可以听到外面的动静。她巴望着那个叫石小满的保卫科长的到来。

九点钟的光景，门外有对话的声音。一个中年男人在质问丁烷：“你赖在这里干什么？”声音不大，听起来很威严。

丁烷好像在敬石小满的烟，石小满命令式地：“我不抽你的烟，你赶紧该回哪儿就回哪儿，别在这里添乱。”

“我碍着谁了？给谁添乱了？”丁烷的声音大了起来，在苏可可听来，丁烷似乎不买石小满的账。

石小满没有声音，丁烷倒是又嚷嚷起来：“你不要推推搡搡的，我欠的是汽配厂的钱，不是你石小满个人的。”

石小满仍然是质问的口气：“法院是怎么说的，怎么判的？”

丁烷说了句在苏可可听来是草包的话：“你不要拿法院的大奶子吓

唬我这个细伢子，我不怕……”

好像有人上楼梯的声音，外面两个人的声音都小了下来，苏可可再也听不见他们说什么。

客厅里的电话遽然响起，苏可可吓了一跳，是佟兆丰打来的，他告诉她石小满已经将丁烷弄走了，也就是说现在丁烷已经不在门外了。

苏可可松了一口气，但还是有点不放心，到猫眼面前看了又看，楼道里空荡荡的。

她赶紧打扮一下自己，准备到菜场去买菜，今天是腊月二十四，是小年。

下午，苏可可打开门去倒垃圾时又看到丁烷站在楼道里。她像看到瘟神一样，急忙扔了垃圾回家。

丁烷在她身后说：“我要看看县长夫人扔的垃圾，在里面翻翻，看有没有肚子里藏着存折的鱼。”

6

石小满在保卫科忙着为樊春林的孩子募捐，他带头捐了一百元，下面的人捐十元二十元的都有，也就是凑了个三百多元，正思量着怎么再发动一下，多捐一些，景厂长来了。

听景厂长说要去县政府第二招待所参加县综合治理办公室的会议，石小满不满地嘟囔：“天塌下来了，要厂长陪保卫科长去开治安会？”景厂长说一定是丁烷的事情，下午他又跑到佟副县长的家门口站着了。石小满说他上午软硬兼施才把丁烷劝走，怎么下午又去了，看来是铁了心要站在那里，那样的话他也没有办法。

景厂长说：“所以，就开这么一个会，大家想办法，研究一下怎么处理这个问题。”

待他们赶到二招的小会议室，里面已经坐满了人，石小满打量了一下，除了召集会议的综合治理办公室的领导，都是公安和内保口子的人，佟副县长不伦不类地坐在边上。

齐秘书给大家散了一圈烟后会就开了起来。

综合治理办公室的严主任说：“召集大家来是因为发生了一件突发事件，原影杉服装厂承包人丁烷为了发泄对佟副县长的不满——解释一下，佟副县长秉公行事得罪了他——现在成天堵在佟副县长的家门口，严重地妨碍了佟副县长的生活和工作。今天开这个协调会，就是要解决这个问题，有点棘手的问题。”

县政府的保卫科长说：“为了保证佟副县长的人身安全，已经把小车班最强壮的司机调配给佟副县长。丁烷堵门的事情发生在社会上，公安局怕是要迅速介入了。政法委章书记在省里开会，打电话回来，要我们县政府保卫科配合公安部门把这件事处理好。”

石小满抬头看了眼县政府的保卫科长，觉得人家真牛，给公安局的人都派上活了。公安局内保科的许科长看了一眼派出所的田所长，把空的香烟盒揉成一团在桌上按了一下说：“倒真的不能够让他这样，都这样闹，不要说县领导，企业的负责人也过不了安稳年。”

田所长说：“就这个人目前的行为，我来开会以前咨询过局法制办，还不能抓，只能制止。能够采取的强制措施只有将他带到派出所询问一番，连留置都不合适，法制办强调，不能激化矛盾。”

齐秘书插了一句：“这么说就对他没有办法了？”话说完他看了佟副县长一眼，他是说了他想说的。

许科长说：“怎么会没有办法，石小满就很有办法，他一去就吓跑了丁烷。”

众人都笑了起来，转过脸看石小满。田所长说：“既然有这么一个克星，我们还有什么头疼的？”

石小满说：“问题是，我也不是赶鸡撵狗的，我还有日常的工作。他只是坐在佟县长的家门口，计较他倒是让他张狂了。以我说根本不理会他，他要是坐我家门口，我拉他进门喝一杯，把他灌倒了，还拉他下盘棋，聊会儿天。”

石小满的话引得大家笑得更厉害了。景厂长的笑收得早，他看到佟兆丰的脸色很不好看。

会这样开下去就跑题了，严主任说出了当务之急，得想办法让丁烷离开。

田所长到底是在基层工作的，他没有那么多的弯弯绕绕，他把大家都不愿意说的话挑明了：“丁烷究竟要达到什么目的？这是我们要弄清楚的。他堵在佟副县长门前说是要采访，说关系到一条鱼，一条送给佟副县长的鱼。这是怎么一回事？”

会场上冷场了，尽管大家没有把目光投向佟兆丰，他还是觉得自己成了焦点。佟兆丰知道自己非开口不可了，他不紧不慢地说：“这事情我来说一下，这是我今天参加这个会议的原因。”

“大家一定还记得，六年前有人贿赂老柳县长，在鱼肚里塞了存折，这条被扔了的鱼被捡垃圾的捡回家后事情暴露了，连累了柳县长。现在，丁烷借这个故事做文章，给我也送了一条鱼。是想搞无中生有，是想搞陷害。”

也许是被佟兆丰故作轻松的语气感染了，大家都笑了。在场的人其实大多知道丁烷借鱼做文章的事，只有石小满不知道，他早上与丁烷接触过，但丁烷并没有对他说这些。作为保卫科长，石小满经常要处理一些棘手的事情，他有果断的工作作风，认为问题并不复杂，“把鱼退给丁烷，或者交到纪委去，有什么了不起的，就是送了一吨金条也没有什么可怕的，只要你不收，对不对？”

田所长说问题有点复杂，不像石小满想的这么简单。佟兆丰赶紧将话揽过来，解释说：“我家属以为他是我乡下的亲戚，把他送的鱼刮了鳞开了膛。”

石小满说：“这又怎么了，我就是把鱼吃了也不怕，不害病怕他什么鬼叫？”景厂长在桌肚下面悄悄地踩了石小满一脚。

由于石小满这句话佟兆丰必须把这个尴尬的话题接着说下去：“因为我不能放弃原则达到丁烷的私己目的，他就无中生有地说我家属是希望从这条鱼里找到一张存折。他要讹诈我，说写什么文章挂到网上去……”

“简直就是一个无赖。”石小满评价了一下丁烷。

七扯八拉的会开到五点多了，窗外的天已经黑了，石小满有点坐不住，他和妻子约好了要在晚饭前去医院看望樊川川的。

严主任准备收场了，他说下面双管齐下，一方面石小满利用丁烷欠他钱，是债权人的特殊身份对丁烷做规劝工作；另一方面，派出所把法规和政策用足，只要丁烷出现在佟副县长的家门口就传唤他。

佟兆丰想想也只有这样了，点了点头。大家起身散会时，石小满叫住大家。“请各位留住步，我有事求大家。”

乱糟糟的会场顿时安静下来，有的人站着，有的人甚至又坐了下来，他们都不知道这个大个子的工厂保卫科长要说什么，有什么事。

“我们汽配厂有一个下岗工人的孩子得了白血病，倾家荡产了也凑不够治病的钱，大家都是有爱心的人，救助一下这个孩子吧，捐点钱，是救命啊！我替她的父母给大家鞠躬，谢谢你们。这个孩子太可爱了！我再鞠一个躬……”

石小满的眼圈红红的，大家也都被感染了，佟兆丰反应最快：“好！我已经捐过一百，再捐两百。”

会场里的人都行动起来，每人捐的都不少于一百元。派出所的田所长要了石小满的电话号码，说他到所里再发动一下。石小满对大家连声说谢谢。

佟兆丰从会议室出来后对跟在身边的景厂长说：“呵呵，你的保卫科长是个充满爱心的人啊。”

景厂长表情复杂地点点头，“就怕还有报复心。石小满在分房这件事，对你我是有很大意见的。”

佟兆丰“哦”了一声，从刚跨上去的自行车上又下来了。

7

石小满事后很奇怪，自己怎么突然就冒出了倡议捐款的念头？

在那个场合他的做法是让人为难的，几乎带有逼迫的性质。好在大家都慨然接受了他的倡议，没有谁表现出不满，谁都捐了，有三千两百元。

樊川川是个可爱的小女孩，比他的女儿小一岁，是他妻子的学生。樊川川的父亲樊春林是石小满的同事，樊川川小时候就在他们家走动，皮肤奶一样地白，瓷一样地细，有着浅浅的笑，轻轻的声音，连脚步都轻轻的，胆子极小。现在这么个小女孩躺在医院的病房里等死，想起来心里面就酸酸的。妻子郁金芳不知道为这个孩子哭过多少回，这天晚上他们到医院里又看望了樊川川，郁金芳回到家连饭也吃不下一口。

“你说这家人的年怎么过呀？”郁金芳满腹心事地说，石小满无奈地摇摇头。

吃饭的时候，石小满见气氛太沉闷了，就把佟副县长遇到的事情当笑话对郁金芳说了。郁金芳过去也听说过鱼和存折的事情，她叹了一口气说：“要是能够遇到这样的好事，我把这些贪官门前的垃圾箱都掏一遍也不嫌脏。”

石小满说：“为什么得病的不是这些人家的孩子呢？”郁金芳听不下去，“你这是什么话啊？”石小满解释说：“我是说老天无眼。”

因为是小年，佟兆丰这天的晚饭是在家里吃的。进门时他看到仍然站在门外的丁烷，对他说：“怎么样，进去喝一杯？”丁烷见佟兆丰这样，倒不知道如何是好了，嘿嘿假笑了两声，说：“不客气了！”佟兆丰当然不会再说什么，赶紧进了门。本来也是客套，要真的就进去坐下来，尴尬的不知道是谁呢！

因为知道丁烷就在外面站着，佟兆丰的这顿饭吃得很郁闷，他说起了樊川川，充满同情，也说起了石小满在会议上募捐的事情。苏可可说石小满真是做了好事情，她要是在场的话也会被感动的。说起石小满，苏可可就问佟兆丰丁烷怎么就怕上他了。

佟兆丰笑了笑说：“也算我棋高一筹，许书记那年让我为承包困难企业的丁烷排忧解难，解决资金上的缺口，我怎么能够弄到他生产急需的十万元？我只有到下面的企业去想办法，总不至于到家里来拿这笔钱吧？我在汽配厂帮他解决了，不过我多生了一个心眼，没有以单位的名义借给他，让景厂长找石小满，以他个人的名义借，这样就不怕他丁烷以后不还。”

苏可可伸过手来抚了一下佟兆丰的手面，算是赞赏他的聪明。受到鼓励的佟兆丰越说越兴奋：“借款时是说明一年以后归还的，到期以后丁烷也包不下去了，石小满懂法律，为了保护诉讼时效，把丁烷起诉到了法院。法院是走程序的，庭审期间石小满也没有放弃对丁烷的追讨，他在商场看到丁烷消费，就跑过去说，‘你欠我的钱还大肆挥霍？在国外这是要进班房的。’丁烷时常被他这样逼债，看到他像是看到鬼一样。”

苏可可笑了，说石小满倒是个厉害角色。真是一物降一物。佟兆丰收起笑容说：“石小满这个人我算是欠他一点，在汽配厂分房时应该给他一户，可他这个人，有点问题，为什么就不会到我家里来打个招呼呢？我也不要你送我什么，你以为你该派就分到房子呀，这房子分不分你还不是我嘴上一句话？”

苏可可说：“这样的话，我倒怕他不会真心帮我们。”

佟兆丰没有吭气，半天说了一句：“他敢？”

8

石小满一上班就听说樊川川匹配的干细胞找到了，赶紧打电话和樊春林核实。樊春林没有他预料的高兴，倒是忧心忡忡的，他说现在缺少做手术的钱，还差十二万元，火烧火燎地着急。石小满安慰他说："办法总是会有的，有大家伙的帮忙。"樊春林沉默了好一会儿，说还是想央求单位帮帮他，这时候只有靠组织了。

樊春林和妻子进厂时，石小满是看见的。他掏出根烟抽，抽得很猛。一会儿，副科长李大双告诉他厂部办公室来电话了，让保卫科派人去景厂长办公室。石小满反问："怎么了？"李大双说："樊春林夫妇在厂长办公室闹事，跪在地上求厂里借十万元给他们孩子治病。"

石小满对李大双说："你定义一下，什么叫闹事。"李大双不好意思了，说这不是他的说法。

石小满说："你上去劝一下樊春林，有话好好说。至于对他们的态度，你想着病在床上抢救的是我的孩子，或者这件事与你有关就行了。"

李大双上去不久，办公室又打来电话，让石小满本人过去。石小满磨磨蹭蹭地拖了一会儿，再催他的电话来时只有硬着头皮去了。

樊春林的妻子还跪在景厂长的办公室里不起来，景厂长板着脸，见到石小满连忙说："你让石科长说说厂里困难不困难？为你们的事我和石科长都在外面乞讨了，昨天厚着脸皮在县政府的会议上要人家募捐。"

樊春林说："我知道这件事是为难单位，可我这是没有办法，我要救女儿，不能够看着她没钱治。"

"可这样不是个办法。"石小满把樊春林夫妇拉到保卫科坐下。

可办法在哪里呢？石小满也想不出来。他在办公室里团团转，樊川川找匹配的干细胞如同是大海捞针，好不容易找到了，耽搁在钱上实在说不过去。看着哭哭啼啼的樊春林妻子，石小满实在没办法劝她。

石小满磨嘴费牙地劝走了樊春林夫妇，他知道这对夫妇救女儿的钱没有着落，心就像在油锅上煎一样难受。

中午回家吃饭的时候，郁金芳问厂里有没有借樊春林钱，石小满不吭声。女儿在边上的一句话让石小满大受刺激："爸爸，如果我遇到这样的事情怎么办？"

石小满愣了一下，努力地让自己在女儿面前表现得好一点："爸爸会有办法的！"

女儿问："那，你就应该能够帮樊川川想到办法，是不是？你要救救她！"

石小满拍拍女儿肩膀，还是那句话："爸爸会有办法的！"

下午，石小满到了佟兆丰办公室。

佟兆丰见到石小满非常客气，给他泡了一杯好茶，说正要找他聊聊就来了。他是要和石小满说丁烷的事情，石小满开门见山，说明他的来意，他要佟兆丰帮他借钱，借十万元给樊春林孩子治病。

佟兆丰说他肯定帮不了这个忙，他知道石小满的想法，解释说："我当初以你的名义借丁烷钱和你现在要我借钱给樊春林性质不一样。"

石小满问怎么就不一样了："这是救命啊，比借给丁烷搞承包更有意义。"

佟兆丰摇摇头："困难的人很多，这样，那样的，根本理会不过来。"

石小满不满了，他表现在脸上，佟兆丰看出来了。佟兆丰反过来问石小满和樊春林是什么关系，石小满说是同事关系，佟兆丰怎么也不相信。石小满见他这样，就说："你就当着亲戚关系吧！算帮我救我女儿。"佟兆丰说："这还差不多，是你亲戚我就帮。"

佟兆丰说借钱不好，要还的，他说最好的办法就是在系统内部发动一下，由企业的工会组织，发动大家一齐来献爱心。

尽管石小满对这个佟副县长的世故和冷酷不满，但问题有望解决，他还是很满意的，也很感激。

接下来，佟副县长就和石小满谈起了丁烷的事情，他的要求直接明了："你把他从我家门口弄走。"

石小满拍拍胸脯说："没问题。"

佟兆丰握了一下石小满的手，拍了拍他肩膀说："好！"

回单位的路上石小满就打电话给樊春林，这是个好消息。他让樊春林不要着急，孩子有救了。

9

石小满有点郁闷，助人的好事怎么就变成了交易呢？

他还是接受了这个事实，去驱逐站在佟兆丰家门口的丁烷。

在这么做的时候，石小满也会想这件事的合理性。丁烷是不应该堵在佟副县长门前的，这有点耍无赖，影响人家的生活。

石小满对丁烷说："你这样不对，堵在人家门口干什么？"

丁烷反问："我影响他什么了？这件事情与你又有什么相干？"

石小满把丁烷拉到一边，"我看不下去。"

"看不下去又怎么了？"丁烷挣脱开石小满抓他的手。

"看不下去我就要把你拉走，就像当初你承包不下去需要钱时，我看不下去借你钱一样。"

丁烷说："唉，唉，你借我的钱可不是你的，是你单位的。"

石小满说："你再说一遍。"

丁烷不说了，他还是怵石小满的。他们的官司在法院，判决已经生效了。

丁烷转身离开，石小满追上去问："你还来不来呢？"丁烷不想示弱：

“我只是回家拿包烟。”

石小满没有离开，不一会儿丁烷真的又转了回来。石小满气不打一处来，他让丁烷立即将欠他的十万元还给他。石小满动手了，一把揪住了丁烷的衣领。

丁烷的反应是石小满没有料到的，他大喊：“打人了，佟副县长的打手打人了……”

这样的纠缠在大街上是引人注目的。有人打了110报警电话，处警的警察很快来了，这个警察和石小满认识，可他一点表情也没有，冷冰冰地说：“你们两个，都和我到派出所去。”

到了派出所，两个人的待遇有点区别，警察先询问丁烷，让石小满到隔壁的办公室坐一下。石小满在隔壁的办公室从报纸架上拿了一张报纸看，这当儿田所长跑过来，他只是对石小满点了一下头，什么也没有说就跑过来看丁烷的笔录。

田所长问丁烷究竟欠不欠石小满的钱，丁烷说他借了汽配厂的钱，与石小满没有关系。田所长说这件事他了解一些，石小满起诉到法院，法院是判令丁烷归还的。

“欠钱还钱，这是天经地义的事情。”田所长对丁烷说。

丁烷努力地想说明这里面的环节，田所长摆了摆手：“你应该到法院去说，你怎么不在一审判决后上诉？”丁烷说他没这个钱。

过了一会儿，田所长到石小满这边来，用嘴努着隔壁说：“让丁烷在这里坐坐。”

石小满问：“我呢，也在这里坐坐？”田所长扑哧一声笑起来，石小满问他笑什么，田所长说：“苦哇，你这个保卫科长，成看家护院的了。”石小满无奈地摇摇头。

田所长和所里的吴指导员拉着石小满去医院看樊川川，把所里干警捐的款送过去。从医院出来，田所长一直默默地不出声。和石小满分手时他问：“你对丁烷说，这十万块钱要他立即还出来，是要救一个孩子的。

你是不是准备这样？”

石小满说：“这只是借口，这钱我心里明白，只是过了一下我的手，说白了是厂里借给他的。要是真的法院执行了，钱我还是要交到厂里的。”田所长听了没有再说什么。

第二天石小满刚上班就被景厂长叫到办公室，他问了石小满和丁烷闹到派出所的情况，说佟副县长知道了，有些不高兴，说激化矛盾了，让石小满不要再问这件事。石小满一听巴不得，说：“你以为我喜欢这件事呀？”

10

石小满和丁烷闹到派出所的事情告一段落以后，佟兆丰让他的秘书小齐请内保科的许科长和派出所的田所长吃饭，让赵总出面请丁烷吃饭。

佟兆丰对赵总说：“你先和他聊一聊，必要时我亲自去和他谈。我不相信我就降服不了他？”

齐秘书的请客，人没有完全到位，田所长说轮他值班，没去。赵总请的丁烷倒是慨然赴宴，喝得酩酊大醉。赵总乐呵呵地告诉佟兆丰，丁烷酒后吐真言，说他在门口闹的这一出是石小满教他做的。见佟兆丰不吭气，赵总反过来问：“有没有这个可能，会不会是丁烷的反间计，挑拨你和石小满的关系？”

佟兆丰说：“怎么没有可能？我一直在想，凭丁烷不至于搞出这么狡猾的勾当，背后一定是有人指使策划。石小满和我有积怨，我在汽配厂时没有分房给他，他至今耿耿于怀；他的亲戚患病缺钱，他这么做可以逼我帮他想办法；他想一箭双雕。”

赵总说他最可恶这种人，在背后耍奸使猾搞阴谋诡计。佟兆丰鼻子里哼了一声：“这样有什么好处，自坏窍门。我本来是想帮他的。”

石小满再找佟兆丰询问捐款的事时，佟兆丰说这件事由齐秘书处理了。石小满找齐秘书，没想到他是个滑头，拿各种各样的话搪塞，让石小满跑来跑去的，跑得腿都抽筋了。

捐款的事一点着落没有，石小满每天要看着问结果的樊春林夫妇，他们眼巴巴的样子，急得要抓狂。

佟副县长说好了在系统内组织捐款，系统内的工会主席石小满不一定熟悉，可保卫科长是都熟悉的，他找几个企业打听了一下，根本就没有布置什么给樊川川捐款的事，保卫科长们都闻所未闻。

石小满找佟兆丰，他要弄清楚究竟是怎么一回事。佟兆丰总是很忙，接石小满的电话时告诉他在开会，石小满找到他办公室时干脆说马上要出差了。反正就是没有时间坐下来和他说樊川川的事。

石小满从佟兆丰那里刚回来，景厂长就把叫到办公室，板着脸说：“你不要和佟副县长闹了，对人，要多想人家好处。他在汽配厂时对你石小满还是不错的。”

石小满有点丈二和尚摸不着头脑：“我怎么就和佟县长闹了？”

景厂长说：“吃个枣子，有个核子。你自己知道。”

石小满说：“我不知道，真的不知道。我还不明白他答应帮樊春林的，为什么就不闻不问了？”

景厂长摇了摇头：“你听我话没错，不要再为难佟副县长了。”

石小满还是不明白。待他真正明白过来是接了一个战友的电话以后。这个战友和他一年当的兵，转业后分在安监局，没几年提了一个副局长。战友之间说话是开门见山的，他告诉石小满，佟兆丰知道丁烷和他闹是受人挑唆。战友说他理解石小满在企业不容易，知道他的难处，但他觉得这样做也没什么意思，丁烷整个一叛徒，把什么话都对佟兆丰说了。

战友也问到石小满，有什么隐情，要不要由他向佟兆丰解释一下。

石小满的脸憋红了，声音大了起来：“不要了，是我指使丁烷和佟兆丰闹的，堵门的主意也是我出的。”

11

郁金芳劝一个劲喝闷酒的石小满，找佟兆丰好好谈谈，没有解释不清楚的事情。

石小满说：“他不相信我也就算了，没必要‘城门失火，殃及池鱼’，连累樊川川的事情办不成。”

郁金芳说：“既然殃及池鱼了，更要解释，否则事情会越来越复杂。樊川川的治疗费落实不了就惨了。”

石小满想了想，那样确实就惨了，他决定还是找佟兆丰解释一下。

佟兆丰对这件事的态度出乎石小满的意料，当石小满问他丁烷是不是在他面前胡说八道时，佟兆丰说：“我怎么会听信他的胡言乱语，再说你石小满也不会做这种没有素质的事情啊？”

石小满还能说什么，他能够看出佟兆丰的闪烁其词，看出他骨子里的不满。既然他不愿意听解释，石小满就不再说什么了，清者自清，解释多了倒好像心虚一般。他硬着头皮说了樊川川情况的急迫，如果手术费到不了位，樊川川就只有等死了。

佟兆丰叹了一口气，说这件事真的麻烦，联系了几家厂子，都说有难度，捐款得群众自愿，强迫不得，更不好下行政命令。

石小满试探着问，是不是没有办法了。佟兆丰说倒也不是，可以到社会上去想办法，找电视台、报社，还有网络什么的。他还四处找报纸，说看到一篇报道，有人在网络上求助，不仅治好了病，还落了很多的钱。

在接了两个电话以后佟兆丰拿起皮包要出去。许是看到石小满失望的表情，佟兆丰拍了拍石小满的肩膀，说他还要给樊川川捐款，再捐一百元。

从佟兆丰办公室出来已经到了下班的时间，石小满还是回到了单位。保卫科的人说樊春林来找过他，石小满不知道怎么对樊春林说，救命稻草已经没有了。妻子郁金芳跟着打电话来，说樊春林在他家里等着他，他推说有事情忙着，暂时回不了家。

石小满在办公室里一根接一根地抽烟，他觉得佟兆丰的态度与不相信他有关。他还是要对佟兆丰解释，他打佟兆丰的电话。电话响了好长时间才接听，话筒里吵吵嚷嚷的，应该是在饭桌上。石小满把话挑明了说，他真的没有让丁烷和佟兆丰过不去，怎么说也应该帮帮樊春林。佟兆丰的声音大了起来，他质问石小满："照你的意思我不关心樊春林，我不可怜那个孩子，我的心不是肉长的？我今天都第三次捐款了。你不要扯信任不信任的问题，也不要把这两件事联系起来，要有点觉悟。"

遭了抢白的石小满说不出话来，在外面喝得酩酊大醉地回家。樊春林已经回去，郁金芳见石小满这样气不打一处来，问他佟副县长说的帮助捐款的事情究竟有没有希望，石小满说有办法了，他明天请假，像丁烷那样堵在佟兆丰的家门口，看到给佟兆丰送礼行贿的就让他们捐款。郁金芳一见石小满说这样的话，知道他喝多了，赶紧倒了一杯热茶端给他。

石小满说了一晚上的醉话，说他很难受，佟兆丰居然不相信他。

郁金芳说："他不相信你怎么了？你难受什么？"

12

石小满第二天请了假，他没有到佟兆丰家去堵门，而是到了法院执行庭。

石小满要求丁烷履行法院生效判决，李庭长见石小满来盯这个案件，有点无可奈何："丁烷看起来没有履行能力，他不是欠你一家钱。又有两家来申请执行了。”

石小满说他急于要这笔钱，有个得白血病的孩子等着钱去做骨髓移植手术，说什么法院也得帮助他拿到执行款。李庭长见石小满这种态度，紧张起来，在办公室里走来走去的，像是在想办法，也像是在下决心。

“你们不至于只用嘴皮子执行吧？”石小满笑眯眯地问李庭长。

李庭长想了想说：“我们加大执行力度，就冲他以前的态度，冲他一分钱也没有交到法院来，把他先拘起来。”

只一会儿，法警和执行员就拿着手铐和手续去拘留丁烷。待他们走后，石小满说：“你们抓不到丁烷。”李庭长大惑不解地问：“为什么？”

“因为我是做保卫科长的，因为我了解丁烷。你们肯定抓不到。”

“噢，我觉得不可能，除了你对丁烷通风报信。”李庭长笑着说。

石小满说：“我不走了，避一下嫌疑。”李庭长用手指了一下报纸夹：“你可以在这里翻翻报纸。”

法警和执行员一个多小时以后回来，他们真的没有拘到丁烷，让他跑了。

丁烷见到法警和执行员还是那句话：钱一分没有。法警对他读了司法拘留的通知书。丁烷很平静，说知道有这么一天，他要收拾一下洗漱用品。进了房间后他打开窗户逃掉了。

石小满说他知道丁烷现在在什么地方，李庭长让石小满赶紧告诉他。石小满说丁烷肯定在佟副县长家门口。

法警赶过去的时候，丁烷刚刚离开。苏可可没有对法警讲真话，她说丁烷敲了一下门，没有听到他说什么。

中午佟兆丰回来时，苏可可告诉了他实情。丁烷敲门时说，法院要抓他了，他要是去坐牢，佟副县长也要去坐牢，先双规后坐牢。

佟兆丰听了脸色铁青，耷拉着脑袋，不声不响地在沙发上坐了好久，苏可可知趣地躲得远远的。

佟兆丰给景厂长打电话，要他出一个证明到法院去，证明丁烷的钱是汽配厂借的，石小满只是经手人，与他并没有太大的关系，让法院暂缓对丁烷的执行。

下午苏可可坐在沙发上发呆，有人来敲门她也懒得站起来去猫眼里往外瞅一眼。电话还是惊心动魄地响起来，苏可可打了个激灵，顺手拿了起来。

没想到是石小满打来的，苏可可像手上拿了个热山芋，想扔也不是。石小满说打佟兆丰的电话他不接，只有打家里让苏可可转告。他坐在法院等执行款，谁劝他也不会走，除非丁烷还了钱。至于佟副县长说这笔钱是汽配厂的，从法理上说不过去。钱是佟副县长让借给丁烷的不错，但这种关系一经形成，相对于厂里他是债务人，相对于丁烷他是债权人，只有他才能够主张或者放弃对丁烷的债权。

石小满说："我要钻一下空子，用这笔钱先去救一个孩子的命。"

苏可可打了一个寒战，努力让自己镇定下来，她对石小满说，救孩子的钱一定能够找到，你千万不要着急。

晚上，佟兆丰疲惫不堪地回来，放下皮包就倒在床上。手机的信息音响了好几声他也不去看。苏可可对丈夫手机的短消息是十分在意的，时常翻出来看看，防备他在外面拈花惹草。手机再次响起来时，她迟疑了一下，想拿起来。佟兆丰制止了她，说肯定又是丁烷的短消息。不接他电话，就不停地发威胁他的短消息。

苏可可说："那怎么办？石小满还在法院要抓他吗？给那个孩子看病的钱不是已经有了吗？"

佟兆丰说："怕什么？不害病不怕鬼叫！"他并没有听出苏可可话里的意思。

第二天，去法院打探消息的齐秘书告诉佟兆丰，石小满没有去法院，景厂长说他在厂里上班呢，听说樊川川治病的钱已经不缺了，昨天有一个人跑到樊川川所在的学校捐了十万元。

佟兆丰想，这是个好事，起码石小满不会再和他操蛋了。至于谁做了这个好事他并不关心。直到晚上在酒店里吃饭时看到高沙县电视台的节目，他才想到，这件事或许和他还是有关系的。

电视台的记者采访樊川川的班主任郁金芳，钱是捐款人交到她手上的。她向记者介绍，这位捐款的人把十万元用一个普通的塑料袋包着，钱用橡皮筋扎着，二十卷，每卷五千元。她和这位中年妇女一定见过面，可能是一位学生家长或者高沙县的普通市民。下次她可能会在高沙县的街头上见到她，那时候她一定要好好谢谢她，因为激动，昨天接到钱时她连一声感激的话也没有对她说……

佟兆丰打电话给苏可可，问她是不是捐款的人，苏可可没有吭气。佟兆丰挂了电话。

一会儿佟兆丰给苏可可又打了过去：“你很笨，比柳老太还笨；我很惨，会比柳老爷子更惨！”

苏可可“哇”的一声，在电话里哭开了。

Bottom

下部

底

无底洞的底

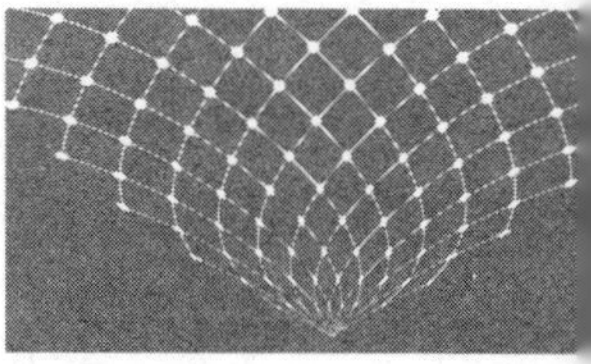

那年夏天

1

夏季即将来临的特征，在正格的眼里是妈妈开始不停地买回来鸭蛋，三五个、七八个，用坛坛罐罐腌上，标上日期。妈妈从菜篮子里面往外拿鸭蛋时，正格会有点紧张，怕她再说出什么招惹老王的话。去年她买了蛋回来，在手掌心托着一枚说："这蛋颜色多好，太像河水的颜色。"老王立马就火了，说要一脚呼过去踢翻菜篮子。老王真的会这么做，正格见过一次，他下劲地用脚踹，篾子编的菜篮子踩扁了以后能弹起来，他便越发生气，下劲踩，非踩烂了不可。

老王对即将来临的夏天有一触即发的怨气，有像梅雨一样绵绵不息的惴惴不安。这段日子里他的眉头总紧锁着，双眉间有一团硬结。妈妈不停地警告正格，要他离父亲远点。还有更重要的，提醒正格不要在他面前提到河，最好连水字也不要说。好在这个季节里老王会很快地投身于他的工作，造纸厂草库收麦草是一年中的大事，割麦之前他这个消防队长就有很多的事情要做。

平时妈妈会给正格一些警告，算是家教。通常都是什么事能做，什么话不能说。正格每每很不耐烦听这些，但他不顶嘴。妈妈最反感正格称父亲为老王，说他没上没下，没大没小，扬言正格再在她面前这么叫，就要撕他的嘴。妈妈从不动手打正格，一个指头也没对他伸过，她只是嘴上说说，不像老王嘴到手就到，而且打得很狠、很重。她知道十三岁的正格已经是根犟骨头，自从父亲从家里牵走那头叫赛猫的狼狗，他就再也没有叫过他一声爸爸，小孩子会记仇，她没有想到正格记这么深，都四年了，九岁起就开始这么叫，一直不改口。有一次在饭桌上他一声“老王”脱口而出，被他父亲听到，父亲愣怔了一下，用筷子指了指他算是警告。

夏天真正到来的那一天，正格认为是街头的冷饮店开张的那一天。店里拉一个竹竿撑起来的凉棚，冷冻机嗡嗡地响起来，面朝街的柜台上一只白搪瓷盘里前后两排摆着八杯酸梅汤，圆的玻璃杯上盖着一块方正的玻璃，都是透明的。

“红红的颜色像红纸化开在里面，那不是酸梅汤应该有的颜色。”到过苏州出差的老王很鄙视儿子喜欢喝这种东西，他在红叶造纸厂喝过正宗的酸梅汤，他的评价是：“太好喝了，是酸梅做的。”正格其实不是老王理解的那样，迷恋酸梅汤已经成为历史，他现在更喜欢冷饮店卖的奶油冰棒、酒酿、八宝饭，只是这些东西都很贵。他要到冷饮店去坐一坐通常只能消费二分钱一杯的酸梅汤，在这些他喜欢吃的东西面前流连一下，然后依依不舍地回家，盘点他积攒的牙膏皮、鸡肫皮、猪骨头或者碎玻璃，想这些东西到废旧品商店能卖多少钱。

这年冷饮店在雨季里的一天开门，几乎悄无声息。正格中午打酱油的时候看到清冷的店里没有一个顾客，他想这样也好，待到他聚攒的钱够买一碗八宝饭的时候，才该是生意大好的时候，一堆人在一起吃冷饮才过瘾。

班上同学祁武的哥哥祁文高中毕业，到食品厂做八毛钱一天的杂工，真是狗屎运，居然给做冷饮的师傅当了下手。祁武劝正格不要再买四分钱一支的奶油冰棒，食品厂的师傅将一袋袋的奶粉倒到桶里后先加一点点凉开水，尝了一搪瓷缸子后会加很多的水，祁文如果再偷喝一点的话还要再加水。如果吃到咸的冰棒要扔掉，冰棒模子是浸在盐水里的，模子漏进了盐水，冰棒才会咸，盐水太脏了，黑乎乎的。

正格要祁武去问他哥哥，八宝饭是怎么做的，除了糯米以外都有哪些配料。祁武的哥哥对正格居然有在家里制作八宝饭的念头不屑一顾，认为是几乎不可能做成的事情，需要的配料太多了。祁武转述时学他哥哥的轻蔑口气："香精你有吗？凤凰牌的，上海产的。"不过祁武的哥哥答应替正格搞一点，让他找一个氯霉素眼药水的瓶子给自己去装。

正格马上在家里翻箱倒柜，家里有很多公费医疗领的药，枇杷止咳膏、润喉片这些是他平时盯着的，眼药水还真不知道有没有。找了半天没有找到，到晚上妈妈下班回来，他在她面前揉揉眼睛说："眼睛疼，要一瓶眼药水。"妈妈拉他到灯光下面看了看，说是有些红，让他自个去对父亲说，由他从厂医务室给你拿眼药水。

妈妈是逼正格去和老王说话，正格说那就算了，不要了。

第二天中午老王回来吃饭时将一瓶眼药水拍在桌上，正格吃了一半的饭停下来，搁下饭碗拿起眼药水回房间。他用剪刀剪开眼药水，真的往眼睛里挤了几滴。一会儿嘴里苦起来，他知道，这是眼药水的味道。

上学前他偷偷地将挤空了的眼药水瓶吸进自来水洗了好几遍，挤到嘴里尝到没有苦味后为止。

这天没有下雨，放学也早，正格没有和许晓萍她们几个女同学一起去做家庭作业，他也没有和祁武去玩。他要回家吃东西，偷偷地做点自己喜欢吃的。

中午家里的菜是韭菜炒毛豆和冬瓜汤，韭菜他筷子沾都不沾，冬瓜汤里他挑咸肉片吃，就那么几块薄薄的，还不够塞牙缝。他没有吃饱，肚子咕噜咕噜的，第一堂课下课时就饿了，开始想回去弄什么东西吃。

脑子里总有一团卧在碗里的八宝饭的影子，鼻子里也感觉到甜丝丝的味道，他时不时地忍不住要咽一下口水。

做一碗香喷喷的八宝饭是正格的梦想，在一步步地实现。他翻过家里橱柜，里面还有一点糯米，他就怕妈妈哪一天突发奇想做糯米粥，夏天里她会偶尔做一两次，放上赤豆和糖。糖放得很少，只一点点，淡淡的甜在嘴里只过一下就没有了，再舔舌头时没有丝毫的甜味。

正格在学校里想好要下一碗挂面吃。回家打开橱柜的抽屉拿挂面时，他闻到一股扑面的食品和潮湿的木头混杂在一起的霉味，他不放心地又打开抽屉下面的那档橱柜门，还好，放糯米的袋子瘪塌塌地瘫在那里。

有两筒挂面，正格全取出来放到桌上做手脚，用削铅笔的小刀将封口一点点劈开，各抽出两把面条以后再用手指头捻烂了饭粒将封口糊上。做好这一切差不多花了二十分钟，他有些后悔，没有想周到，应该一进门就先打开煤球炉的炉门，将炉火点起来，那样的话这时候面条都下锅了。

正格把两筒挂面放回到橱柜去，竖着放，恢复原状。瘦了身的挂面筒只会让妈妈下面条的时候抱怨卖挂面的心黑了，筒子做得越来越小。正格这是偷吃，一切要做得很小心，不能露出一点破绽。老王是管消防的，他不容许正格在家里面动火，怕他将房子烧起来。正格很不服气，班上很多父母双职工的同学在家里都生炉子做饭，人家就没有这份担心。在老王那里没有理讲，他也不想和老王讲。“水火无情！”这句老王挂嘴边上的话是正格烦的。

等炉子火旺烧开水的当儿，正格做了一碗佐料，往碗里倒大油的时候没控制好，多了一点。夏天的猪油是化开的，冬天就没有这个麻烦，用筷子想挑多少是多少。他又放了些味精和黑胡椒粉到碗里，甚至还用刀在砧板上拍了一瓣蒜头。挂面下到锅里后正格不时地挑一根尝尝，他不知道多长时间才能够煮熟。

想不到的是，这时候门被敲响了。他着急忙慌地将煮面条的铁锅从炉子上移到一边去，把开着的炉门插到底，再将水吊子坐到炉子上。

做完这一切他故作镇定地问一声：“谁啊？”

这时候他才想到，不会是父母亲回来，他们有钥匙可以直接开门，也还没到下班时间。门外答应他的是祁武。

将门打开后祁武神色怪异地跑进来，问家里有没有人。正格说：“我不是人吗？”

正格很不满地打开锅盖又尝了尝面条，他的眉头皱了起来，大概就在应付开门的这段时间，面条在汤里沤烂了。

祁武的书包带放得很长，手护在上面似乎在捂肚子。书包除下来后正格看到名堂，他裤子的门襟旁有一块巴掌大的潮斑。正格很奇怪但没说什么，他要赶紧捞锅里的面条。

祁武从鼓鼓囊囊的书包里拿出一条田径裤头，弯腰放到板凳上开始脱长裤，他边脱边说到大运河游过泳了。

正格扑哧笑了，看到祁武是空心大老倌。祁武咂嘴：“大了，水里泡的？”

正格朝那处认真看了一眼，祁武居然脸红了，应声说：“大了，还胀胀的……”

正格没有再说什么，迫不及待地吃了一口面条，觉得咸，酱油放多了。随手打开面前的糖罐，抓了一把糖放到碗里。再吃一口，完了，放了糖的面条说不出来的味道，根本吃不了第二口。他还闻到祁武脱下来的裤子有一股青涩的味道，感觉要把嘴里吃的吐出来才好。

祁武穿上田径裤头以后到院子里的自来水池洗他的长裤子，水好像都冲不干净，他使劲地在搓一块黏糊糊的东西。

祁武有点心虚，挤干了裤子上的那一块后用手抹了抹，对正格说：“晒裤子时在河堤上跑，一摩擦就忍不住冒出来了，真的是忍不住。”

正格其实想嗤笑他，他怎么能够想到是那回事呢？只以为祁武是尿了裤子，白天里尿裤子是很丑的事，比睡觉尿床上要丑。

祁武将裤子晾到院子里的铅丝上去晒，正格看到他拧过的那一把皱得“光芒四射”。待裤子干的这会儿，祁武只能穿着裤头，长衬衫配着短裤头显得有点滑稽。

祁武问正格面条有没有了，他肚子饿瘪了想吃一点。正格说没有了，就这么一点，他还不够吃。正格其实很想将这碗难吃的面条处理给祁武，就怕他知道自己做的糖面很难吃，就怕他明天会当笑话说到学校去。

祁武鼻子嗅了嗅，说闻到毛豆炒韭菜的味道，他说有个饭团垫一下肚子就好，就不难受了。正格没有吭声，祁武为了达到目的开始威胁，问正格香精还要不要了。

香精当然是要的，正格很不情愿地从饭锅里掏出一团饭放碗里，用筷子叉了一簇菜放上面，韭菜里的毛豆差不多都掉回到盘子里，这个过程祁武一直眼睛眨都不眨地盯着。

冷饭就着韭菜炒毛豆挺好吃的，祁武吃得很香，菜没有的时候，饭还有一半，他要正格再给他倒一点菜的卤子，正格将盘子端到他面前时，他抢过去自己倒了，倒得盘子里的卤子一滴不剩。

看祁武吃得这么香，轮到正格肚子里难受了，他用开水过了一下面条，想去掉里面的甜味，过了两遍水都没有成功，还是甜不拉叽的。趁祁武不在意时他出去倒掉，倒在天井的阴沟里。

回头进屋，正格发现祁武将橱柜里放着的韭菜炒毛豆拿出来吃光了。他说了声："不得了！老王晚上回来没吃的了。"

祁武说："教你，要吃就把它全偷吃了。反正这么回事，就一顿打。"

正格端起灶台边上的钢精锅，觉得轻，晃了一下，里面已经没有什么东西，他揭开锅盖举起锅咕嘟咕嘟地喝光了汤，吃所剩不多的几块冬瓜时，惊喜地发现里面还有一片五花的咸肉片，这一块肉他用筷子夹起来在祁武面前亮了亮，吃得有滋有味。祁武将头扭了过去，坚定地不去看他。

正格给炉子换上一块新煤，做面条用了半块蜂窝煤，不能被妈妈晚上回来发现。他每天有一个任务，在快下班的时候打开炉门，待妈妈回来的时候炉火正旺，正好做饭。他做这些的时候，祁武仍然对那片咸肉不服，说明天要他妈妈做梅干菜烧肉。他还咽了一下口水。

妈妈下班一回来，正格就对她说吃过东西了，他强调肚子今天特别饿，也不是中午没有吃饱，就是饿。妈妈没有说什么，赶紧去淘米和洗了两个裹着泥的咸鸭蛋。粥煮得快好的时候，她将饭锅里的一小团饭放粥锅里用铲子搅和了好一阵子。

老王回来吃晚饭时，一坐到桌子面前就发现了问题，他特别讨厌吃粥，说胃会泛一夜的酸水。

正格妈妈说中午并没有少煮饭，只是正格放学回来肚子饿吃了小顿。老王"哦"了一声，狐疑地望着正格说："天热了，是不是下河洗澡了？我知道从河里爬上来肚子会很饿的。"

正格摇了一下头，老王一直在打量他的神情，消除了怀疑后警告："你要是腿痒往河堤上去，再敢下水洗澡，我就打断你的腿。我们家宁愿养一个残废，也不能让你把小命送在河里。"说话间他还站起来将家里的一根很粗的棍子戗到门后面。

坐回到桌上来，老王又变得和颜悦色起来，说正格是长身体了，要正格妈妈从明天起多煮一点饭，隔天要炒一回肉丝，或者煮条鱼。

吃饭的时候，低着头的正格打定一个主意，明天一定要上一趟河堤，或者下一次水。下水是游泳，不是洗澡。你老王不要想威胁我，我偏要去。他又想起狼狗赛猫，他很清楚地记得老王牵它出去的时刻，老王腋下夹着一条麻袋，说是到河边找一块石头放麻袋里，然后将赛猫灌进去扎紧了袋口扔河里。狗通人性，它一定知道要发生什么，一定很难受。它被牵着出门时是赖着屁股的，始终回头看着正格，嘴里呜咽着……

2

进教室见到祁武脸上带着五条黄瓜印，知道他又被他老子收拾了。

祁武脸皮很厚，笑着说脸上落下的是紫的，该叫五条茄子才对。问题出在裤子上，没有干，被老子发现了。

祁武说他真是冤，穿田径裤游泳的没被发现，倒让跑马的长裤子暴露了。正格问他跑马是什么意思，祁武坏笑着，说他请教了哥哥祁文，祁文知道是怎么回事，他和几个一起做杂工的在传阅《少女之心》。

《少女之心》是什么书？正格问祁武。

祁武不耐烦了，只说是手抄本，还要正格不要对别人说这件事。

下午放学的时候，正格问祁武今天还敢不敢到运河里去游泳，祁武学样板戏《红色娘子军》里的吴清华说："打不死的吴清华我还活在人间。"

正格说他也要去，祁武有点不敢相信地问："你这个怕死鬼，真有这个胆子了？"正格说："我又不是没下过水。"祁武摇摇头说："我知道你是狗刨式，也就是在河边上扒河底的角色。"

他们将书包寄放到学校附近的小烟酒店里，往河堤上走的时候，正格兴冲冲地走得很快，这样的日子已经好几年没有了。不能下水游泳的夏天，在那些烈日当头、蝉鸣鼓噪的午后，他只能想着水里的情景，想到哥哥正翔留下的笔记本里写的：

"我站在码头的台阶上，把自己当成一片打水漂的瓦片，用力投射向河里。到河里以后我会潜水，扎深一点让身体浮起来。这是一个很享受的过程，沉浮之间，耳鼓里听到心跳：怦、怦、怦……声音特别强大而且有节奏。扑腾一阵子后，翻过身来仰泳，脸上的水滚漾开去，亮晃晃的天空变得湛蓝，一团像自己身体一样轻飘飘地摇摆的云朵。镇国寺塔就在不远的河心岛上，方形的塔顶经常显出一张脸，憨笑着盯在河面上……"

老王和妈妈并不知道正格手上有这么一本正翔留下的笔记，这本笔记除了这段话以外并没有写其他的东西。过一阵子正格都要翻出来看看，笔记本已经有一股霉味。他一直想往上面写点什么，觉得空着可惜。

上了河堤，祁武要往北走，说不去御码头，到梁逸湾。他怕他老子到御码头来抓他。

在河堤上走着时，正格总瞄着河里，他有点紧张。

这是大运河苏北的•-段，河面宽有一百多米，水看不出在流动，只有在水里才能够感受到。水总是往北流的，徐徐缓缓。有逆流而上的轮船懒洋洋地拖着长龙一样的铁驳子，到梁逸湾这个湾子，注定要减速和摇头摆尾。这时是爬铁驳子的最好时机，河里游着的孩子会趁船主不备时跃身上船，上了船以后船主一般就不再对他们怎么样。

正格以前只在御码头那里游过，他只能在河边扒河底打滂滂[1]，吃劲地抬起头也游个两三米。他一次也没有爬过铁驳子，爬铁驳子据说很爽，可以坐船逆流而上到很远的地方，然后在船上跳水，毫不费劲地顺水漂回来。祁武说要能游过河才能爬铁驳子。他胆大，只要能游到河中间时他就敢去爬，要是爬不上去是游不到对岸也游不回头的。在爬上船之前还要滤一阵子，寻找上船的抓手。祁武胆大，他老子骂他骚胆，一定还不知道他胆大到这种程度。那次他要是抓不住船或许就送命了。现在，祁武说他能轻飘飘地游大运河三个来回，脚不沾地的那种，一口气不歇。

祁武大正格一岁，个头比正格高一点，胖乎乎的，眯着双小眼，走路时手掌心朝后，一甩一甩的。正格只要走在他后面就忍不住要笑，而他总是不明就里地问正格笑什么，正格自然不会说原因。祁武是个留级生，他交的每一本作业都被他撕了好几页，老师说看到祁武的作业本就想让他永远留级下去。祁武不怕留级，他老子说再留级就不让他上学了，不上学等于罚人吃肉，祁武说他就等着这天到来。

到了梁逸湾，正格看到人很多，大多是泡在靠岸的地方，露出半边身子，只有稀稀落落的人在河中央游，看到他们的头漂浮在水面上。正格知道在河中央游的人会不时地回头看看，看什么呢？看他们放在石头护坡上的衣服，怕被人家抱走。

---

1 江苏方言，意为划水。

梁逸湾这里没有码头，堤坡上栽的紫穗槐灌木被人弄出了一个很大的豁口，祁武在离这个豁口还有一大截的地方钻到了灌木丛里，他让正格在外面等着他。

正格不知道祁武进去干什么，等他的这段时间里觉得脚底下的柏油路面滚烫，他只得站到路边有草皮的地方。祁武磨磨蹭蹭地好一会儿才出来，见正格站在挨灌木丛近的地方，问正格是不是偷看了。正格摇摇头……他又闻到了昨天祁武身上有过的那股怪怪的青草味。

下到石护坡上，看到脚下有一摊一摊的衣服，正格看到这些衣服总有些为河里游泳的人担心。而祁武东张西望的，说前两次来这里时都看到了苏晴，她在护坡的石块上玩跳格子。她不是来玩的，是找偷着下河游泳的哥哥。她不在水里找，只找她哥哥衣服，海魂衫和长裤打结成一团的衣服，她看到了就抱回家。说到这里祁武咧开嘴笑了，幸灾乐祸的那种笑。苏晴的哥哥和他同过学，见到他就唱："留级生，吃花生，看到老师，头一吭；见到校长，不吱声。留级生不是人，夹着书包去哭坟……"

祁武衣服脱得很快，见正格愣站着有点奇怪，"你不脱，你不下水？"正格摇摇头说："今天只看看。下回再说。"

祁武骂正格胆小怕死鬼，让正格替他好好看着衣服。

正格冲着下到水里的祁武后背说："你屁股真大。"祁武像是没有听到，肥厚的身子灵活地向前一跃，头闷在水里一番迎风破浪的自由泳，到七八丈远的地方回过头来踩水。

祁武的目光在岸上逡巡，在找什么人。正格还没有长那样的心眼，想不到他是在找女同学苏晴。

正格蹲在石护坡上望着波光粼粼的河面，想有一个救生圈，哪怕是充了气的车胎也行，能套着那样的东西就可以游过大运河。他非常想到河对岸去看看，据说那边还有一个很大的湖泊，有很多的渔民在捕鱼捞虾。

他又想到了赛猫，觉得有条棕黄色的麻袋漂浮在水面上。他也想过，老王将麻袋扔到河里就沉了，因为麻袋里压了一块石头。他不甘心这样的情况发生，觉得赛猫一定会挣扎的，赛猫的力气很大，都能够挣脱老王锁它的铁链子跑出去。

他也不承认自己怕死，哥哥正翔的尸体从河里捞起来以后，头泡得很大，脸肿大煞白，吓人得很，他不怕，偷偷地上去摸了摸哥哥的脸。家里人都为正翔的死哭，而他没有。

正格一阵走神以后目光再回到祁武衣服上时，见到一双青筋暴起的腿戳在那里，再往上看，灰色的大裤衩，油津津的圆领衫，一段粗脖子和一张涨得通红的胖脸。

不好！是祁武老子摸到梁逸湾来了，祁武的衣服很显眼，是短袖白衬衫和日本尿素袋子染黑了做的长裤。

祁武的老子在肉联厂，是个杀猪的，他一只手撑在腰杆上，一只手用棍子指着河里，想必已经用眼睛捉住河里的祁武了。他不要下河，蹲在祁武的衣服边上守株待兔。

正格想上去抢祁武的衣服，估计得手是有可能的，但在堤坡上跑不起来，很难得逞。他也怵祁武老子手上那根棍子。祁武说只要他老子手上有根棍子他就无处可逃，棍子像长了眼睛，要打他那里就打那里，他老子是成天在猪身上练出的这手绝活。

祁武往岸上游的时候和下水的时候判若两人，双臂有气无力地划着，湿漉漉地爬上岸后，出人意料地扑向正格，他对正格咆哮："我要你看着我衣服的……"

正格懵住了，祁武老子也吃惊，赶紧上来分开打成一团的两人。混乱之中祁武抢了他老子的棍子，一下子就扔到了河里面。

待祁武老子明白过来，捏紧指头做了个生姜拐[1]，狠敲在祁武的头上。祁武惨叫一声，眼看着头上起了一个鸽子蛋那么大的包，他没有冲他老

1　江苏方言。指把手指弯曲起来敲打别人。

子要态度，却向正格翻眼龇牙。

正格愣怔着站在那里，回想刚才祁武扑向他也只是抱他，并没有打他，而他当时竭力想揪住滑不溜秋的祁武什么地方，最后揪下了他一小撮头发，现在还在手里面。

苏晴这时候不知道从什么地方冒了出来，踮着脚轻轻走过来，咯咯笑个不停。正格承认苏晴平时笑得很好听，但这时候觉得很刺耳。

祁武的头马上昂了起来，显出若无其事的样子。祁武老子不准祁武穿衣服，命令他抱起衣服跟他走。祁武老子认出了正格，手指着说："你……"他好像气得说不出话来，搡了祁武一把才气顺了，才说出要说的，"你们不要命了，想沉河底子等滚钩捞了……"

祁武老子边走边数落，说正格的哥哥正翔死在大运河里，毛大头、孙小五、陈煜他们都是，数数一大把了。哪一年大运河里不收人，不送几条小命进去？溺死会水的，本事大的也逃不过，他举了许佳武的例子，说许佳武是个退休海员，太平洋里都游过，还不是送命在小小的运河里？

祁武老子说到小小的运河时口气很是鄙夷，好像大运河是一条阴沟似的。正格插嘴说："许佳武老了，许佳武那么瘦，没有力气了。许佳武是喝了酒下河游泳的，许佳武说过他是死在水里的命。"

"啧啧……你倒是比祁武会说，还敢和我顶……"祁武老子站下来面对着正格，好像要一口将他吃掉的样子。他要过来揪正格的耳朵，正格跳着躲开去。正格知道他只是威胁，奈何不了他，不好打他，便说："你也喝酒，你要小心点……"

"我老子喝酒跟你没关系，你不要说我老子。"祁武极为不满地指责正格。

这让正格很是困惑，祁武曾经说他被老子打了以后，就在老子喝酒的时候劝他抽烟，将火柴递到他的面前。他认为老子一斤酒灌肚子里，只要挨着点烟的火，喉咙就会烧起来。他做过试验，粮食白酒倒在桌子上，点火就能烧出蓝幽幽的火。

祁武老子指着正格说，下河的事没完，等一会儿要带着正格去会会老王，意思是要上门告状。

祁武向正格使了一个眼色，意思是要他赶紧开溜。

正格想溜得体面一点，就蹲下来装系鞋带，祁武老子并不理会他，继续推着祁武走。看和他们拉下一段，正格转身拔腿就跑。这一跑起来就是学校里六十米赛跑的速度。

跑了一阵子停下来，他弯下腰大口大口地喘气，有要吐的感觉。以后他慢慢地走着，甚至没有回头看。小腿肚一下子就酸胀起来，肚子也陡然感到饿，就想要是那碗放了糖的面条在面前，也会大口地吃下去。

天渐渐地黑了，正格慢吞吞地走，还不想回家。老王给他定过制度，河堤是坚决不允许上的，犯规的结果肯定是一顿饱揍，揪耳朵，打后脑勺，或者腿上挨几脚踢。揪耳朵特别疼，火烧麻辣的感觉半天也退不了，不像踢到腿上只疼一下。要不是祁武老子抓到祁武，老王是发现不了他跑到河堤上来的。他就是想违拗一下老王，想和他较一下劲。谁叫他口口声声威吓人，祁武老子一定会去告状，老王也一定因此对他动手。不想被祁武老子参观他挨打，那样很丑。

迎面缓慢地走过来一个二十一二岁的男青年，他也低着头走路，像在想事情。正格很好奇他黝黑脸上架的那副黄框子眼镜，镜片有瓶底那么厚，镜架上绑着橡皮膏。正格平时背地里称这样的人四眼，张四眼、赵四眼、李四眼……

无名四眼走到正格面前时站了下来，上上下下打量他一番后问："你姓王吧？"

正格下意识地"嗯"了一声，转而想不对，想不承认自己姓王。他对四眼说："我不认得你！"像遇到坏人一样，他赶紧转身跑了开去。

四眼冲正格背后说："我认识你，你就是姓王，你家住在福慧庵巷里……"

正格到学校附近的小烟酒店取书包的时候，店主周扒皮在吃饭，他放下手上的饭碗说：“我不晓得你们是放了书包到运河里去洗澡，早知道怎么也不会让你们放。”

他说那会儿祁武老子押着祁武来，拿起书包就砸在祁武头上，祁武也不躲闪，铁头，像什么事情也没有。周扒皮摇头晃脑地说头不能打，小孩子的头越打越笨，他也知道祁武是留级生，说祁武一定是被打的次数多了。

周扒皮端起粥碗吸溜了一口，用筷子夹了一块大头菜到嘴里，嘎嘣嘎嘣地嚼了两下。正格的肚子里马上跟着咕噜噜叫起来，胃开始一阵子难受。转身走的时候，周扒皮告诉他小店里开始卖冷饮了，有棒冰和酸梅汤，比冷饮店里的要好吃和便宜。正格才不相信呢，周扒皮一块香橡皮都要比别的地方贵两分钱，还吹是从上海进的。

不过周扒皮这么一说倒是让正格想到了香精的事，就怕这么一来没指望了。他垂头丧气地走在街上，很多人都盯着他看一眼，因为他背着书包。谁都会猜他是不是闯了祸不敢回家。

他还是不知不觉地走到了家门口，抬起脚往门槛里跨之前他有侥幸想法，老王不在家就好了，老王要是到单位去查岗就好了。收原料的季节里，老王早上上班也早，到第二天中午他最好又忙昏了头，不记得追究了。

没有那样的好事，老王坐在堂屋里，见到正格二话不说就拉他过去，不是打他，是将他田径裤头的松紧带翻出来摸了一把，见是干的就又在他手臂上用指甲划了两道，没有发现泛白的水垢斑后才排除了正格去游泳的嫌疑。

老王问正格到什么地方去了，怎么到这个时候才回来。

正格不吭气，什么话也不说。他奇怪老王怎么没有提到他的罪状，祁武老子难道没有来家里告状。

老王见正格不说话，有点恼，像是要动手。妈妈过来拉正格到边上，问他到什么地方去了，要他说老实话。

正格轻声说，他是到河堤上转了转，想赛猫了。妈妈听他这么一说，神情马上黯淡下来，到老王面前要他不要问了，说正格并没有下水去洗澡。

老王放了正格一马，让他赶紧去医饭。医饭是句骂人的话，是把饭当药吃的意思。正格不管这些，他看到有一大碗蛋炒饭在桌上，还有半盘子韭菜炒面筋。他拉过碗来狼吞虎咽地开吃，老王倒也没有像往常那样骂他的吃相不好，坐在桌边看着他吃，说能吃是好事情，长身体了。站在一边的妈妈见正格面前的盘子空了，碗见底了，问他够不够。正格说不够，还要吃。老王说，真是长身体了，都老鸭嗓子了。他还笑了笑，正格不知道他是什么意思。

妈妈很快下了一碗挂面过来，端到正格面前的时候，他已经觉得饱了，看到老王那种奇怪地打量他的表情，他埋下头将面条三叉四叉就拖下了肚。

吃完饭正格知趣地去洗澡，天井里有大半桶太阳底下晒的水，夏天里每天他用这样的水洗澡。

正格觉得自己的力气大了起来，过去提白铁皮水桶跌跌撞撞的，现在稳稳当当的。

他把椭圆形的木澡盆用一块砖头搁起一头，将脸盆放在低的一头，倒进脸盆水直到溢出来一些。今年和去年的变化是他坐到澡盆以后腿放不下了，得伸到澡盆外面去，而这样很容易将地板弄得水淋淋的。

关上门坐到澡盆里，刚从脸盆里捞出毛巾，外面老王就来叫开门。正格不想开门，就说马上洗好了。老王像是等不及，弄什么东西在门外挑门扣。

门被打开，老王跑了进来，手上拿着那把挑门扣的不锈钢直尺，他进来根本不是拿东西的，只盯着澡盆里的正格看。正格将毛巾放在两腿之间，拿起肥皂在干的身子上擦着。老王笑笑，又是那种莫名其妙的笑，他退了出去，给正格掩上门。

正格在睡觉之前潦草地做完了家庭作业，是组词和造句，他觉得太简单了。有一条“以为……但是”，他这样造了：我回家迟了，以为老王会打我，出乎意料，我没有挨打。但是，老王有些莫名其妙的表现。

将一个句子做得很长是水平，老师这么表扬过他几次，在课堂上还念过他造的造句。“莫名其妙”这个成语是刚学的，用上了觉得很妥帖，老王今天就是表现得莫名其妙。

莫名其妙的事情还在接连发生，他在床上刚躺下，老王就跑到房间里来。房间里没有亮灯，影影绰绰地见他一手托着半边西瓜，一手来撩蚊帐。

老王以命令的口气说：“起来吃西瓜！”

正格仍然不想和他说话，只慢哼哼地做了个起身的姿态，见老王在床头柜上放下西瓜转身，他马上重新躺下。

老王转身只走了两步就又转身回来，拉过一张椅子坐到床前。

“你妈妈说你到河堤上去了，你是想赛猫了？”

正格没有回答这个问题，所以连“嗯”一声也没有。

老王说：“你不是想赛猫，是想你哥哥了，你不说我也知道的。”

正格沉默了，一会儿说：“我就是想赛猫了，我没有想哥哥。”

老王说：“你瞎说，你就是想你哥哥了。我不相信你不想……”

正格急了，说就是没有。“他那时候根本不带我玩……我一点也不想他……”鼻子一酸，他竟呜呜地哭起来。

老王无奈地摊摊手说：“臭小子，没本事的人才为为难的事情哭。你哥哥正翔是不会这样的。譬如，他要养狗，我不同意，他敢和我吵，吵到我同意。这就是胆子，你没有胆子。你怕我，怕到不敢和我说话。”

正格一听老王这么说，厉声喊道：“我没有，我没有怕你！”

老王说：“好，好，好！你没有怕我才好，我不希望你怕我怕到像见到阎王似的。为这个你妈妈还和我吵。”

老王说完起身要走，正格呜咽着说：“你拿走你的西瓜，我今天不想吃。我以后吃西瓜要像你一样，吃半个！吃鸭蛋也不要和妈妈分一个……”

老王嘿嘿一笑说：“说来说去，心思还是在吃上。等你长大了，吃西瓜不是半个，是一整个；吃鸭蛋不是半只，是五只、六只，我一顿吃过二十只。”

3

上午上学的路上正格见到祁武，他在正格面前表功，说是他坚决不允许老子到正格家告状的，要是老子去的话，就揭发他偷单位东西的事。他老子在肉联厂，将大肠当腰带一样系着偷回家，高帮的橡胶靴里也经常放一两段猪里脊和三四个猪腰子。祁武说他老子不相信他有这个胆。

祁武一点也没有责怪正格昨天在河堤上没看管好他衣服，也没有提正格撸了他一把头发，倒是一副讨好的神情，央求正格在苏晴面前说明一下。说明什么呢？说明他老子并不敢打他，只是在他面前比画一下。

正格看到祁武有求于他，便问香精什么时候能给他，祁武说下午就可以，已经放在家里了。正格于是同意了去苏晴那里去说。

两堂课的课间正格都没有找到和苏晴说话的机会，他有点急了。苏晴总是在和几个女同学跳橡皮筋，他只能隔得远远地看着她。苏晴跳橡皮筋时也很好看，两个羊角辫跟着跳跃的身体摆动着。班上的男同学好像都喜欢苏晴，每次排座位时都希望和苏晴排到一起。祁武也痴心梦想过，在分座位排队时弯下膝盖，没用的，班上男生他个子最高，最后还是和班长坐了。班长李芸上学晚，老师每学期给她免一块钱学费。李芸坐在教室的后面像个家长，老师居然还培养这样的人做班长，真是让人想不通。

正格要趁没有同学在场的时候和苏晴说一下，被别人看到他找苏晴说话会被笑话的。正格最后是等在女厕所不远的地方才有了这个机会。但上课铃已经响了，苏晴急匆匆地要进教室。

正格对她说："喂，你知道吗，祁武的老子其实不敢打祁武。"

苏晴不满地说："喂是谁啊，是指我？"

正格看到她的指头在鼻子上，他有点心虚地说："是的呀！"

苏晴说："我知道是祁武要你说的，我看到他被打了。我哥哥也搞这一套，不吹牛要死吗？"

正格见苏晴都走到教室门口了，怕她说到教室里去，那样洋相就出大了。好在她没有继续说下去。

中午放学路上祁武反复问正格怎么和苏晴说的，他甚至要正格说出苏晴当时的表情。正格只说苏晴听了以后点点头，再问也只是说她很相信地点了点头。

祁武一块大石头从心里放下来的样子，跳跃着跑几步，抬手然后一个飞踢。

下午他将香精带给了正格，给之前他要正格回答一个问题，身上什么地方感到特别胀。

正格并不在意祁武说的，他的兴奋点在到手的香精上。眼药水瓶子装的香精只有半瓶，祁武说做一碗八宝饭只要两滴就够了。正格进教室以后马上知道了香精短少的原因，祁武在苏晴的桌子上挤了不少。下午整个教室里弥漫着浓烈的香精味道，教美术的周老师进教室以后鼻子嗅了嗅，没有说什么。

放学后正格躲开祁武，回家放下书包，将香精瓶子找一个地方藏好，嗅了嗅，确定不会被家里人闻到。他写了一张纸条压在桌上，说他到街上去学雷锋做好事去，老师布置了写做好人好事的作文。

正格确实做了好事，他在到梁逸湾的路上帮了一个拉板车的，在后面卖劲地推了很远，以致他到河堤上时都大口大口地喘气。

下到堤坡，他看到昨天晚上见过的那个四眼。他手上夹着一根烟，并不去抽它，只是不时地弹一下烟灰。

正格还是蹲在那里看人家游泳，他的心里是在犹豫能不能下水。

四眼往正格这里跑了过来，到他面前也蹲下，问正格怎么不下去，是不会游，还是不敢下去。

正格说："不关你的事。"说着他脱掉了衬衫并解开了长裤。

下水时正格知道四眼在看着他，他屁股坐在石头护坡上，一点点地往下挪。石头上有滑腻的青苔，水下面的石头也乱七八糟的，一脚深一脚浅，不小心就磕了膝盖崴了脚。这样的苦不吃过是不知道的。

四眼说："你经常下水啊，知道小心。"

正格不想被四眼夸，被人盯着很不自在。水到胸口时他身子往前一跃游了起来。

"你怎么游狗刨？"

身后四眼的声音很大，正格不敢回应他，本来这种姿势就很丢人，被他这么一吆喝，别人会都盯着他，没准苏晴也会听到。狗刨式一定不是个好泳姿，他挺着的脖子有点酸，也不敢再往前游，刨了两下他转过身子。

四眼笑眯眯地盯着他，用手臂做了一个蛙泳动作，说正格应该学一下蛙泳或者自由泳。正格不理他，游到岸边以为能够站住脚的地方站下来，哪知道水还深，一脚踩了空。他紧张地两脚踩水，喝了口水以后身子立住了，他不停地踩着，惊喜自己竟然学会了踩水，原来竟是这么简单，自然而然地会了。

四眼有点不屑地看着正格，下决心似的脱了衣服，他将眼镜除下来，用背心很仔细地裹好塞在衣服里，伸胳膊踢腿地运动了一下，站到河里撩起水往身上泼了泼。

他问正格，青蛙在水里有没有看过，正格点点头又摇头，他知道四眼是说青蛙在水里怎么游的，他确实想不起来青蛙在水里游是什么样的。

四眼于是教正格怎么像青蛙一样地游，正格照他的样子游了两下，四眼说他蹬腿的姿势还是不对，又示范了一次。正格姿势被调整了还是游不了太远，都没有狗刨式游得远。四眼说主要是紧张，一紧张就会很耗力气，臂力也很重要，要锻炼，会越游越轻松。还有，要胆大。

正格有一阵子盯着四眼，除下眼镜以后他的眼睛好像有点斜。

四眼要正格跟着他游一气，说他会游在前面护着正格。正格相信了他的话，笨手笨脚地跟着他游了起来。使了吃奶的劲游了十来米，回头一看，岸离得远了，他从来没有游过这么远。他慌忙转身，他害怕起来，怕游回去的力气不够。

他往回游两下，四眼追了上来，扯住他的胳膊要他继续往前游。他挣扎着，喝了一大口水，鼻腔里也灌进了水，酸溜溜的，一直难受到眉骨。见他还是要往回游，四眼夹住了他的头，他的手刨了起来，刨得很快，眼前尽是水花。

四眼松开手时正格还往前刨了几下，闪到一边去的四眼踩着水，要正格用蛙泳的姿势往回游。正格非不听他的，依旧用狗刨式，气得四眼要过来抓他到河中央去。

正格怕四眼真的这么做，不敢再刨。改蛙泳游后只几下就觉得胳膊沉得抬不起、分不开。看看岸还离得很远，头也重了，脖子有抬不起来的感觉。

四眼教他没力气就踩水，腿可以像游蛙泳那样蹬，手不动，像抱人那样。

正格没有听四眼的，他想坚决不听他的，偏不像他说的那样。他装作没有一丝力气了，一动也不动，他要让四眼看到他沉下去的样子，他要吓唬一下四眼。

可他并没有能够沉下去，身子是漂浮的，他的耳鼓里听到了“怦、怦、怦”的声音，特别清晰，像正翔笔记里写的那样。他觉得自己放松了下来，手臂不再像铅一样了，脖子也不觉得是硬别扭着。头露出水面，见四眼已经游到了他前面一截，根本不在乎他要沉下去，一副见死也不救的样子。

到最后，他是拼尽了全身力气才游到岸边的，当他踩到一块石头上时，身子疲软，腿站不住，手抬不起来。

四眼在不远处撸着头发上的水，为他的所作所为辩护：“学游泳就得这样，这样才学得快。”

正格气得骂了四眼一句极为恶毒的话：“你家要死人啊！”

四眼的手不再撸头发了，在水里捞来捞去好几下，悻悻地说：“要是你这话在我妈死之前说，我今天不管你是不是小毛爷，都要饱揍你一顿。”

四眼为这句话生气，正格就觉得解气。他还没有恢复体力，踉踉跄跄地上岸，瞄了瞄四眼的衣服还在石护坡上，巴不得他衣服里的眼镜已经被人偷走。他抱上自己的衣服，钻到一处浓密的灌木丛里去换裤子，看看四下里没人，他把田径短裤脱下来搭在树枝上，快速地穿上长裤。上衣他不着急穿，开始拧裤头的水，水先是一下子被拧出很多，然后要用劲才能从指缝里再流出一些。最后要把裤腰的松紧带狠劲地拧，这地方藏水，很难晒干。

上了河堤，四眼已经在上面等他了。他手上拿着一个紫穗槐树枝做的晾衣架子，要过正格手上的裤子，撑在两根树枝做的十字架上，再用另外一根长树枝挑着，像打着一个灯笼。

正格高兴起来，学《白毛女》里面地主黄世仁的狗腿子打着灯笼讨债的样子，很滑稽地蛇行了几步，手还搭起凉棚望着前面。

四眼要正格溜一气，溜就是快跑的意思。“溜出汗来就刮不出水垢，就没白印子了。”

这个窍门正格还真的不知道，他于是打着灯笼溜起来，溜到身上汗津津地停了下来，他回过头看四眼，四眼在他身后并没有多远，他在疾步走着，像是要跟上他。

正格停下来等四眼，他现在觉得四眼并不是十分讨厌和犯嫌[1]，他打

1　江苏方言，意为惹人烦。

量着四眼，他的长裤并不湿，不知道他怎么换裤子的。正格想大人的办法有很多，四眼回去也不会有父母打。刚才他说他妈妈死了，也不知道有没有爸爸。

四眼跑到正格面前站下，他掏他的裤兜，掏出一团皱巴巴的钞票出来理，居然有一张十元的大票子，还有一张五毛和两张一毛的。

四眼说等正格的裤子干了以后带他去冷饮店吃冷饮，正格不相信自己的耳朵。四眼说，是他请客，好好地吃一通。

正格马上将“灯笼”收到面前来摸，裤子才有三成干，就怕还要等上半个小时。

太阳已经矮到了运河西边的树梢下面，快要到傍晚了。四眼好像也着急正格的裤子不干，在动着脑筋。他要正格将裤子穿上身焐，焐到晚上差不多就干了。正格摇头说不行，老王会在松紧带上摸一把，会被他发觉的。

四眼笑了，问正格：“你叫你爸爸老王？”

正格点点头说：“我一直这么叫。”

四眼说：“好，我再教你一招对付老王的办法。你回去一进门就喊热，打一盆水在天井里从头淋到脚，就说老师教的，叫冲凉。”

真是好办法，正格为马上能够去吃冷饮高兴，哪里还去想这方法是不是真行，是不是有不好的后果。他到堤坡下面找个厕所就钻进去穿上了裤子。小厕所很脏，臭得他不敢呼吸，憋得眼睛都发胀。

四眼又交代正格，这个方法是不得已而为之，只能用一次。大人担心的是下河游泳的安全，一定要将游泳的本事学好，那样才好。

去冷饮店的路上，正格跟在四眼后面想和他说些套近乎的话，人家都请他去吃冷饮了，该表示一下友好，只是想不出来说什么好。他也在心里想，四眼到冷饮店里会请他吃什么。会不会花五毛那张票子，要是只花一张一毛的就没有什么意思了，至多每人一根冰棒和一杯酸梅汤。花五毛就可以吃八宝饭了，他忍不住咽了一下口水。

到了冷饮店，四眼要正格找一张桌子坐下，也不问正格想吃什么。

正格坐下来后看到邻桌有一个比他小一些的男孩在吃一坨冰激凌，说一坨是冰激凌是从一把半圆的勺子里打出来的，圆溜溜地趴在盘子里。男孩吃得很香，边上望着他吃的老头一定是他爷爷，男孩吃两下，他爷爷舔一下嘴唇。正格忽然想面前先有一杯酸梅汤，喝一口就不会也像老爷爷那样想舔嘴唇了。

四眼买的冷饮是服务员帮他用白搪瓷盘子搬来的，搬了三次，将桌上摆得满满的，有八宝饭、桂花酒酿、西米羹、赤豆元宵、枣泥年糕、凉粉、冰激凌、奶油冰棒、赤豆冰棒……所有的都是双份。

四眼过来时还一手拿了两瓶汽水，服务员跑来递给他们两把水淋淋的调羹。四眼用嘴咬开一瓶汽水递给正格，又给自己咬了一瓶，将调羹上的水甩了甩说："一个人一份。开吃！"

四眼举起汽水瓶扬起脖子喝了一口，端过酒酿用调羹挖了一大块塞到嘴里，他含混不清地说："我梦想过有这么一天，像这样敞开肚子吃冷饮，但那是我和你哥哥一起吃，而不是和你。"

正格知道了，四眼认识他哥哥。他的注意力不在这种关系上，在考虑是先吃八宝饭还是先吃冰激凌。他打定主意不喝灌饱肚子的汽水，也不吃味道怪怪的酒酿，其他的争取全吃下去。

他还是先吃了日思夜想的八宝饭，用调羹拨了半勺带着青红果脯丝的黏米饭，蘸了一下盘子边上渗出来的糖汁。这一吃他才知道香精原来不是在黏米饭里，而是加在了糖汁里。四眼一定认为酒酿好吃，看他吃的快活样子就知道。正格也忙里偷闲地挑了自己碗里的一小撮酒酿尝了尝。酒酿就是不好吃。

吃完八宝饭后吃冰激凌，冰激凌的第一口味道非常好，非常浓的牛奶和非常甜的糖在里面，还很香，不同于香精的那种香，闻不到，吃得到。到喝下半碗西米羹时，正格觉得肚子已经饱了，他有些恐慌，怕吃不下剩下的那些。他在心里说，不管怎么样，也要将每样都吃一吃。

看四眼又喝汽水时，他决定汽水坚决不喝。四眼似乎看出他的心思，建议他吃不下去的话每样吃一半。他还没有想到放弃，找出借口来说，那样很浪费。四眼说不会浪费，正格知道他的意思，觉得他已经在盯着自己这边的汽水，他的那瓶喝光了。正格还发现一件奇怪的事，四眼的双手有大块花白。

正格问四眼："你的手怎么了？"

四眼抬起没有拿筷子的那只手，翻看手掌的两面说："油漆烧的。我做油漆工。"

正格不再问什么了，想他手掌上烧出这样的斑一定很疼。

剩下枣泥年糕和凉粉时，正格实在吃不动了。不要说像四眼说的那样吃一半下去，就是拨一点点到嘴里也不想。冰棒快融化了，他揭开裹皮，分开牛奶和赤豆，放两个碗里。四眼夸正格蛮会吃的，也学他的样子处理没有吃的冰棒。

正格喝完一个碗里的冰棒汁，端起另外一个碗到嘴边时才宣布自己彻底不吃了。

四眼将正格剩下的一一端到自己面前，风卷残云般地吃了，最后吃完的是酒酿。他站起来时打了一个饱嗝说："酒酿真好吃，以后专门来吃十碗。"

正格被他鼓舞了，拿起桌上四眼喝剩下的半瓶汽水喝了一口说："汽水真好喝，以后我专门来喝十瓶。"

四眼拍拍正格的肩膀，问他是不是吃饱了，吃尽兴了。正格点点头。

出了冷饮店的门，正格突然想吐，肚子里刚吃的东西被一股气顶起来到了嗓子眼，他捂住嘴嘟囔了一声"不好"，赶紧捂住肚子小跑到对面的小巷子里，对着一个墙角吐起来。吃的好像都吐出来了，一摊东西中八宝饭的红绿果脯丝特别醒目。

四眼过来拍着正格的后背，正格转过脸来时泪眼婆娑，他不好意思地替自己解释："眼水是呛出来的，就是那口汽水，不应该喝那口汽水……"他不明白的是，四眼的眼泪也冒了出来。

四眼没有吐，为什么出来眼泪？他吃得比我多，是比我更难受了？正格在心里打着问号。

他看见四眼是哭了，真的在哭，哭出了声，哭得蹲在地上。

他害怕起来，不知道突然发生了什么，他对四眼说：“我要赶紧回家了，迟了要挨打。”四眼哭得好像听不见似的，他赶紧转身走了。

一路上他想出了四眼哭的原因，“他是舍不得。请我吃的都被我吐了，就伤心了，一定是的。”

到家门口天已经黑了，进门没有看到老王的自行车搁在门廊里，正格心里轻松了很多，妈妈不会检查和盘问他，喊了两声热后他脱掉长裤和短袖衬衫，将天井里铅皮桶的水淋到身上就大功告成了。

妈妈在厨房里，看到正格立即就出来了，拎着腌咸菜的坛子。她将坛子横卧在天井中间，过来一把拧住正格的耳朵，将他揪到坛子面前跪上去。正格蒙住了，不知道犯了什么错，妈妈很少和他来这一套，罚跪是她最严厉的惩罚手段，一般都在正格闯了大祸的情况下才用。拧耳朵基本上没有过，而且拧得很重，这让正格很是意外。

对妈妈正格敢撒撒野，他扭着脖子喊：“干什么，干什么？”

“干什么啊？你自己想，你干了什么，想干什么？招认了，画招了，你再起来。你要小心你老子……老王回来那一顿……”

正格捂住耳朵，耳朵火辣辣的。

糟了，她知道我下河游泳了。不可能，她没有抓到我，就没有证据，也没有检查过我的裤子怎么会知道。

她知道我在家里偷吃了。偷吃不是严重的事，那会是什么事呢？

正格的脑筋飞快地转起来，在心里将做过的坏事一一回顾了一下，觉得没有什么。

妈妈过去让他罚跪是跪在门槛上，发现他居然能跪着打瞌睡，就让他改跪坛子，坛子滑，一打瞌睡腿就会磕在地上。

跪了很长的时间，妈妈也没有要正格起来的意思，正格趁她不在意，悄悄地摸了一下田径裤头的松紧带，还湿漉漉的。就想罚跪也是好事，老王回来倒不至于再检查他的裤子。老王单位收麦草以后回来得越来越晚，夜里还要到草库去查岗，怕值班的人睡觉，怕火烧起来发现不了。

正格搁在坛子上的膝盖疼，腰也酸了，见妈妈并不在意他这边，他蹲了下来。蹲下来马上觉得腿麻，他一屁股坐在地上。坐得舒服不敢久坐，还是爬起来蹲着，好在妈妈注意这边时马上跪到坛子上去。

妈妈终于过来了，不是要他起来，而是重重地按了一下他的头说："你是想到大运河去洗澡，去送死，是不是？"

"是游泳，不是洗澡。"

"你还敢回嘴，要游过大运河是你的梦想，是你的雄心壮志，是不是？"

"我没有。"

"你有。我都知道了，你赖不掉的，你是写在作文本子上的。"

"作文是老师要我们写的，一个梦想，我就瞎写了。作文里写的不可能都是真的，祁武说他遇不到要做的好事，就把一个老头推倒了再拉起来。可他只写拉老头起来……"

"这哪是做好事？这哪是好人做的事情？你们连好歹都不分，书读到狗肚子里去了……"

正格不敢再狡辩和回嘴了，妈妈只有在十分生气的时候才骂粗话，骂粗话十有八九会和老王打架。

"你想想你哥哥！想想他是怎么死的？"正格的肩头被重重地搡了一把。

他听到老王自行车的铃声，知道他回来了。他有这么个习惯，喜欢进门时揿一下车铃。

"哐当"一声是老王架自行车的声音，他人还没有走到面前就有一股浓烈的汗馊味窜过来。正格不敢回头，将身板挺直。

老王拿出条毛巾到自来水池洗脸，正格有些怵，他怕老王手里有湿乎乎的毛巾，那家伙抽过来比巴掌还厉害。

老王用毛巾在脸上擦的时候让正格起来，他对正格妈妈说：“昨夜里草库有了一次火警。”

正格妈妈马上紧张起来，问烧得怎么样。老王舒了一口气说：“发现得早，马上就扑了，居然是那个家伙发现的。”

“啊？”妈妈惊讶的一声。

“我今天带它到熏烧摊上买了一块猪头肉给它吃，吃完了我踢它屁股一脚，要它滚回去。它呜呜地，不情愿呢，要跟我回来。”

正格妈妈叹了一口气，指着正格说：“他闯死呢，要想游过大运河。”

老王说：“今天先不说这个。”转过来对正格说：“我不打你，你想想，什么事情能做，什么事情不能做。明天写个检讨书给我，觉得没有可检讨的，就写个看法给我。”

正格“嗯”了一声，老王不满意，要他大声一点。正格大着嗓门喊了声：“是！”

老王说：“这应该是对你非常客气的了。”

正格的检讨书当天晚上就写好了，他就当作是写一篇作文，做了几个很长的造句。但他没有立即交给老王，到第二天的中午也没有。他希望老王这几天在单位忙昏头，想不起来有这么件事。

4

天气十分闷热，教室里的门窗全部敞开着，这就让操场上上体育课的喧闹声经久不息地传进来。正格在课堂上心里痒痒的，盼着早点放学，盼着能够早点到河堤上去，他想去游泳，去操练一番。他也希望能再次见到四眼，他有些担心，四眼为什么就哭了，还哭得那么伤心。就怕四眼要面子，不好意思再见到他。

好不容易挨到放学，路上祁武拦住正格，要正格和他一起去河堤上。正格没有告诉祁武，他往家走是为了放下书包去游泳。祁武还以为正格不想去，诱惑正格哪一天带他去食品厂看做冰棒，甚至还关心了一下八宝饭做得怎么样。正格知道祁武的目的，是要他坐到堤坡上看衣服。

正格说他对八宝饭已经没兴趣，昨天在冷饮店里将各式各样都吃了一通，八宝饭还真不是最好吃的。

祁武不相信，怎么可能呢，这牛吹得也太大了。正格说，是他哥哥的一个朋友请的，祁武这才有点相信。

“你知道李芸做了一件什么事情？”祁武问正格。

正格说：“她做那么多的事情，我怎么知道是哪一桩？再说她是跟你坐的，你们上课经常偷偷地讲话。”

“她告诉你妈妈你作文里写的事情了。让她姐姐上班的时候告诉你妈妈的。”

“告诉就告诉，有什么了不起的，我反正也没有挨打。”

正格说完这句话见已经走到了巷子里，他猛跑起来，他要撇下祁武，祁武在曲里拐弯的巷子里跑不快。跑了一阵子回头，见祁武果然被甩掉。

正格到河堤上后，下到堤坡上四下里瞭望，没有他不想见的祁武，也没有他想见的四眼，这让他高兴之余又很失望。

他下水游了一下，蛙泳的姿势已经能够游得顺手顺脚，也不那么吃劲了，但还是不敢游远。

四眼在堤坡出现时像正格一样瞭望了一番，他是在找正格，他的肩上斜挎着一条黑色的、充了气的汽车内胎。正格看到四眼便踩着水挥手，激动之中猛喝了一口河水。

四眼见到正格后跑到他的近处，将车胎从肩膀上解下来抛向他。正格见黑黑的车胎飞过来，头一偏，砰的一声车胎落在他边上。他一伸手捞住，压住车胎仰面躺上去。车胎是卡车的，正格小小的身体像躺在船上。

他晃动着身子漾起水面，很是惬意。

四眼衣服脱得飞快，下到河里来立即就将正格掀到水里，他搂着车胎说：“过大运河去！”

正格以为耳朵听错了，直到四眼再说了一句：“你往对面游！”

正格不动，盯着四眼的车胎，他想抱着这个东西游过去还差不多。四眼说：“游不动我再给你。”

见正格还在犹豫，四眼有些不耐烦地说：“随你便，你不游我就不和你玩了。”

这句话很起作用，正格寻到水浅的地方稍微歇了一下后往对面游。他游了没多远回了一下头，看四眼有没有跟上。

四眼优哉游哉地跟在后面，他说：“你哥哥游得非常好，当初是他教我的，把我往深水里拉，带我过大运河，当时我也怕死了，呛了好几口……水。”

正格不搭腔，说话要力气。离河中间还有一大截，他已经感到身子重、手抬不起来了。四眼让他放松，可以踩水，可以仰泳。

离岸越远，水流越急，正格这才知道，他要游的不会是他目测过的直线距离，要长得多。他瞄了一眼四眼抱着的车胎，心里还是踏实的。

他游得很慢，动作很吃力，颈项很酸。差不多到河中央的时候，他觉得手臂划不起来、腿蹬不动了。

四眼说：“你踩水歇会儿，你仰泳歇会儿……”

正格不会仰泳，他只得立起身子踩了几下水。四眼让他放松，手脚不动屏住气，会游水的人这样是沉不下去的。正格照他说的做了，果然是的，身子漂浮在水面上。

又有了些力气，正格开始往前游。对岸越来越近，他想游快一些，这样他很快就又没有了力气。他照先前的办法让身子在水里放松下来，可再游起来的时候还是没有力气。他回过头来向身后的四眼游去，他要去抓那只能够托起他的车胎。

四眼见他这样，不仅没有将车胎推给他，反而奋力将车胎抛到了前面有三四米的地方。正格要拿这个车胎就得转过身来，他不得已又往对岸游，岂料四眼速度比他快，三划两划地就抢在了他前面，车胎变成他鼻尖上的一块糖，看到吃不到，他嘴里还倒灌了一口水，鼻子酸溜溜的。

四眼游在正格的前面，正格断了抱车胎的念头拼了全身的力气去游，他不再去盯着似乎还很遥远的岸上，只看着四眼。

好了，游在他前面的四眼停了下来。他撸了一把脸上的水，变形的眼睛翻了一下说："不是游过来了?！"

正格一看岸边，真的已经近在眼前，只有七八步远了。见已经挨着四眼，他马上停下来想站住身子，可脚底下却是空的。这回他没有慌张，闭上眼睛再游，直到手碰到了护坡的石头。

抓住粗硬的护坡石头，正格转了一下身子，软软地瘫在水里的护坡上，大口地喘着气。岸边的河水温温的，让身上的每一处毛孔都张开了。

抬头他看到天很蓝，只有一两个独来独往的跟斗云在飘着。低下头，他贴着水面望到对岸，人头攒动的对岸显得很遥远，偏离了七八十米。

他猛然从水里站了起来，拼命向对面招手，他看到了她，穿着柠檬黄连衣裙的苏晴。他希望苏晴能够看到他，看见他是在大运河的对面，知道他是游过来的。

苏晴显然没有看见他，目光一定只在堤坡上的衣服堆里，她要找到她哥哥的衣服。

正格有些失望，甚至是沮丧。他扭过头去看四眼，四眼在折一根细细的树枝，用这个树枝在捣鼓车胎的气门。

"上来吧！我们往上游走，然后游回去。"

正格顺从地爬上岸，他的裤头汩汩地往下淌水，流到脚面上痒酥酥的。撸了几把裤子上的水，拉了拉松紧带，他走在四眼前面，挑平整一点的石头下脚，在斜的堤坡上慢慢地往南走。

走到与对岸下水的地方正对着时，正格的脚步慢了下来，四眼在身后说，这才算一小半，要跑远一些。又走了很远一截，脚被石头硌得很疼，还是被太阳晒得滚烫的石头。正格站下来，脚掌弓起来站在那里不动身，一步也不想走了。

四眼无奈地说：“下水吧，你要冲着这里的对岸游，不要朝着放衣服的地方，那样的话会游到八丈远的下游去。”

正格学四眼下水时的样子做了一下扩胸运动，胳膊和腿都酸溜溜的、胀胀的。瞄了四眼挎着的车胎，他大吃一惊，车胎不是鼓鼓的了，瘪塌塌地趴在四眼的肩上，看到气门上插着的一截小树枝，知道是四眼故意放掉了气。

正格的腿和胳膊越发地沉重起来，他都不愿意再下到水里去。

四眼说：“你不是已经游过来了？游过来和游过去是一回事。”

正格说：“才不一样呢，你这么坏，总是找苦给我吃，我都没劲了……”

“我不是找苦给你吃，我这是在教你游泳，这样学得快一点。你哥哥就是这么教我的。你看我，现在游得多好。”四眼说。

“我哥哥游得不好，要是游得好也不至于死在河里……”正格带着哭腔。

“你不知道情况，你哥哥的情况你不知道……”四眼也急了，有点嘴打锣舌打鼓。他带着歉疚的又要解释什么的表情看着正格，“我就是要你相信，你能够游过去，没有救生圈，没有我，你一样行。没关系的……”

四眼下到水里，说：“你这么大个人，我夹着也能带你过河，没有车胎怕什么呢？”

正格看他这个模样笑了，他笑四眼斜挎着一条瘪塌塌的车胎的样子，很是滑稽。

他只有相信四眼说的。有什么办法呢？

游回去的过程可谓顺风顺水，正格听了四眼的话，不看对岸，只看自己面前。游到中间，过一半的时候，他看到下游有一艘拖轮开过来。

四眼见他一直盯着拖轮，便说：“远着呢，到面前时我们已经上岸了……我们上岸后带你去吃擦酥烧饼或者下饺子……”

正格一听要带他去吃，来劲了，游得更有精神，他的动作比前两天协调多了，也就省劲些。

游到岸边后正格很奇怪，竟然不像游过去时那样疲乏无力。

上岸后他急吼吼地到灌木丛里脱裤子挤水，四眼也跟着他，这就让他知道四眼是怎么换裤子的，他原来在裤子口袋里还塞着一条换的裤子，他的裤子很小，是尼龙的，一挤就干了。四眼帮正格挤了一把裤子上的水，他力气大，正格感觉经他挤了的裤子再焐在身上不一会儿就会干了，不需要再折树枝打灯笼晒。

从河堤上下来时四眼问正格，认识不认识祁杀猪新住的地方。

祁杀猪就是祁武老子，正格怎么可能不认识祁武家呢？正格告诉四眼，他不仅认识祁杀猪的家，还知道他下午四点钟下班以后在什么地方。他在酱醋厂和肉联厂相连的那个巷子里，在窨井里捞鸭毛。四眼说，那就不去祁家，要正格带他到祁杀猪捞鸭毛的地方。

路上四眼买了两个香喷喷的擦酥烧饼，并没有立即吃起来，而是跑到熏烧店里再买了五毛钱的卤猪头肉夹上。夹了肉的烧饼，正格和四眼一人一只。四眼吃得很猛，一嘴咬了烧饼一个大缺口，说真香。

“交代你一件事，特别重要。你肚子过空和过饱的情况下都不要到河里去游泳。那样很危险！”

正格点点头，他没有嘴说话，要吃手中的饼。他也有些着急，还要带四眼去找祁武老子，天都快要黑了。

从北门菜场边上的一条小巷上一座坦坡，再右拐就到了拥军巷，祁杀猪果然在那里，他掀开窨井的盖子，下水道里被他装了一面拦网，他用一个渔网做的大勺子挖上来下水道里的鸭毛。

四眼见到祁杀猪几乎是冲了过去，令正格想不到的是，四眼抄起祁杀猪放身边的棍子，那根赶猪的磨得水光油滑的实木棍子，他没头没脸地抽向祁杀猪。

祁杀猪立马像赶去宰的猪一样哀号起来，四眼手上的棍子一点也没有犹豫，死劲又抽了好几下。

四眼用棍子指着祁杀猪说：“我是欣正荣的儿子欣鹏，打你是子报父仇，是你骂我父亲，害死我父亲的……”他又狠狠地抽了一记。

祁杀猪捂住头喊：“打死人了！打死人了……”他看到了愣在那里的正格，用指头狠狠地戳了戳正格。正格看到祁杀猪怨毒的眼光，还是害怕了，他要离祁杀猪远一点，退后几步，他选择转身离开，走到巷头那里等四眼。

正格心里怦怦跳得很快，他有点紧张，怕祁杀猪还手将四眼掀到窨井里去。现在他知道了四眼的名字叫欣鹏，想起来过去确实有一个成天跟着哥哥屁股后面的同学欣鹏。不过那个欣鹏不戴眼镜，比这个欣鹏胖很多，几乎胖到祁武那个程度。

欣鹏很快从巷子里出来，他手上还握着那根棍子，气犹未平地将棍子狠狠地扔在地上，棍子发出“咣当”一声。

正格看看欣鹏身后，就怕祁杀猪追过来。好在没有。

他们是在北门菜场门口分的手，正格停下脚步说：“我要从这边走了。”欣鹏说：“知道，你回家吧！”

正格回家的路上怕了起来，裤子没干，松紧带摸着还湿乎乎的，祁武老子就怕这次是免不了要找上门来的。

祁杀猪怎么就害死了四眼欣鹏的父亲，他刚才有没有被欣鹏打伤？要是被打伤会伤在身上什么地方？要是真打伤了祁杀猪的话，欣鹏就要坐牢了。

这么想着的时候走到了家门口。家门口横着一辆满身腥味的长征牌自行车，一看就是祁杀猪的，家里面吵吵嚷嚷的，听到老王和祁杀猪在争辩，老王的嗓子很大，要祁杀猪到派出所报案而不是到别人家里胡搅蛮缠。

正格不敢再继续听下去，他怕祁杀猪突然从家里跑出来。他走到不远的地方，能够看到家门口的地方，等着祁杀猪从他家里出来。

祁杀猪过了一会儿从正格家里出来，他像个正格在电影里看过的残兵败将，气冲冲地将自行车的撑架踢了好几脚。

正格马上就回家了，他觉得反正是一顿打，躲是躲不过去的。

老王在天井里摆了矮桌子，在喝一瓶啤酒，没有用杯子，是套着嘴喝的，看到正格也没有停下来，狠狠地灌了一口酒。

“做好人好事的回来了。”老王对正格妈妈说。正格妈妈对正格挥了下手，让他到屋里去搬板凳。

正格拿了板凳出来坐在桌子的边角，尽可能地离老王远一点。

老王又灌了一口说：“祁武父亲来报过喜了……”

正格马上乖巧地说：“我知道，不是好事。”

老王惊讶地“唉……”了一声说：“还知道好事坏事哦，这么说真是你带欣鹏去打他了。”

“我不知道是去打人，要知道我就不带他去了。”正格为自己解释。

老王点点头说：“好，好！”

正格埋下头，赶紧扒饭。听见妈妈说：“打人总归不对。”她说完这句就站起来跑到屋里去了，老王冲着她的背后瞪了一眼，拿起一只咸鸭蛋在桌上磕了磕递给正格。

老王稀里呼噜地吃了半碗泡饭后，说出句让正格吃惊的话：“你明天带我去找欣鹏，我要见他。”

正格没有吭气。老王接着说：“其实吧，我前两天就知道他回来了。去他们家找过他，我知道他们新搬的家在哪里。他躲我，知道他还是不敢见我。”

听到老王要找欣鹏，正格心里的主意一下子就拿定了，坚决不能带老王去见欣鹏，不能告诉他欣鹏每天下午会在河堤上，也不能告诉祁杀猪，不能让他去报复。

正格对老王说：“我不知道欣鹏在什么地方，你还是找其他人带你去吧。”

老王问正格：“你什么意思？”

正格不吭气。老王站起身来，想搞老一套，揪他的耳朵，手都伸出来了却又收了回去。

妈妈过来对正格说：“你该告诉你爸爸怎么找到欣鹏，你爸爸有正经事，不是要为难他。也跟祁武爸爸的事情没有关系。”

正格仍然不吭气。背过身他忽然笑了，笑老王和妈妈竟然一点也没有查他下河游泳的事。

5

第二天中午老王没有回来吃饭，妈妈告诉正格，老王留下话，要他下午放学以后到草库去。正格马上想到这大概是老王要弄他去修理，找了放学后要和同学一起去写作业的借口。妈妈说不行，一定要去，不去的话她晚上回来要收拾他。

饭桌上没有老王在的时候妈妈总喋喋不休，正格不耐烦地将煮鱼的卤子倒碗里拌饭，用筷子下劲地在碗里捣。

不过，放学以后正格还是乖乖地去了草库。他好长时间不去了，草库也好玩，平时想去，老王是不让的，已经有几年不去那里。

草库是一级消防单位，车辆和人员进库都要检查，闲人莫入。可这对正格来说不算什么，门卫没一个不认识他们队长家孩子的，见到正格来赶紧往里面打电话，有一个消防员跑来接他进去。

从南门进草库到北边的办公室，要穿过一条三百多米的墁着碎草的消防通道。

草库里尽是草，巍巍的金黄麦草垛和绿汪汪的地上叫不上名字的杂草。草垛到了冬天就变成灰色的，像乡下被雨淋久了的土墙，草垛有学校操场那么大，三层楼那么高，老王说从上面摔下来非死即残。消防队有能够爬到草垛顶上的云梯，他们的消防水泵也可以隔很远就能打到草垛顶上。

隔几个草垛之间就有一条七八米宽的消防河，消防河总是不断有水草长出来，消防队员有一项重要的工作就是将这些水草捞上来。正格走到一条他曾经抓过小龙虾的河边停下脚步，他希望能够抓到一只癞蛤蟆，用树枝系着便可以在河里钓小龙虾。小龙虾的螯只要一攫住癞蛤蟆就死不松开，用一只癞蛤蟆可以钓上来很多的小龙虾。

正格捡起地上的一根树枝蹲在河边，在水里撩了撩，看看里面有没有穿来穿去的鱼秧子。

骤然间他听到地皮上有噗噗的声音，回过头裹挟着一股风的黑乎乎大团东西扑向他，在他怀里打了个滚钻了出去。猝不及防地，他一条膝盖跪在地上，手在地上撑着才没有被扑倒。他马上知道这是一条大狗，他听到了粗重的喘气声和一股似曾熟悉的味道。

这条大狗蹿出去几步猛转身，前腿平伸着，下巴贴在地上，后腿站着让尾巴举得高高的，扑簌簌地猛甩着。它水汪汪的大眼睛盯着正格，见正格也在打量它，重又扑向他。

正格激动地叫了一声："赛猫！"

他和扑上来的大狗抱成一团，在地上打了几个滚。他把赛猫的头紧紧地夹着，生怕它跑了似的，他能够感觉到它的激动，除了难以言表的动作，还有它剧烈的颤抖。

"你没死啊？赛猫！"正格下劲地拍着它的屁股，它的尾巴摇得更猛烈起来，扇到身上都有些疼。但这些都是正格乐于接受的，他也高兴得不行。

老王不知道什么时候过来的，他一声"水龙——立正！"，赛猫马上跑他面前蹲坐着，甚至头也不回过来看正格。

"起坐，走！"随着老王的口令，赛猫跟在他后面走着正步，正格也不再蹲着，站了起来，紧跟在他们后面。

到了消防队办公室门前，赛猫不进去，任正格怎么唤它也不敢进。老王说它在上班，它现在有名字，叫王水龙，每个月都给它开工资。原来八块，最近刚涨到十二块。它的工作主要是在夜间，前几天幸亏它发现了一次火警。“我买了一大块猪头肉给它吃。”老王在说到这个特殊的奖励时很是得意。

正格从窗子往外看一眼，水龙已经不在外面了。他有点不相信，出去看真是不在了。

老王打开他手拎的人造革包，拿出一瓶汽水，像是专门为正格的到来准备的。他咬开瓶盖递给正格，继续说狗的事情。

欣鹏的爸爸在肉联厂养狗，那里的狗会赶猪，猪要是逃到河里去，狗会下去咬着猪的耳朵，将猪拖上岸。正翔养狗是要将狗训练成会报警的消防犬，他从一本翻译的苏联连环画里知道有这样的犬，通过特殊训练能够做到。“他那时对我说起这些时，我怎么也不相信。”老王的眼睛有点湿润，神情黯淡下来。

“正翔是因为赛猫死的，我当时不可能不恨这个畜生。我杀了它的念头都有，更不用说是用麻袋沉它到河里了……”

老王没有说他为什么没有对赛猫这么做，说他当时怎么也不相信欣鹏所说的，正翔绝不会因为肚子空了没有力气而沉到河底，那天中午他吃得很多。他不应该背着一袋沉甸甸的螺蛳过河，不应该在自己都没力气的情况下还不扔掉。

正格说，他知道正翔肚子为什么吃饱了又变空了。正翔看了电影《追捕》，他学杜丘吐吃下去的东西，哪知道赛猫马上就将他吐出来的东西吃了，以后他就经常吐了给赛猫吃。他也想学哥哥那样吐，哥哥不许他这么干，用脚踢他的屁股，踢得生疼生疼。

正格这么说着的时候，看到老王的脸色变得煞白，他的腰弯了下来，手捂住胸肋骨。他挥手示意正格出去，并在他刚跨出门槛就关上了门。

正格在门外待了一会儿，见里面什么动静也没有很紧张，他敲了敲门，喊：“爸，你开门。”里面没有回应，他大起嗓子喊：“爸，你开开门！”

门打开了，正格见到爸爸的手还捂在腰上，他用另外一只手拍了拍正格的肩膀，让他回去。

爸爸说话的语气从没有过的温和，拍肩膀的动作也是轻柔的，让正格肩头一热。

正格很听话地回去了，走到草库中央的时候，他看到一只蹦跶的癞蛤蟆，他没有上前去捉。他很失望的是没有再见到赛猫，现在的水龙。他想踢水龙的屁股一脚，狠狠地，像哥哥正翔当年踢他一样。

晚上正格爸爸没有回来，妈妈说他这天要住在草库里。正格问爸爸会不会有什么事。妈妈奇怪地看着他问：“你是说老王？”

正格说：“我是说爸爸。”

妈妈说：“你爸爸会有什么事？他又不会下水去洗澡，不用家里人成天提心吊胆的。”

正格解释自己不是下水洗澡，是游泳。他已经会游蛙泳了，能够游大运河一个来回。

妈妈瞪起眼睛说：“你爸爸说再也不打你了，就下河游泳这件事，我现在想打你。我要警告你一句，再下河洗澡……游泳，我打断你的腿，养你个残废也不让你去送命。”

“下河就一定会送命吗？”正格的嘴硬起来。

妈妈没有理他，收拾家里时弄得乒乒乓乓的。

正格告诉妈妈，下午在草库时见爸爸身体很不舒服，妈妈一听就急了，找了把手电筒要去草库送药。正格要跟着去，妈妈不让，出门时她竟然又改了主意，让他一起去。

6

第二天学校只上了半天的课，下午两堂课全部考试。

考试前祁武对正格说："按理说我要报仇，欣鹏老子养的狗太犯嫌，只要我老子身上带了东西就盯着我老子咬，我老子不骂他骂谁啊！我不计较你带路，我们是朋友，是不是？"

正格不知道说什么好，点了点头。说实在话，他还担着心思，怕祁武找他算账呢。祁武这种状态是有原因的，他想正格给他偷考的方便，趁老师不注意传个纸条，或者坐他前面的正格将填写好的卷子举起来给他瞅两眼。祁武说他不想再考不及格了，很丑。

担心是多余的，下午考试的时候老师宣布两门课全部开卷考试。

考完试祁武很快活，约正格到学校后面的桑园去玩。

正格不想去桑园，小便时搞个什么名堂，为什么不能在学校厕所里搞呢？

祁武又说到丢丑，被人看到就丢丑了。

正格不想去看，觉得偷偷摸摸的事情总归不是好事情。他现在觉得有的事情是完全可以光明正大地去做的，譬如下河游泳，譬如想吃什么喝什么……就像爸爸说的，既然做了就不要怕被人知道，就要面对结果和承担责任。

正格决定去河堤上，去游泳。他想见到欣鹏，知道欣鹏一定会在那里。

他是一溜烟小跑往大运河那边去的，到梁逸湾的河堤上，他碰到了似乎是等在那里的老王。

正格见到老王站在那里还是紧张的，老王对正格说："你不要往回跑，我不是来抓你的，也不会打你，你带我去见欣鹏。我有话要对他说，他躲了我四年，我不能再让他在外面混了，我要他回家来。"

正格将信将疑地听老王说着，直到他过来揪着他的胳膊往下河堤的那个豁口走。

老王说："你怕不怕我打你？"

正格说："我不怕，过去怕，现在不怕了。"

老王说："噢，知道我为什么打你吗？因为你做错了事情，要让你知道做错事要吃苦头，要让你长记性以后不犯……"

正格问："那你现在怎么说不打我了，我错误不是还在犯？"

老王松下抓着他胳膊的手说："因为你长大了！"

正格说："我就不会去打比我小的人，现在不会，将来也不会。"

老王悻悻地说："老子还不是担心你长不大，长不好，长没了……"

正格看到老王说这话的时候神情黯淡下来，甚至有着悲戚和无奈而生成的轻微愤慨。

他转过脸，面向堤坡上的时候，看到了欣鹏。欣鹏看着他们这边，眼镜玻璃片的光一闪一闪的。

正格带着老王走了过去，到欣鹏面前介绍："这是我爸爸！"

老王说："欣鹏，我们握一下手！"

欣鹏面对伸过来的手有点不知所措，他扶了一下眼镜才双手迎上去握住。正格看到欣鹏的头还是垂着的，不敢抬起来面对老王。他有点着急地说："你不要怕我爸爸，他只会说狠话，他没有弄死赛猫，他说我哥哥的事情不怪你了……"

见欣鹏不怎么相信的样子，正格接着说："真的，你不相信，我证明给你看。我下去游了，当我爸爸的面……"

正格蹬了脚上的凉鞋，三下五除二地脱了衣服，一个鱼跃就蹿入河里。

他一个猛子潜游得很远，浮上水面时撸了一把脸上的水，回头看岸上，见父亲和欣鹏在笑眯眯地看着他。

他来劲了，猛转过身，掀起很大的水花，向河对岸游去。

他有点不好意思，一激动转身过来的时候，情不自禁地划了两下狗刨，不过他自信接下来留给岸上的背影，他的泳姿一定是非常标准的、越发轻松娴熟的。

天很蓝，他想起了哥哥笔记里的文字，“这是一个很享受的过程，沉浮之间耳鼓里听到心跳：怦！怦！怦……声音特别强大和有节奏。扑腾一阵子后，翻过身来仰泳，脸上的水滚漾开去，亮晃晃的天空变得湛蓝，或者有一团像自己身体一样轻飘飘地摇摆的云朵……”

一切很优美。

移风易俗

移风

1

两个中年人在谈对象，确定关系在他们经人介绍认识后不久，而真正相爱和想结婚却是在两年以后，他们发现彼此身上动人的地方。

她是那种认定了有爱才能结婚的人，所以在两个人这两年的相处之中会不时地问他，我们是不是在谈恋爱。在得到他肯定的回答后她是相信的，但会感慨在他俩这个年龄说爱这个字都不自然了。也确实是的，他们到一起时总是先谈工作，谈各自的子女，谈家里老人的身体健康情况。话说得投机了，感情才热起来。他有天晚上见到她说整天都在想她，她脸一红，说听到这样的话不知道为什么全身汗毛都竖了起来，接着她问他上班的时候是不是心不在焉了。觉察她存疑，他便想以后不再做这种贸然的表白，有一种老态的想法，你不是小年轻了。

他们都有过爱，有过婚姻和家庭，因人因祸他们失去了。她在离婚以后发誓一定要再婚，找一个比前夫好N倍的男人。她预设的条件是，找一位丧偶的，坚决不要离婚的。他的条件完全符合她的要求，可他们相处的时候，她却一直不敢相信他们会有爱，会有那种真正想结婚的感觉。

2

朱蕴在与荀西宁相处以后非常想了解他以前的感情生活，但又怕伤害到他。荀西宁说过很爱前妻，要不是出车祸，他们一辈子怎么也不会分开。

她所不知道的是，他心里是打定主意的，只要她问到以前的问题他都如实回答，在他看来藏着掖着都不是好事情，说白了好，就没有了负担，哪怕有问题再去想办法解决。他相信朱蕴是个通情达理的人。

朱蕴还是想了解荀西宁的从前，有一天就让他说说结婚前的事情，过去还喜欢过还爱过谁。

荀西宁说上初中的时候爱上过班上的一个女同学，应该是他的初恋，以后这个叫周嫣的女孩转学到了苏州，前两年同学聚会的时候回来见过一次面。

朱蕴问他与这个初恋情人见面是在认识她之前还是之后。他回答是和她刚刚认识几天的时候。他给朱蕴叙述了见面的过程。

因为知道周嫣回来参加这场三十年同学聚会，荀西宁向召集这次活动的同学请假。

同学聚会开始后，马上就有几位女同学打电话来骂荀西宁，骂他冷血动物，骂他不讲情义，骂他胆小鬼。还有人用手机转播周嫣的抽泣声，告诉他周嫣在众多同学面前说了，这些年来一直在想着他。不说其他的，就冲是同学感情也不能轻慢。她们要荀西宁向周嫣道歉，以实际行动做出改正。

好事的班长替荀西宁和周嫣搞了一场约会。这位大姐班长交代荀西宁在去见周嫣时要穿着打扮得有格调，要显得志得意满，要有成功人士的模样，最好不要说现在在殡仪馆的工作。她说身为处级领导太太的周嫣珠光宝气、雍容华贵，一副在发达地区的样子。

荀西宁是想见见周嫣的，既然她想见他，是冲他才回来参加聚会的。只是他心里还是有点障碍，问大姐班长他能不能不去。大姐说不去是不行的，除非他不想和同学们来往了。

听到这里朱蕴笑了笑，荀西宁停下来望着她，她说没什么，你继续讲。

第二天下午下了班，荀西宁洗了澡，换了一身休闲装，整理衣服时他抬起袖口嗅了嗅，确定这件衣服没有一丝来苏水的味道。开着馆里的丰田皮卡，他比约定的时间早半个小时到了“八月酒店”。他想先她到那里，看着她向他走过来，而不是被她看着。

周嫣约他见面的地点是酒店大堂的咖啡厅，他到了以后，向服务员订了个两位的座。刚坐下来手机便响了，周嫣说她到了，看到他了，让他转过身来。

他转身看到了什么，活脱脱一个周嫣母亲从不远处座位上站起来，有所不同的是她笑吟吟地迎着他，而她母亲当年对他是一副脸不是脸、嘴不是嘴的模样。

这肯定是三十年没见的周嫣？她居然长成了他当年极为反感的那个人的模样。

靠近她时，他的手向她伸过去，在伸一半时又收了回来。这是他近来出现的一种状况，到殡仪馆工作以后，要求自己不要主动和别人握手，而有时候总是情不自禁的。

周嫣说她是看着他进来的，变化太大了，实在不敢相认，和她想象的也不一样。周嫣没有见过他父亲，大概不会有他那种见到家长的感觉。

他问周嫣，在她预先想的，他应该是一个什么样子。她说："觉得你会腆着一个发福的肚子，迈着四方步，夹着一个公文包什么的。"

他说："那不是我，是你们家'官人'。"

他们都笑了起来。他看到了曾经刻骨铭心的表情，她那种紧盯着他看一眼后带着点羞涩、偏一下头的笑。

"回高沙来应该去吃土菜，要不要我挑一个地方？"他征询她意见。

她说再好不过，无数次的梦想，要有高沙咸鸭蛋、湖里的白米虾，还有菱塘盐水鹅。昨天同学聚会的酒宴上可能有过这些，但她没心思在意。

出酒店到了皮卡车面前，周嫣说："还是打车吧，总要喝点，酒驾不好玩。"

荀西宁看一眼车门上喷的"大旺殡仪馆"几个字，不知道她是不是在意这个，既然她提出来就听她的。

叫了一辆出租车，他带她到了一家叫盂城驿的清静小饭店。

坐下后两个人相视一笑，她问他是不是经常在外面应酬，他说倒也不是，不喜欢饭局，没有酒量，机会也少。

她叹了口气，说："安定要是这样就好了。"

荀西宁知道，安定是周嫣的丈夫，姓茆，在苏州郊区的一个区当区长。周嫣这些年的情况他略微知道一点，是班上与她有联系的女同学透露给他的。他的情况想也会有人去说给周嫣听。

周嫣点了陈年花雕，斟到杯子里即浅尝了一口，她微皱眉头说："家里有非常好的陈年黄酒，闻了酒坛的封泥就让人微醺。这个，太一般了。"

荀西宁举起酒杯敬周嫣："见到你很高兴！"她说："我也是！"

吃饭不是他们聚一起的目的，周嫣对每样菜都只动一筷子，吃一点点，不停地在说话。

她说那年转学到苏州小姨那里后，有差不多半年的时间总是哭。先是想着荀西宁哭，后来毫无缘由地哭。为什么？在那个人生地不熟的地方，连一个说话的人都没有。她知道荀西宁在她离开高沙的那个寒冷雪天，跳到大运河里游到对岸，知道荀西宁结婚和以后发生的妻子车祸，也知道他现在的情况。

荀西宁不知道她听谁说的这些，冰雪天跳到大运河里游泳的事真有。他告诉她，“从大运河里哆嗦着上岸时，我发誓要将你忘了，彻底忘了。应该说我做得不错。”

“这是我希望的，也有所不甘。”周嫣的神情有些不悦，她低下头说：“不说过去了，说现在吧，告诉你，我现在过得还挺好的。算是一个‘成品女人’吧。”

荀西宁说：“这就好！”放下手上的杯子，他双臂交抱在胸前看着她，希望她继续说下去。

一会儿她抬起头来问他：“你信吗？”

见他没有吭气，她接着说：“是我自己让自己过得很好。”

“安定做的那些出格事，我都知道一些，没必要全知道，那样的话我会被他气死。我让他知道我知道一些，这就够了。他很乖，知晓利害关系，懂危害。像我们这样的家庭现在很多，我得到我想得到的，然后在有些事情上装聋作哑，随他去。人想通了就有日子过。”

周嫣拿出一盒 CD 给荀西宁，说不算礼物，是让他回去听的。他看了一下，是一个叫樊桐舟的女歌手的合集《绝色》。说实在话，他还从来没有听过这个歌手的歌。

荀西宁告诉周嫣，他现在很少听歌。她哼了一声说：“借歌表达可是你的招数，现在不用了？”他说：“当然。以后对谁都没有用过。这一招太好笑了。”

那时候，荀西宁没有给周嫣写过情书，要表达什么就找一个流行歌曲磁带给她，告诉她是哪一首。她以同样方式回应。在缺少通讯工具和媒介的那个年代，不想面红耳赤地表达，这是一个好办法。

看着她送的礼物，荀西宁说很遗憾，他还是那么缺心眼，就想不起来带个礼物什么的。她笑了笑，然后稍稍摇头说：“这张 CD 你回去好好听，我就不告诉你要听哪一首了，心情都在里面，你去找吧。”

荀西宁郑重地将光盘收起来放到包里，说回去一定好好听。

从饭店里出来等出租车的时候，周嫣让荀西宁到超市去买一盒纸巾。

接过纸巾她说：“要这盒纸巾，是要你还欠我的安慰，要知道我为你流过太多太多的眼泪，而你一点点的安慰都没有给过我。”

他笑了笑，还能说什么。

送周嫣到八月酒店门口，她让荀西宁坐出租车回家，馆里的车明天开回去。下了车她头也不回地进了酒店。

看着周嫣的身影，他知道目送已经不是三十年前的那种了，那时候目光里她就没有消失的时候，而现在却因一道酒店的门戛然而止。

回到馆里，荀西宁记得那天和朱蕴通了很长时间的电话，以后看到小秘书的提示， 他有四个未接电话记录，都是周嫣的。

给周嫣打过去，听到她在电话里抽泣着。问她怎么了，她放声哭了起来。

到殡仪馆工作以后，每天荀西宁耳边哭声不断，而现在他听到的是一种截然不同的哭声，不是伤心悲痛的那种，有点委屈，更多地带着矫情。

他由着她哭了一会儿。他知道，劝她只会越发让她哭得厉害，过去的她就这样的。

过了一会儿，他对她说：“周嫣，用我送你的纸巾，擦擦眼泪，也擤擤鼻涕。”

她停了哭说：“我没有鼻涕，你送的纸巾我都擦完了，我就是看到那盒纸巾才想哭的……”

“不要哭，我现在的工作总是听到哭……”他的话听起来像是对周嫣的哭有点不耐烦，其实没有。

“荀西宁你这个混蛋，说到你的工作我正要想骂你呢，什么事情不好做，跑到火葬场去做场长，跟死人打交道，害得我连碰都不敢碰你，拉你手不敢，抱抱你更不敢……”

他说："纠正你，我是在殡仪馆工作，不是你说的火葬场。我的工作是组织上安排的，我只有服从，去做了我就想把它做好，我还觉得这个工作很有意义。"

"你不要对我说冠冕堂皇的话，我是干部家属，有些事情我看到的比你多，知道的比你更多。你该花钱给自己铺铺路，我就不相信你真的喜欢这个工作。经济上我支持你……"

他打住周嫣的话，告诉她，他弯不下身子去做那样的事，也觉得那样很没意思。在殡仪馆工作没有什么不好的，是个公益单位，服务部门。"人是可以因为心而高贵的。"他甚至还搬出了他们过去一起抄在笔记本上的一句名言。

她带着哀怨的口气说："要不是你在殡仪馆，我们这次，我希望发生很多事……"

看起来周嫣是回来后才知道他工作变动的情况。他笑了笑，在他看来，和她单独见了面，有很深的交谈，知道对方都有自认为不错的生活，这就够了。他知道他们不可能再回到少男少女的时代，也不可能在这个时候做那时候的事情。有的事情做了后或许会后悔，或许会觉得一点意思都没有。

"我们就这样挺好的！"荀西宁在结束电话前总结了一下。

第二天早上他六点起床，手机里有一条短信，打开一看是周嫣的。

"哪一天我觉得自己要死了，就回高沙来，在你的殡仪馆里火化，你替我化一个淡淡的妆，你必须是最先和最后接触我身体的男人。"

荀西宁告诉朱蕴，他不想回这个短信。

朱蕴问荀西宁："你们恋爱的时候关系很深吗？周嫣说你是最先接触她身体的男人。"

荀西宁知道朱蕴不仅听得认真，而且很注意一些细节。

他告诉朱蕴，初二时他摸过周嫣的脸，在一个冬天的夜晚，她露在围巾外面的脸蛋被冻僵了，她要他用手焐一焐，他于是使劲搓热双手，用发烫的掌心焐到她冰冷的脸上去。后来她让他摸摸她的脸，再用脸贴一下她的脸。

3

朱蕴说她突然想问荀西宁过去的事情，是因为前两天在医院里又看到了康超。

康超是朱蕴前夫，他和妻子庄春芽带着孩子在儿科门前待诊，路过那里的朱蕴碰巧被一位医生叫住说事情，她站住就看到了康超一家亲热的一幕，夫妻俩对着孩子鼓腮帮子、捏鼻子、翻眼睛，一个扮狗脸，一个扮猪脸。才四岁多一点的男孩高兴地咯咯笑，还用胖乎乎的小手摸了摸爸爸的脸。他们很快看见了不远处的朱蕴，愣了一下的庄春芽抱起孩子跑到了朱蕴面前。

庄春芽对抱着的孩子说："庄庄，这是你的大恩人朱医生，没有她就没有你。"朱蕴要庄春芽不要这么说，她对着庄庄拍拍手道："庄庄也让我抱抱。"庄春芽高兴地将孩子递到朱蕴手中。

朱蕴看庄春芽欲言又止的样子，问她是不是有话对她说。庄春芽说："嗯，就是还想谢谢你，谢谢你作为医生所给我的帮助。"

朱蕴说："这话我要听，收下了。"接下来在将孩子还给庄春芽时，她居然还叮嘱了一下，"好好过日子！"她搞不清楚自己怎么就说出了这句话。庄春芽眼睛红红的"嗯"了一声。

朱蕴在对荀西宁说了见到康超一家的情况后，忽然想起来荀西宁还不知道前因后果。她告诉荀西宁，康超的孩子康庄庄是她帮着接生的。

荀西宁"哦"一声，并没有说什么，他只知道朱蕴离婚时康超负她的，有了婚外恋。

朱蕴问荀西宁："你说我是二，还是心太好了？"

荀西宁笑了笑，说事情肯定是有原因的。朱蕴这就问他想不想听那一段故事，荀西宁连忙说想听，并站起身来给朱蕴沏了一杯茶端到她面前。

朱蕴是妇产科医生，每周有那么两天要坐门诊。她第一次见到庄春芽的时候，先是看到病历封面上讨人喜欢的三个行书体的字，庄春芽这个名字好听也有点特别。

坐到朱蕴面前来的这位病人很年轻，有着一张姣好的脸庞和端庄的职业坐姿，从她的举手投足看得出，她很在意自己的一举一动。

朱蕴问庄春芽有什么不适，她的脸红了一下，说月经推迟了十多天。问到她婚姻状况，她未婚，有一个男朋友，以前也有过月经推迟的情况，大概可以理解为工作压力比较大造成的。朱蕴给她开了张检验单，让她先去做一个尿检。

这应该是一个很快的过程，在高沙市人民医院检验中心做尿检不出三十分钟就能够拿到报告单，而过了两个多小时，到了中午的时候，庄春芽都没有将检验单拿过来。朱蕴也没有特别奇怪，这样的事情经常有，妊娠尿检证明没有怀孕，也就没有再来看医生的必要了。要是怀孕了，当作好事，先向未来的父亲报个喜，改日再由他陪着来医院做认真的检查；当作坏事，通报给罪魁祸首，谴责一番后再问他怎么负责任，由此开始一场交锋。妇科妊娠检查对象不将检查结果拿过来给医生，无外乎这两种情况。

庄春芽是在傍晚朱蕴快下班的时候将检验报告拿过来的，她的妊娠尿检呈阳性，是怀孕了。如果她上午就拿到了报告，这一大段时间里她与男朋友有什么样的交流不得而知。

朱蕴打开庄春芽的病历，对她的妊娠史做了了解，庄春芽介绍她曾经怀过孕，问她有过几次、都采取过什么样的措施，她不具体回答，只说药流和人流都做过。

“医生姐姐，我有麻烦了，这对我可能是个大麻烦！”庄春芽可怜兮兮地对朱蕴说。

“你在婚龄育龄，有什么麻烦的？”朱蕴能给她的最好建议就是赶紧和男朋友结婚。

庄春芽说那是几乎不可能的，并说出原因：他有家庭，是个已婚男人，是她的顶头上司。她不想拆散他的家庭，也不想让单位里的人知道。

“我怎么说你呢？你得爱护自己呀，得知道什么事情能做，什么事情不能做。你是个成年人……”朱蕴在门诊遇到意外怀孕的很多，但这么陈述隐私的不多。大概是因为庄春芽叫她姐姐，知道庄春芽是婚外恋，朱蕴忍不住想说她两句。

庄春芽对朱蕴的话没有半点的不自在，倒反而要朱蕴多说她几句，她说她成长在一个单亲家庭，和父亲生活在一起。有些事情没有人能够告诉她该怎么做。这么一来，朱蕴倒说不出口，对她有了恻隐之心。

说话间快到下班时间，朱蕴要为庄春芽做一个常规的子宫探查，庄春芽一听到要她躺检查台上连连摇头。朱蕴安慰庄春芽，说只是一个简单的检查，即使是终止妊娠也只是个小手术，处理得越早，对身体的伤害越小。

庄春芽点点头，说：“姐姐，我还是下次来的时候再做检查吧。最后，最后的处理，一定只有你能够帮我，”见朱蕴没有立即表态，她有点冲动地抓住朱蕴的手说：“没有任何人能够做到这一点，只有你能够帮我，姐姐你要答应我！”

朱蕴实在不知道这个女孩为什么会提这样的要求，她谨慎地说：“我是个医生，所能够给你的最好帮助只能是医学范畴以内的，其他方面的我真的无能为力。”

庄春芽说：“不是的，一定不是的！只有你能够帮助我！”

朱蕴不理解，这个素昧平生的女孩，她的无数病人中的一位，为什么一定要强调只有她才能够给予帮助。直到庄春芽第二次来看她的门诊，她才知道是怎么回事。

庄春芽来的时间是朱蕴接下来的那个周一门诊，是在下午快下班的时候，外面下着雨。妇科门诊有一个特点，就诊的人“刮风一半，下雨全无”。因为雨下了有一阵子，诊室的另一位医生去住院部安排她第二天要做的一台手术。朱蕴在见到庄春芽进来后，下意识地看了一眼她的身后，以为她的那一位男友会现身。但她身后没有人，庄春芽随手将门掩上。

见庄春芽头发和肩头湿漉漉的，朱蕴将桌上的纸巾盒递给她，问她男友怎么没有和她一起来。

庄春芽莞尔一笑，轻声说了声谢谢后回答：“他哪敢啊！”

朱蕴问庄春芽有没有和男友商量怎么处理怀孕的事，她摇摇头说没有结果。“他听我说了这件事以后，什么话也不说，一个劲地喝水，小半桶纯净水都快喝光了。”

朱蕴说：“男人紧张的时候猛喝水，看来不是个别现象，我们家那位也是这样。”

她这么对庄春芽说，是想让她放松一点，她感觉到庄春芽听到她的话以后，身子有微微的颤抖。到这个时候她还仍然没有想到，庄春芽怀孕的事与他们家那位遇事紧张猛喝水的人有关。

朱蕴要给庄春芽做一个身体检查，示意庄春芽躺到屏风后面的检查台上，庄春芽迟迟地不动弹身子，最后是无奈地躺了上去。

检查完朱蕴问庄春芽怀孕过五次还是六次，庄春芽迟疑一下回答，是五次。

朱蕴告诉她，这个孩子是她最后的机会，多次人工流产致使她的子宫内壁已经像纸一样薄。庄春芽坐起来，说她知道，上一次做人工流产的时候医生就警告过她，说以后恐怕很难怀孕了。

庄春芽整理好衣服，坐到朱蕴面前，待她写完病历后一字一句地说：“我来找你，其实挺不要脸的。”

朱蕴说："我是医生，你找我十分正常！出了这样的事情，正确对待就是。身体健康对每个人来说都很重要，你应该保护好自己。正视那个人对你的感情，权衡事情处理的方式会不会给他人家庭带来伤害，也要考虑到在社会上的影响……"

庄春芽点点头，很为难的样子。在朱蕴做医嘱时她打断了，像从牙缝里挤出来一句话，"朱蕴姐姐，我对不起你！"

朱蕴抬起头，有点奇怪地看着庄春芽，庄春芽说她自己不要脸，又说对不起她，都什么事啊？

"我是圩禹镇财政所的，我的领导是康超……"

"哦！"朱蕴马上明白了，一瞬间她觉得自己的血液骤然热了，涌到了脸上，又马上凉了，凉到要哆嗦。她将写好的一张处方笺夹进病历里，推到庄春芽面前说："你先出去吧，我工作时间不好与你谈个人的私事，下班以后或者找一个其他的时间我们谈。"

庄春芽默默地站起来，拿起包后还想说什么，见朱蕴走到水池去洗手，看都不看她，便知趣地走了出去。

朱蕴站在水池边上，不知道洗了多长时间的手，洗得手皮都要破了，直到同诊室的那个医生进来，用奇怪的眼神盯着她。

朱蕴打消了给康超打电话的念头，决定晚上见到他的时候再说。

庄春芽没有离开医院，一直在门诊部的大厅里等着朱蕴。见到下班的朱蕴，她甚至跟着到存放电动车的车库。

"你骂我吧！"见朱蕴不理她，庄春芽改口说："姐姐，你骂我吧！"

朱蕴听到她称呼姐姐，恼怒地想斥责她，又厌恶地想尽快抽身而去，无奈她亦步亦趋。

朱蕴不得已站下来，对庄春芽说："你太聪明了，聪明过头了。"

她现在终于明白，庄春芽第一次看她门诊时口口声声地说，只有她能够帮她是什么意思。

庄春芽听朱蕴这么一说，默默地站在那里。突然地，她哭了，是一下子爆发出来的那种哭。

她呜呜地，咧开嘴说：“我不求你……有什么办法？”

周围有几个下班的医生和护士，看到这一幕都云里雾里的，盯着她们这边看。

“看什么，又不是医患矛盾！”朱蕴气恼地声嘶力竭地冲他们叫喊了一声，推起电动车头也不回地出去。

骑车回家的路上，朱蕴不由得自个苦笑，看得出康超和庄春芽是做了一个局，不仅仅打劫她的尊严，羞辱她的感情，更让她对婚姻彻底失望，是来了招釜底抽薪。

难道只有成全他们这对狗男女不成？

她对自己说不行，坚决不行。庄春芽一定以为她好说话，会败下阵，会拱手相让，庄春芽是找准了她的弱处来的。

回到家康超已在，看来他已经有所准备，女儿被送到了奶奶那里。

朱蕴平静地对康超说：“我知道了！”康超装作若无其事地应声：“噢。”

“你怎么对人家负责，有没有想过？”朱蕴见他这样，声音严厉了起来。

“我错了！”康超为了更好地表达，低下了头。

“错了，就一句错了？你又怎么对这个家庭负责，怎么对我、对女儿负责？”

“我错了！我真的错了！我很后悔。没有后悔药卖！”

康超抬头打量朱蕴一眼，接着低下头说：“身为领导，我没有抵挡得住单位女同志的诱惑，我和她也就是贪一时之欢，造成了终身遗恨。我对不起你，对不起女儿。我对你才是有感情的，对她根本谈不上，只是……”

朱蕴知道康超一定是事先打了草稿，他在单位不论大会小会的发言都要准备稿子。她不想和他磨嘴费牙的，只提醒他们有过的约定，出轨的代价是滚出家门。

康超看来是巴不得滚出家门，立即就开始收拾自己的东西，他还为自己找理由，说知道朱蕴饶不了他，说他还真是走了的好，要是不走，她接下来会对他搞化学阉割。她说过的。

朱蕴知道她是罚人吃肉，正中了康超下怀，她也不拦他，由他去。出了这样的事情还要再在一起过日子，还要装作什么事情也没有发生，她做不到。所以她当初就对康超划过底线。

从医院回来的路上她想好绝不让他们得逞的，但在康超离家出走以后没几天，她就不再坚持了，同意了和康超离婚。难以对别人诉说的是，这几天她每天夜里都会做同样的一个梦，梦里庄春芽哭哭啼啼地站在她面前央求她。而白天上班的时候，她只要接触到产妇，眼前就呈现出一双白皙光滑的腿，那是庄春芽的，年轻，富有弹性，这双腿与康超毛茸茸的腿纠缠在一起，勾搭在一起。

她恶心，只想尽快地摆脱这一切。她恨自己当初瞎了眼，宁愿没有与康超共同度过这十多年。

4

那天晚上朱蕴并没有将事情全部讲完，是荀西宁让她不要再讲下去的，他见她开始责怪自己并情绪激烈。

接下来朱蕴也没有对荀西宁再讲，相隔十多天以后她对荀西宁说：“什么事情都会有报应的，有人相信这点。”她想着也有点相信了。

这句话让荀西宁以为朱蕴一说到过去，心里就不舒服，就放不下，与其这样，他不想朱蕴再讲下面的事情，他宁愿不知道。

哪知道情况不是这样的，她是又看到了康超而有感而发。这天她看到康超骑自行车送小孩上幼儿园，这在过去他们的婚姻生活中是一次也没有过的，他们的女儿楚楚都是由朱蕴或者外公外婆接送。唯心的老人认为一个人吃苦享福是有定数的，享多少福就要吃多少苦。康超看起来是享福在前面了。

不过朱蕴也不能肯定这一点，她告诉荀西宁自己的想法，或许康超现在是幸福的，以苦为乐的，认为有了真正的爱情和希望的生活。康超过去说过朱蕴在婚姻生活中的不是，只一点，就是少情调。朱蕴心里要说的是，情调能够当饭吃呀，我一天到晚忙里忙外，照顾老老少少的，哪有心思去想这些搞这些。

朱蕴同意和康超离婚后，康超就迫不及待地办了手续，没隔几天就和庄春芽结了婚。婚后庄春芽的肚子一天天大了，她在市人民医院预约生产，产前体检也就在门诊上，她知道朱蕴上门诊的时间，每次还是找朱蕴给她检查，朱蕴没有将她推给别人做，但做的时候动作免不了有点机械，医嘱也小心翼翼。

朱蕴不止一次地建议庄春芽，应该找其他的医生也看一看。庄春芽说不用，说只相信朱蕴。

庄春芽这么做是什么意思呢？荀西宁在听到这儿的时候想。庄春芽的做法确实有悖常理，但一定是有目的的。把她往好处想，经历过那些事，她是真的相信朱蕴，认为可以依靠，或者，可以利用。

朱蕴说庄春芽婚后第一次来找她做检查时，她当时其实差一点控制不住情绪。幸亏她具有的职业素养使她能够冷静下来面对，作为一个处于她这个位置的职业女性，要有优雅的姿态对待这个特殊的孕妇——接受她医疗服务的对象。她做到了，要知道，一个女人做妇产科医生，能够上手术台是经历无数的坎过来的。到庄春芽第二次来找她，朱蕴也就习以为常，将她当作一个普通的孕妇对待了。她只是对庄春芽在每次结束后的一声“姐姐，又麻烦你了”很不入耳，有过一次制止但没有作用。

这件事还是被妇产科的医生、护士知道了，她们自然为朱蕴鸣不平，觉得庄春芽真是过分。欺负人不能到这个份上，也忒嚣张了。一位护士长说：“这种人就是朱主任遇到的，要是换了我……”接下来的话她省略了，只意味深长地用鼻子“哼”了一声。

庄春芽是突然住院生产的，早预产期五天，因为羊水破了。她一定要朱蕴为她的孩子接生，还说母子俩的命就交到朱蕴手上。康超也来找朱蕴，说庄春芽一定要在市人民医院生这个孩子，因为她是在这家医院出生的。他知道这样对朱蕴很不公平，暗地里联系了扬州的医院，哪知道计划不如变化，遇到了早产。只有在高沙分娩的话，还是市人民医院条件最好。

“我央求你了，帮一下他们母子吧！”康超对朱蕴说。他过去可是从来没为什么求过朱蕴。

朱蕴说：“央求什么啊，只要进我们的产房，我们就要尽职，要央求岂不是我们没有职业道德，你这是来找我帮忙还是指责我来了？”

对康超，朱蕴就没有对庄春芽那么客气，她一改平常的温和语气，变得凌厉起来。康超连连认错，说他知道朱蕴不会对庄春芽怎么样，但其他的医生、护士就难说了，进产房要是将庄春芽搁一边，听她痛苦地呻吟喊叫，让她多受折磨；剪刀在医生手上，开个大口子也说不准；针也在她们手上，少缝几针、多缝几针倒也算了，就怕将不该缝的也缝上。

朱蕴对康超说，不要因为自己的心理阴暗就觉得天是黑的。她刚才了解过了，庄春芽的各项检查很正常，很有可能是顺产。她不可能帮庄春芽助产，怎么也不可能。妇产科里经验比她丰富、技术比她好的医生多的是。

不过，经康超这么一说，她还是进了产房，不顾大家对她投来的奇怪目光。她大大方方地说：“你们最二的朱姐来了，我将庄春芽拜托给大家！”此后她一直在产房里盯着，直到庄春芽顺利分娩。

庄春芽出院前对朱蕴说：“姐姐，谢谢你！我以为我这样做，我就安全了，我是说婚姻安全。我一直以为我不如你好，除了年轻，什么也比不了你，我只是希望这样做……能够……”她没有说出来。

朱蕴说：“你放心，康超我是无条件转让的，不会有后悔的一天，天下的好男人多的是。生儿子比生女儿责任更大，要教育好，不要让他长大了害人！”

朱蕴问荀西宁，她最后对庄春芽说这番话，是不是过分了一点。荀西宁说，没有。相对于庄春芽所做的、说的、想的，她真的不算什么。

朱蕴对荀西宁说，作为女人，她努力地要求自己不要脆弱，不要自私，哪怕屈让庄春芽这种人，被这种人利用也不足惜。事情到这一步，她真心地希望庄春芽和康超的日子过好，好好地养育孩子，也能够对楚楚好一点。她觉得她这个想法很实际，康超和庄春芽过得不好对她没好处，起码牵扯到女儿的未来，关系到她的一个同父异母的弟弟。

“我这样的女人可能没有情调，但不会没有优雅。”朱蕴说。

5

接下来康超一家发生的事，说与报应无关真是很难。

二〇一二年的最后一天，康超一家三口因煤气中毒死在住宅里，康超和庄春芽两个人裸死在浴缸里，应该是燃气热水器故障而造成的煤气中毒。因为是在洗鸳鸯浴，死者是老夫少妻，仕途顺畅的公务员、曾经的婚外恋第三者，一时间高沙城里街谈巷议。津津乐道的人倒是很少关心那个四周岁不到的可怜孩子，也很少同情一个家庭的悲惨毁灭，还有两对家庭四位白发人的痛不欲生。在高沙城里他们被人说成“现报”，还定义是大人做坏事连累了孩子。

荀西宁先朱蕴知道了这件事，倒不是康超的家人联系他们殡仪馆，而是荀西宁在党校学习的同学打电话给他的。荀西宁的在职本科学习是在党校完成的，康超是他的同班同学，这一点上荀西宁从来没有对朱蕴说过，这种同学关系本来也区别于上正规中学和大学时的，只是这两年被注重关系的同学利用了，时常活动一下，巴结两位当了市领导的同学。

党校同学会的召集人问荀西宁，他们要去康超家集体吊唁，问要不要带上荀西宁的名字。他们是考虑到了他和康超的关系。自打荀西宁和朱蕴好上以后，抑或是由于荀西宁到了殡仪馆工作，同学聚会邀请他参加的少了，他和康超也就再也没有见过。他们要是在同学聚会上遇到会是一个什么情景？荀西宁没有想过，但绝不会是有些同学想的那样，他对康超没有意见，倒要感激康超给了他这么一个机会。

荀西宁说他参加一切哀悼康超的活动，并帮助安排殡仪馆的所有事宜。同学说，康超出事后，他年迈的母亲已经哭晕过去两次，他父亲是个脾气极坏的人，骂骂咧咧地手一挥，要立即将康超家三口送殡仪馆火化，说他们死了还连累家里老人，要一大家子死三代了。现在是康超的一帮同学在帮他们家料理丧事，组成了一个治丧小组。

荀西宁放下同学的电话以后就又打电话将这件事告诉了朱蕴，他也不得不说他与康超的党校同学关系了。

电话里荀西宁看不到朱蕴那头的表情，但她一定非常震惊。她沉默了，好一会儿才问荀西宁消息是不是确实。在荀西宁肯定了以后，她挂了电话。

三个多小时以后的下午，朱蕴打电话给荀西宁，要他晚上务必到她那里去。荀西宁就说由他去做饭，他下班买了菜带过去。

晚上荀西宁到朱蕴那里时，见她家里灯火通明，她好像将家里所有灯都打开了。朱蕴要荀西宁先不要做饭，陪她坐一会儿。

她说她非常害怕，下午一台剖宫产的手术怎么也不敢做，以身体不好推掉，由别人替她做了。

“不应该发生的事，真的不应该，我想到那个孩子就要哭。”朱蕴满脸恐惧，说接了荀西宁的电话，腿就软了，倒吸了一口凉气，要是楚楚在康超那里，怕也一起遇难了。不是没有可能，楚楚要是在她奶奶那里，没准会被康超接到那里去过元旦。

荀西宁安慰朱蕴，这只是一桩意外，生活中总是有这样的不幸发生，只不过这一桩很特别。他要她不要害怕，就当作这件事没有发生，或者不认识这几个人。

朱蕴问他："可能吗？"

荀西宁缄默，他知道这不可能！

他知道朱蕴还有一个怎么样让女儿面对的问题，他问朱蕴女儿楚楚有没有知道这件事。朱蕴说还没有让楚楚知道。那头已经有人打电话来告诉她康超的噩耗，说孩子的奶奶希望孩子过去。她没有同意，她不知道怎么办，就带着孩子躲到这边来，怕孩子和姥姥在一起时她不小心对孩子说漏了嘴，也怕康超家到那边要接走孩子。

这个时候，朱蕴特别怕面对女儿楚楚，刚刚给孩子服了小剂量的安眠药，这时候已经在她的卧室睡了。

这样也不是个办法，荀西宁想。

在楚楚外公去世的时候，朱蕴就遇到过这样的问题，怎么样告诉女儿家里的一个亲人死了，死究竟是怎么回事，会不会让孩子惊恐和心理上留下阴影，都是朱蕴考虑的问题。她觉得没有把握处理好，就先向孩子隐瞒了，就像遇到危险的母亲将孩子藏到身后一样。很多家庭并没有像她这么做，让孩子知道，让孩子参与到亲人的丧礼中，也很少出现大问题的，但朱蕴不想冒这个险，她是医生，总能够看到这个事情上最坏的一面并力图避免。在她的眼里，女儿是幼小的，不能受一点点的刺激和摧残。

朱蕴对自己还有自责，她告诉荀西宁，在知道康超的婚外情，在知道经她多次检查的孕妇庄春芽是第三者的时候，她在心里诅咒过康超。她不能不怀疑康超是幕后策划，他们合伙利用了她的善良。庄春芽分娩前康超来找她时，她是想问问他这个问题的，话到嘴边上她忍住了，她当时想的是，就当是的吧！

朱蕴将家里电话线拔了，手机也关了，怕的就是再有人来和她说要女儿去送葬。但荀西宁的手机开着，有人找到了他，是党校的同学，一位老大姐，现在的市妇联主席。

她让荀西宁做朱蕴的工作，让楚楚明天去给父亲送葬，高沙这地方有风俗，白发人不送黑发人，只有亡者的子嗣送葬。楚楚要是不去，庄家也就没有人能够给康超他们送葬。她以为朱蕴不同意楚楚去是还记恨着康超，说天大的仇也要因为人死了一了百了。

荀西宁对她解释，朱蕴对康超和庄春芽的大度不是一般人能够做到的，也不是任何人都能够理解的，她可以说是在以德报怨。不让楚楚去送葬，实在是因为孩子小，她才七岁，怕她受伤害。证明这一点的是，朱蕴的父亲不久前去世，她也没有让孩子去给姥爷送葬。至今还背着不知道怎么样向孩子解释姥爷不在人世的思想包袱。

无奈之下荀西宁还是先将事情答应了下来，由他来做朱蕴的工作。打电话的大姐很担心，楚楚的奶奶说了，朱蕴要是不答应，她明天就上门来跪下求。

荀西宁接电话的时候朱蕴离他很近，电话里说的她大概都听见了，荀西宁放下电话，她已经在抽泣，怨气十足地问：“为什么都在逼我？我为了我自己的孩子就不讲理一回，行不行？”

荀西宁说当然行。起身倒了一杯水给她。他轻手轻脚地推开楚楚睡的卧室，看了看她。

朱蕴也过来看了看，孩子在熟睡，她说明天早上要叫醒孩子，她明天请假在家不去上班。

朱蕴回到沙发上坐下，说家庭的变故、家庭的灾难，只要牵涉孩子，最不幸的就一定是他们，孩子是最无辜的，也最经不起伤害。康超和庄春芽的祸即使躲不过去，也不能带上孩子。她忽然觉得女儿楚楚很可怜，本来以为只要有她的爱怜，楚楚就是幸福的，现在的变故让她意识到，楚楚得到的爱永远不会是整个的了，以前是破损的一个，现在只留下半个。

荀西宁小心翼翼地说："楚楚不给她父亲送葬，就怕将来会成为她终身的一个遗憾。"

朱蕴马上拉他到一边，压着声音、五官变形地、冲他用指头点着说："你也这么想，这么来对我说？"荀西宁无语。

"那我怎么办？我不可能让楚楚小小的年纪，去看死人的恐怖面孔，去听悲惨的哭叫，去看她父亲进你们熊熊燃烧的火化机，去捧那个还有骨灰温度的盒子……"

荀西宁无奈地对她说："没有这么恐怖，你可以搀着楚楚，抱着楚楚，护着楚楚，可以……带着她一起去啊……"

荀西宁马上意识到，冒出来的这句话是一种方法，一个解决问题的途径，朱蕴可以带着楚楚一起去。

"为康超和庄春芽，你那么大的苦都吃了，就算我……"

"你打住！"朱蕴打断他的话说："我现在最怕的就是谁求我，我们之间杜绝'求'这个字眼，你以后永远不要在我面前说这个字。"

荀西宁告诉朱蕴，不能让孩子回避死亡这个生命之痛，他也遇到过这个问题，在儿子母亲遇难的时候。当时他也很矛盾，很纠结。他觉得应该引导孩子去接受这一事实，不仅仅在告诉他的那一刻，还有在以后的日子里要有开导，启迪孩子正确认识死亡的意义，理解和热爱人生，那样就是化茧成蝶，化负面的东西为积极的了。

朱蕴最后没有肯定地答复荀西宁去还是不去，只说她要考虑一下。

荀西宁从朱蕴家出来后即给参加康超治丧的同学打了电话，说朱蕴基本上答应，让楚楚的奶奶放心。

他相信朱蕴能够过这道坎。

荀西宁睡了很短的一段时间，凌晨五点的时候醒来，比平时生物钟唤醒他的时间稍早一些，有重要的事情他的身体就这样，应该是一种紧张的表现。

朱蕴的电话来了，像是知道他已经起床，她对他提了一个条件，她可以带楚楚去给康超送葬，但荀西宁要始终和她们待在一起，帮她照料楚楚。

这当然不是问题，昨天晚上荀西宁回来后想到，朱蕴出现在康超的葬礼上会是一个焦点人物，他也会自然地被牵涉进去。不过，这没有什么可怕的。

朱蕴在她临出门前，又打了个电话给荀西宁，说了一下她为楚楚做的。她给楚楚换上了一身素服，告诉她今天不去学校，要去参加一个很特别的仪式，送她的爸爸、庄阿姨、庄庄弟弟去一个很远的地方。她问荀西宁这么说是不是合适。荀西宁觉得挺好，对孩子可以说得模糊一点，等他们以后懂事再慢慢地解释也行。

荀西宁让朱蕴用电话及时告诉他康超家那边的情况，他差不多也要出发了，随馆里的灵车一道过去。

这天是殡仪馆从来没有过的，往一家发了三部灵车，看到康超三口之家的棺柩陈列在一起，殡仪馆司仪李芸也受不了了，每天看到别人悲痛欲绝都淡定无比的她，在主持告别的时候声音有点颤抖。

那些对康超和庄春芽做道德评判的人，追逐他们的风流韵事的人，幸灾乐祸的人，要是看到这一家三口出殡的情景会有什么态度呢？法律对死者的罪恶都是一笔勾销的，何况康超和庄春芽只是道德的错误，用死来结账还带上他们的孩子，代价太大。那些持报应论的人，为什么就无视孰轻孰重？

这是荀西宁看到这样的场景想说的。

朱蕴送了一只很大的白菊花篮，摆在告别大厅的最显眼处，花篮的挽联上写着：安息，往生极乐！

她一直抱着女儿楚楚，不知哪来的那么大力气，默哀的时候放下，默哀毕又马上抱起来。

后来荀西宁在休息室里陪她们母女坐着，楚楚要等到骨灰盒抱回去。

楚楚对陌生的环境很好奇，问这问那，殡仪馆里的事物有什么好说的，朱蕴支支吾吾，不时地拿目光向荀西宁求援。

荀西宁打开电视，调到一个频道，希望能吸引楚楚的注意力。

楚楚只安静地看了一会儿电视，就想起什么似的问妈妈，她爸爸和庄庄他们为什么会在一个玻璃盒子里，为什么一动不动，为什么不说话。他们可一点也不像睡觉的样子。

朱蕴看到电视里播的科幻动画片是遨游太空的，便说那个玻璃盒子是飞行器。

楚楚接着问，他们要乘飞行器飞到什么地方去，什么时候回来。

朱蕴为难地皱起眉头，想了想说："是去很远的一个地方，暂时不会回来。"

看到女儿失望的表情，朱蕴说在夜晚的时候可以看到他们，他们就是天上的那些星星中的三颗。

楚楚高兴起来，雀跃着说："晚上一定要看天上的星星。"

朱蕴转过脸来看荀西宁，她的表情很是无奈。荀西宁点点头，示意她这样说很好。

6

晚上荀西宁一直没有接到朱蕴的电话，短信也没有。

想起白天馆里的整容师在为康超整容时的情景，站在一边看着的荀西宁，忽然想起朱蕴说过的，康超在医院里对儿子庄庄扮猪脸鼓起的腮帮子，觉得有一点人们可能是忽视的，就怕朱蕴也不一定愿意正视，那就是康超是从庄春芽那里找到了爱情和家庭的幸福。为了庄春芽的分娩他甚至可以去求朱蕴，这不仅仅是勇气；他能够送孩子去幼儿园，也不单单是他发生变化。这还关乎很多，别人是很难一一洞悉的。

第二天到中午朱蕴都没有和荀西宁联系。他便打电话到医院去，如果她还没有上班就一定是在家里休息，果然她没有上班。

傍晚的时候荀西宁去朱蕴的住所去看望她，他见到了一脸倦容的她，她说累死了，这次从殡仪馆回来比上次为父亲守灵送葬还要累。

昨晚楚楚还记着白天对她说的星星，一定要到阳台上去看，问妈妈哪三颗星是爸爸和庄庄他们。

朱蕴说她为难死了，真不知道怎么回答孩子才好。都说一个谎要用十个谎来圆，对孩子来说十个可能还不够，他们有蹊跷古怪的想法和问题。

她对女儿说，楚楚爸爸和庄庄他们还在飞行器里，有漫漫的旅途，还没有到达目的地，只有到了那里他们才是亮灿灿的星星，所以现在看不到。

女儿说她也要乘那种玻璃盒子的飞行器，要到很远很远的地方做一颗星星，给幼儿园的小朋友们看。她明天就要告诉他们。

荀西宁想知道朱蕴怎么回答女儿的，她说她回答得可能不好，也确实想不出该怎么对孩子说。

她说："楚楚你还不能去做天上的星星，妈妈爱你，希望你始终在身边，看着你长大。到妈妈这个年龄，你可以像妈妈这样做一个医生，接生很多可爱的小宝宝，也可以做其他的事情，成为电视里的漂亮姐姐，一个人见人爱的大明星。你会活得比你奶奶和外婆还要长，你会给你的小孙子、小孙女儿讲故事，带他们到公园和游乐园去玩，你会……"

女儿在呢喃中睡着，而朱蕴抱她在怀里一直没有放下。妈妈诉说的希望，她不一定记得，但她会记住妈妈的拥抱，妈妈的温暖，妈妈在耳边的呢喃。

朱蕴要荀西宁什么时候也抱抱楚楚，她说："轻柔地将这个小东西搂在怀里，有淡淡的带奶味的肤香闻着，细匀的呼吸痒酥酥的。当觉得和她有一样的体温的时候，会有一种甜美的体贴，一种唤都唤不醒的沉沦。"

荀西宁微笑着点点头，他说：“这一定是一种非常美好的感觉。”

他看着她，她也看着他。这时候他们觉得心中有难以言表的东西，在她的眼里，他神往的表情很温柔，甚至迷人。而在他眼里，她此刻的神情是神圣和庄重的，她是奉献出了她一直呵护的爱，让他一起去保护，去珍爱。

这时候他们都想到了结婚，居然是朱蕴说出来的，“我们结婚吧！”

以后朱蕴告诉荀西宁，那个抱孩子的感触其实是康超对她说的，她曾经为这段话而陶醉，以为她是一个幸福的母亲，有一个深爱她和孩子的丈夫。结果这一切都是不确定的，最终风吹云散，没有恒常。

荀西宁说：“爱是个看不见、摸不着的东西，当它像风一样抚上你的脸时，你要在心里感受它，好好珍爱它，不要怀疑它是否存在，不要去想哪一天你会没有了，爱在当下，你才会永远有爱。”朱蕴说这话也好，她要记下来。

易俗

1

九零在学校放寒假前给荀西宁发了则短信，说他谈了个女朋友，不是上次说的那个，想带回家让父亲见见。荀西宁学儿子以往回复他说事的口气，来了个“嗯”字，心里嘀咕：“见见，为什么不是看看？”这种口气听起来似乎没有征求他意见的意思。

九零这是铺垫，一放了寒假他就将女朋友带到了高沙，到家后打电话告诉馆长父亲：“我们到家了，我和她。买好了菜，等你回来做饭。”

荀西宁电话里说了声好，对面前向他请示工作的陈副馆长说：“我要走了，儿子回来了。”他有点着急回家，要看看儿子的女朋友。

回家一推门他就看见了，女孩子给他的第一印象很好，看着就觉得一团喜气。九零介绍她叫白砚，黑龙江佳木斯人。白砚在手机上拼出砚字给荀西宁看，说明是砚台的砚字，不是艳丽的艳。她总是乐呵呵的，咯咯咯地笑，看得出性格的直率、开朗。

待荀西宁在厨房里忙着洗洗切切的时候，白砚和九零打闹到他面前来，搂着看做菜。他们没声音的时候是在沙发上抱成一团，厨房与客厅的隔断是玻璃门，他们的小动作一目了然。

都说人的性格从小定八十，喜好大概也这样。白砚长得白白胖胖的，圆圆的脸，圆圆的眼睛，开阔的额头，小翘鼻子。九零上幼儿园的时候就喜欢胖胖的小女生，敢上前拉人家的手，大着胆子摸人家的脸。对瘦小的女生从来就没有过。

九零问父亲朱阿姨什么时候来，说要介绍父亲的女朋友给白砚认识。荀西宁听儿子这么对女朋友说到他的女朋友，觉得尴尬又不好指责他说得不好，只得用严肃的口气说：“朱阿姨今天不来！”

荀西宁接到九零回来的电话后就约朱蕴过来，可她怎么也不肯。她和九零还没有见过面，说先让他们父子团聚，没几天就过年了，节日间找个合适的场合见面会更好。荀西宁知道她的为难之处，是不想让九零觉得她在这个家已经像女主人了。九零很失望，说这次见不到朱阿姨是件遗憾的事，他和白砚明天就离开高沙回扬州。

三个人坐下来吃饭，九零站起身来到厨房拿出一瓶红酒和一只酒杯，替父亲斟上酒。他见白砚奇怪地看着他，解释说：“我爸爸不让我喝酒，我在他面前从来不喝。”转过来又对父亲说：“学校里同学聚会时，我有时来点啤的。”

白砚揭发九零：“还来点啤的，像喝水一样地大口喝白的。”说完她咯咯笑起来。九零尴尬地看了父亲一眼，白砚收住笑，打开一听饮料放在他面前，给自己也开了一听。

荀西宁端起酒杯说：“小白，欢迎你！”白砚很斯文地双手端起饮料罐说：“谢谢叔叔。”

荀西宁对九零夸白砚懂礼貌，九零说她就一会儿，马上就藏不住、掖不住了。

白砚说想问荀叔叔一个问题，她是不是荀叔叔希望的九零女朋友的样子。

荀西宁越发觉得她直率，倒也更喜欢了，说他的要求简单，只希望九零有一个爱他的女朋友，这是他很注重的一点。

白砚说她要是有不好的地方就是胖点，在他们佳木斯，她算苗条的，她姥姥是苏州人。

荀西宁用一双公筷给白砚夹菜，向她介绍：“这是有名的咸鸭蛋，清蒸的高邮湖的白鱼，茶干炒水芹……”

白砚用手捂住碗说：“够了，够了，叔叔我吃得很少的。这个咸蛋还是双黄……我好喜欢扬州，春节前我还会过来，我要在扬州过年，要沐浴瘦西湖，听平山堂钟声，转后街小巷，看节日里的花灯，要瞧瞧扬州城里有多少俊男靓女。”

荀西宁说：“十年一觉扬州梦，我们也很恋扬州，所以九零选了家门口的扬州大学去读书。”转而他疑惑地问白砚怎么不是在扬州读大学。

白砚说她在东北沈阳上学，九零也就接着介绍，他这个女朋友是从网友转为恋人的。

荀西宁嘴上不说什么，心里便只有感慨的份了。儿子用最现代的方式颠覆了父辈当年谈情说爱的套路，父辈们甚至更往前的一代代，每一步都执守着那些社会常规、习俗、程序，恋爱过程中的私密进展是很难避开父母、社会、单位的无形监督的。相比他们的长辈，他们真是天上地下啊。既然他们从虚拟世界走到线下了，那么，她在沈阳，他在扬州，下一步是什么呢？将来做如何打算？荀西宁不敢往下想，估计“将来”太长，也会是一个变数。

白砚说：“叔叔，我上辈子，或者上上辈子一定是扬州的女子，是扬州的‘瘦马’。”

九零不好意思地赶紧替白砚解释，说她不懂“瘦马”是什么人物，她是想说自己是古时候的扬州美女，是看穿越小说看得脑袋进水了。

白砚不恼，咯咯地笑得停不下来。到九零制止她，要她不要大笑，她才有点不好意思地憋住了。

荀西宁对白砚说：“你笑吧，尽情地笑，叔叔平时很少听到这样的笑声。喜欢你这么开心的笑，听着心情都好。”

白砚很奇怪地问：“叔叔的工作很严肃吗？”荀西宁看了九零一眼，知道他没有对她说到父亲的职业。

九零说：“岂止是严肃，还要扮悲情。”白砚没有追问，用一个小碗给自己倒了红酒，站起来给荀西宁敬酒。她好酒量，一次次地敬酒，一大口接一大口地喝，像喝到嘴里的是白水一样，一瓶红酒很快喝光。

饭后九零指使白砚收拾桌子洗碗，拉父亲坐到沙发上说：“东北的老爷们在家里都是甩手掌柜，我现在是东北女人的男人，所以得由她去刷锅洗碗。”荀西宁一丝苦笑，这小子，都已经开始拿大老爷们的架子了。

荀西宁和九零两个人一起生活时，也就是他母亲去世后，定过规矩：他做饭，儿子必须洗碗。有了女朋友的九零学会显摆了，还居然在父亲面前来这一套。荀西宁不得不教育他，说一个男人不能只嘴上说对爱人好，要落实在行动上，具体的表现就是做家务，爸爸可是一直在家里做家务的。

九零说能者多劳，话音刚落就听见厨房里哗啦一声巨响，紧接着又是白砚的笑声，笑得要岔气了。她说她打碎了三个盘子两只碗，还好没有划伤自己。荀西宁白了九零一眼，看样子白砚也不是勤劳能干的人啊。

荀西宁酒喝得多了一点，是因为很高兴，九零回来了，还带回来一个漂亮活泼的女朋友，家里欢声笑语、其乐融融，所谓天伦之乐大概就是这样吧。他很享受他们带来的一切，哪怕是摔锅砸碗。他对九零说：“你爷爷、奶奶和你妈妈要在世，看到这样，不知道要高兴成什么样子！”

九零“嗯”了一声，有点心不在焉的样子。荀西宁让他们早点休息，他又“嗯”了一声。荀西宁只以为刚才说了他两句，他故态重演。

一会儿九零在父亲面前转来转去，欲言又止。荀西宁以为洞悉儿子心事，说家里还有一个卧室和客厅的沙发可以睡人，他要先休息了。

把女朋友带到家里，能在沙发上搂抱亲吻，到这种程度估计他们该做的都做了。荀西宁觉得他应该做那种开明的家长，暗示儿子可以在家里适当安排，这等于给他们开了绿灯，也想定下九零和女朋友可以在一起的话，他还要提醒一下儿子注意安全和保护女生，毕竟他们还没有毕业。

哪知道九零说，他们还是住到外面去，找一家宾馆。荀西宁大感意外，问为什么。好好的家里不住，住什么酒店、宾馆。九零说：“白砚……她笑个不停。这个……大家都不方便啊。”他与父亲商量，问父亲能不能住到朱阿姨那里去。

要将老子扫地出门还巧舌如簧。荀西宁笑笑，说那他就回馆里去。九零得寸进尺地提出今年的春节不回来了，要陪白砚在扬州过个年。

荀西宁无奈地摇摇头说：“好吧，你就一个人在外面过次年看看。”九零厚着脸说：“我们都不是一个人了，你有朱阿姨，我有白砚陪着。”

喝了酒开不成车，荀西宁打电话给住在馆里的窦亚，要他来接一下，不要骑摩托车，开什么车都行。到这个点，打车往殡仪馆去会为难出租车司机的。

窦亚很快开着灵车来接，到了小区门口发了短信。荀西宁向白砚告别，她送他到门口，大大方方地摆手说再见，让荀西宁恍若在朋友家做客向女主人告辞一样。

一会儿，荀西宁收到儿子的短信，他告诉女朋友父亲在殡仪馆工作，她脸都吓白了，要将室内所有的灯都开着睡觉。

2

春节殡仪馆没有节假日休息一说。进腊月荀西宁和副馆长陈喜国商量怎么过春节的事。这是他当馆长的第一个春节，总想有点新气象。

兼着馆里工会主席的陈喜国说能怎么过。殡葬工的春节是最革命化的，连年味都没有，大家五天年假只轮到一两天休息，不好去给别人拜年，也少有上咱们这些人门上拜年的，干上这个行业以后大家便都习惯了，反正他是这样的。就怕窦亚、伊春娜他们这些今年刚参加工作的新人不适应。不只他们，还有他们的父母亲戚，也有个适应这种变化的过程。照陈喜国说，多给大家发些钱，年就是好年。

荀西宁想，多发点钱就算过好年，也太没追求了。他联系了局工会、党办、团委，邀请他们在节日期间去殡葬工家里做客，让馆里的职工、党员、团员的春节过得与往年不同。什么事情想到才能做到，他这么一来，局长、书记就都表了态，要分别在春节期间去殡葬工家拜年。排节日值班表的时候，荀西宁为自己排了除夕和初一两天的夜间值班。

到除夕这天上午，有三家丧户出殡，死者的死亡时间有两位是头天，一位是当天夜里。按照高沙至少停柩三天的风俗，都不应该在这天出殡。事在人为，丧户赶日子也是有道理的，在年前送葬等于送走了晦气和悲伤，真正地辞旧迎新。如果除夕这天还不火化，就要一直摆灵堂过新年，灵堂是不好跨年的。要说在大年初一的节庆喜气中，家里还布设着灵堂，新年的第一天就让殡仪馆灵车到门上来，确实不是个滋味，谁都会觉得非常不吉利。因此，死者和家属都避着这一天。实在避不过去，死者遗体尽可能留在医院太平间，或者送到殡仪馆来。正月里的丧事都很急促，丧户会选择从简，淡化哀伤，尽可能地不惊扰左邻右舍和领导同事，除非去世的是子孙满堂的高寿老人，在家办的是挂红彩的喜丧。

尽管这样，殡仪馆也不会像银行那样在正月初一歇业，还要留人值班，能够完成整个流程。

荀西宁问到馆里的老职工雍大贵，大过年的馆里贴不贴春联，放不放鞭炮。雍大贵说："没贴过，没放过。"荀西宁想，既然今年这个年要过得与往年不同，就多些花样，让大家快乐一下，喜庆一番。

下午殡仪馆在职工之家搞了一个联欢会，会后有一个贴春联、放爆竹的活动，新鲜事大家都有兴趣，热热闹闹地一起参加了。

春联是荀西宁拟的，写在红纸上，贴在职工之家的门柱和门楣上，远远地就能够看到。

上联：盼国家和谐鼎盛

下联：祈人民健康长寿

横批：安居乐业

春联刚贴好，还没有放爆竹，荀西宁就接到民政局宋局长的电话，他说看到馆里的对联了，"盼国家和谐鼎盛，祈人民健康长寿"，祈福求安，内容挺好，他先给大家拜个早年，祝大家新年吉祥，阖家欢乐！

神了！宋局长哪能够看到对联，一定是谁给他打电话汇报了。荀西宁向宋局长解释，对联贴在职工之家，丧户是看不到的。大过年的，也想喜庆一下。

宋局长要荀西宁不要想那么多：“移风易俗，改造中国。这是一位伟人说过的，是我们的工作，是我们的重任。”他交代荀西宁也要尊重民俗，丧户万一要是看到还是不好，妥善的做法是在红对联上贴上个手指宽的白纸条。

荀西宁说：“马上照办，那我们就接着放爆竹了？”宋局长说：“你们放吧，只要不面对丧户，注意安全就行。我们的殡仪馆的年也要过好，也要过得热热闹闹的。”

荀西宁对身边的陈喜国感慨，接近过年的这两天，看到高沙市电视台在播市领导慰问春节期间坚守工作岗位的干部职工消息，也看到了各大媒体上频频出现的各级领导深入基层送温暖的报道，有慰问交警、慰问边防战士、慰问医护人员、慰问流水线上工人和扫马路的清洁工人的镜头，就想怎么也不会有慰问殡葬工的。在举国欢庆团圆祥和、唱赞歌迎禧接福、家家户户杯盘碗盏红火热闹的时候，殡仪馆的工人不也坚守在第一线吗？这样的岁末坚守，虽不是在为国家创造物质财富，但减少的是社会和家庭的痛苦。殡葬工在这里不能欢笑，不能祝福，不能庆贺，只面对痛苦、泪水和生离死别，谁来给他们送一点温暖呢？而他，去年不在这个岗位上，不设身处地是没有这点感想、感慨的。

放完爆竹大家就都回家过年了，荀西宁独自留下来值班。

他忽然感到腰疼，他不敢相信是真的，症状出现了？

3

荀九零和白砚在扬泰机场候机，边上放着极简单的行李，一只双肩背包和小巧的拉杆箱。

白砚要过九零的手机打电话。九零不满地说："看来一定是要把我的手机也打爆了。"白砚可怜兮兮地说，她与爸爸妈妈说说话，心里才好受一点。刚才她难受得胸闷，气都喘不过来了。

白砚边拨电话边对九零说："你说我咋的，上午还好好的，怎么到吃饭的时候，一下子就特别想我家那旮旯的，恨不能立即就在家里的大炕上。"

九零有点气恼地说："好好好，马上安检了，晚上你就到家了，就在你的大屯子过大年了。"

白砚拨通电话，喊一声"妈……"眼泪就哗哗流下来。九零见状摇摇头，起身去找充电器替白砚的手机充电，机场服务小姐热情地带他过去。

九零守着充电的白砚手机，看了一下腕表，用白砚的手机给父亲打电话，电话语音提示占线。他发短信，拼出："爸爸，我回来和你过年……"想想他停住了，取消了短信。

二十多分钟以后九零回到白砚身边，将充好电的手机交到她手上。白砚将九零的手机还给他说："不好意思，你的手机真的被我打爆了。你路上怎么办？我们要失去联系了。"

九零说："你待会儿上飞机要关手机，我们反正要断交一段时间。我也不给爸爸打电话了，这时候回家，给他一个惊喜。"他焦虑地看看电子信息屏，对白砚说："差不多了，你去安检吧。"

白砚不满地说："你是急着要我走，巴不得要我走，是不是？"九零说："我巴望的是你不走，和我一起回家，在我们家过年。"

白砚说：“我回家就不会想爸爸妈妈了，就只想你一个人。”她对舍弃九零有些歉意。

九零上前拥抱她一下，拍拍她后背，松开她，倒退着向她告别。

白砚站在那里，一动不动。

九零从候机楼出来，已近傍晚，昏黄的天上飘着雪花，地上已经有积雪。

汽车站里旅客已经不多，他还是赶上了一趟开往高沙的车。上车后见车厢里只有一个空位，上面放着一个鼓囊囊的旅行包。挨着这个座的是一个漂亮女孩，围裹着围巾，只露出一双扑闪着的会说话的眼睛。九零绕过走道里密密匝匝的行李，挪着身子走到围巾女孩面前。

他指着旅行包问：“小朋友，这个包能不能由我抱着？”围巾女孩说了声“NO”，拿起包抱在自己腿上，为他让出座位。九零谢了她，局促地坐在围巾女孩身边，女孩挪了挪身子，为九零让出稍大一点的空间。这个过程中她一直没有再说话，眼睛盯在手机上。九零瞄一眼，看她在玩微博。

有乘客对司机说：“师傅，人满了，开车吧！”众乘客跟着说：“开吧，都下雪了！”“早点让我们回家过年吧！”

司机打开保温杯慢吞吞地喝了一口说：“马上，马上。”可就是没有发动车子。九零转过脸看车窗外雪花飘舞的天空。

直到又上来几个打工者模样的，将过道的空间也塞满了，客车才缓慢地启程，一路上还在招揽路边等车的。

九零边上的围巾女孩还在看手机，不时地偷笑着。她的手机响，她拉开一点围巾接电话，“爸，我还在路上，快了，还有半个小时到高沙。”电话里的声音九零能听到，“不着急，我们等你，要司机慢点开，下雪天，注意安全……好，好，我挂了。”

一位乘客看了看腕表说：“师傅快点，我们回去要看电视。”司机大声说：“好咧，《新闻联播》都耽误不了。”接着九零听见司机在小声嘀咕：“快慢不是你决定的。”

九零拿出手机试着开机，揿了几下都没有反应。他转过脸对围巾女孩说：“小朋友，能不能帮忙给我父亲发一条短信？我手机没电了。”

围巾女孩看看九零手中的手机，白了他一眼说：“这一套，太老土了。”说完拉上围巾将脸捂得更实，还背过身去。

九零摇了一下头说：“那你能不能帮我发一条私信，我爸爸有微博，你搜一下‘咏归者’，歌咏的咏，归来的归，之乎者也的者。”

围巾女孩转过身对九零晃了一下手机，鄙夷地说：“偷窥狂，看我手机信息。”九零礼貌地对她解释：“我不是有意的。”

围巾女孩在手机上悄悄地搜索到“咏归者”，对九零翻一下白眼，翻看咏归者的一条条微博。看着看着，她笑了起来，转过身对着九零说：“你爸爸的工作很特别吧？”

九零回答她：“说出来吓死你。”他看看四周，又说了句，“过大年的，不和你说。”

九零要过围巾女孩搁在腿上的旅行包，放到自己腿上来，她又笑了，得意的那种，她说：“你爸爸今天没有待在家里，在单位值班。我微博上看到的。”

客车到站，九零将围巾女孩的包拎下车交给她。女孩对九零说：“我粉了你爸爸，你应该互粉一下我，我替你发了私信。”

九零调皮地说：“我待会儿见到我爸爸要他粉你。”见到一辆出租车开过去，他赶紧伸手拦车并迎着车跑过去。

出租车在他前面停下，围巾女孩也拎着包紧跟过来。出租车司机探出头来问他到什么地方。九零脱口而出，“到大旺殡仪馆。”

出租车司机说：“呸，不去！”立即开车走了。

围巾女孩用包撞了一下发愣的九零，说要是她叫车就不会说到殡仪馆，只说到大旺镇。

九零继续寻找出租车，围巾女孩一直跟着他。他不时地回头看她一两眼，心想你跟着我干什么。

围巾女孩果真是有目的的，她讨好地对九零说：“你带我去你爸爸那里玩吧，除夕夜到殡仪馆，多有意思啊！我们车费 AA。”

九零眼睛都瞪大了：“你要到殡仪馆玩？”围巾女孩轻声地说：“是的。”“那儿有什么好玩的，变态啊！”

围巾女孩见他口气变得凶巴巴的，回了一句：“你才变态呢，哪有这么说人的。”

九零觉得自己是有点不好，换了口气：“你不回去和爸爸妈妈一起吃年夜饭？”围巾女孩摇摇头。九零接着问：“你不看春晚？”围巾女孩说：“不看。”

九零无奈地说：“要不我送你回家吧，那地方真不是好玩的地方。”

围巾女孩立马高兴起来，“好啊，但是……”她停顿了一下，不容商量地要求，“你要送我到家门口。”

“好吧。这是可以考虑的。” 九零站了下来，问围巾女孩家住在什么方向。

4

天渐渐地黑下来，荀西宁将殡仪馆内巡查了一遍，能上锁的地方都锁上，过道灯一盏盏打开，不让有一处地方黑着。

到传达室他利用微波炉热了食堂留下的年夜饭，打开从家里带来的一瓶红酒，将两个玻璃茶杯倒满。平时他不喝酒，但除夕夜的年夜饭，九零的母亲戎蓉总要他喝点红酒，要满杯，讨红红火火的吉利。

荀西宁将一杯酒泼在四下里的地上，举起另外的酒杯对着空中敬了一下，然后一扬脖子喝得点滴不剩。到殡仪馆工作以后，酒量好像比过去大多了，一瓶红酒没喝几口就空了。

窗外下雪了，飘着南方城市很少见的鹅毛大雪，看着看着，他在室内就再也待不住，搁下吃一半的饭到外面去。鼻子里猛然窜进尖利的冷气，纷纷扬扬的雪花落在裸露着的物体表面，在身上的感觉是脸和眉毛有化为水滴的冰凉，脖子不由得一缩。

一个人在馆里走走停停，馆内的灯光或灰暗或昏黄。一望缟素的世界，远远的天空有火树银花，四周里空寂无声，远处有鞭炮声轰隆。孤寂清冷是衬托对比出来的，忽然就让他感觉到远离人群的那种绝对孤独。

从殓葬间出来穿过告别厅，看到一张告别棺，他想了一下自己躺在上面的情景，上午他在医院的时候想到的是自己面如枯槁地躺在病床上。

他对自己说，这不过是最不好的结局而已。朱蕴安慰他，大医院的复检或许会是另外一回事。这件事从上午他知道以后就让他有各种情绪。

多么特殊的夜晚啊——

这时候的他，胸腔里一会儿觉得胀满，一会儿又觉得空虚到无以支撑，脑子里时而热烈，时而冷静，冷静是那种通透彻骨的。

他想起一首名为《请柬》的诗，那是年轻时读过的席慕蓉的诗。当时并没有太多的体会，这一瞬间，却字字清晰，似排列在天空的大屏幕上：

我们去看烟火好吗
去　去看那
繁花之中如何再生繁花
梦境之上如何再现梦境
让我们并肩走过荒凉的河岸仰望夜空
生命的狂喜与刺痛
都在这顷刻
宛如烟火

怀着这样的诗情站在停车场中间，他想到这是除夕夜的殡仪馆，想到是孤零零一个人在这里，不由得百感交集。他用手指着告别厅、殓葬间的方向大声说：“谁，谁与我做伴？”转了一圈无应答，他哈哈大笑起来，转而脸上冰冷，有热泪涌出。

他到休息室将那台电视机打开，央视的春晚已经开始，他把电视的音量调得低一些，熄了灯，半开着门。

回到传达室，他将桌子收拾干净，沏了一杯安吉白茶放在面前，打开看了一半的史铁生的《命若琴弦》。

手机提示微博上有私信，他打开看：“爸，我快回来了，马上到你这里来！”发私信的是“开心无果”，有着很漂亮的年轻女孩头像。

他自言自语：“你发错了。我这地方，除了给别人送葬，最好谁也别来。还粉我，我应该互粉，这是礼尚往来。”

他写了条微博：

除夕夜，室外飘雪花，面前有热茶，手上有好书，甚是惬意。XX馆也有春晚，祝大家远离我们，新年平安！

微博还没有发出去，手机响了，是副馆长陈喜国打来给他拜年的。陈喜国问他现在坐在什么地方。他回答是坐在传达室里。陈喜国问他不看电视将休息室的电视打开来干什么，是不是给自己壮胆。

荀西宁愣了一下，想想陈喜国有过除夕夜在馆里单独值班的经历，大概也是这样的。他笑了起来，说打开电视给死去的人看，增加点节日气氛。荀西宁还想和他聊两句，他说挂了，电视有好节目了，他在看春晚。

几乎是陈喜国的电话刚结束，桌上那部黑色的尾号为161的电话响了，荀西宁立即拿了起来。这时候这部电话的铃声和119的值班电话一样惊人，就怕高速路上出车祸或者燃放烟花爆竹有人员伤亡。

电话里没有声音，只有粗重的呼吸声，荀西宁好几声“你好”的问候后仍然没有语音传过来。他没有马上搁下电话，在心里默数着数字，准备在数到5的时候挂电话。陈喜国说过，161电话夜里响，大多是酒喝多了的人搞恶作剧，找刺激。

“你是 161，殡仪馆啊？”电话那头终于说话了，是个年老的声音，缓慢、嘶哑。

荀西宁说：“是的，这里是高沙市殡仪馆。我是值班馆长荀西宁。”

“哦，你还是领导，接电话不专业，为什么不问有什么……什么需要帮助的？”对方露出教训人的口气。

难道真的遇到搞恶作剧的了？荀西宁还不能肯定。他说：“抱歉，我们这个单位有特殊性。您有需要请提出来，我们一定提供给您优质的服务。”

“这还差不多。”对方的口气轻松起来，“我叫左双全，你知道吧？”

荀西宁迟疑了一下，选择了说知道。在心里他马上问自己：“左双全是谁？”他知道以这种口气问人的人很自信，要是他告诉这个人不知道，他会觉得很没面子。

“你们殡仪馆立项是在我手上批的，我那时候是市领导，是我帮助你们将馆建起来的。”

荀西宁想起来了，高沙市多年前是有过一任副市长姓左。他工作的二十多年间，市政府有过多届领导，除了有政绩和这两年送到殡仪馆来的，其他的他哪记得住？

“我这个时候打电话给你们有两件事。”他停下来，而荀西宁则希望他快点说，想知道他究竟有什么事情。

稍后他不紧不慢地说：“我要死了，拖不过明年。就是过几个小时以后到来的新年。”

荀西宁马上说不会的。他说：“这个，我比你清楚，预约你们是一件事，还有，就是要向你们表示道歉，”停顿了一下，他说：“你们开馆的时候找我来剪彩，我没有答应。”

原来他说的是这么两件事，荀西宁不敢说这位老领导喝高了，也不想妄估他此刻的心态。值此新年到来之际，他祝老领导健康长寿，并告诉他剪彩的事情根本不算什么，不要往心里去。

“有人向我汇报过，你们殡仪馆有一个人对这件事气得很，说我总归要到殡仪馆来。这下好，我马上来了。”

接着他说当时不来剪彩的原因还真是怕惹晦气，现在知道自己来日无多，倒是不怕了。

荀西宁看出他打电话并不是对死英勇无畏，只有安慰他，说像他这样不怕死的人是死不了的。

他的情绪还是没有好起来，问荀西宁这话是不是真的。荀西宁说：“肯定真的，我看到的这方面事多了。说要到我们这里来的往往没这么容易。”似乎是为了进一步证明这一点，荀西宁说他其实也这么对自己说，这么鼓励自己的，刚拿到的医院的体检单说自己患上了肾细胞癌。

他要荀西宁赶紧住口，感谢荀西宁为了安慰他而用心良苦，但大过年的不要找这种借口安慰别人，瞎说这样的事情，会触霉头的。荀西宁说真是这样的，尽管还没确诊，他不抱有希望、奇迹发生的幻想，只要求自己要有好的心态面对。

他谢谢荀西宁，还是不相信荀西宁说的。他拜托荀西宁记住他，以后他来的时候照顾一下，就当作提前和荀西宁开了后门。

荀西宁安慰他，说到那时候怕是还要老领导提前来提醒一下，时间长了哪能够记得住。

他说荀西宁这句话说得真好，哈哈大笑后挂了电话。

5

九零和围巾女孩步行到一个小区门口，女孩掏出手机打电话，让父母下楼接她一下。

走过几幢楼，九零看到前面的单元门前有人站在那里向他们这边望着，是一对五十多岁的男女，正想问围巾女孩是不是她父母。围巾女孩慌忙将九零拉到一边。她小声、急迫地对九零说：“快告诉我你名字，要不我爸爸会以为你是坏人，”见九零疑虑的样子，她声音小下来，“我爸爸是警察，最喜欢盘问人。不过你见到他可以保持沉默。”

九零不知道怎么回事，跟着她倒是紧张起来，结结巴巴地说了自己的名字。

围巾女孩又交代他：“我们过去时，你对他们要有恭维的笑容，这关系到两位老人过年的幸福指数，你不要太残忍哦，你要有礼貌哦！”

九零不解地问她：“你爸爸妈妈都是当官的呀，喜欢人巴结？”

围巾女孩嗔怪地说：“不要问这么多。”紧接着她哎哟一声说：“路这么滑，麻烦你扶着我一点。”

围巾女孩不由分说地挽住九零的胳膊，九零满脸堆笑地和她向两位老人走去。

围巾女孩脆生生地叫了：“爸、妈！”她妈妈疼爱地说：“果果，终于等到你回来了，不对，不对，是终于等到你们回来了。妈心焦得在家里直打转，怕你路上着急，你爸爸不让我给你打电话。”

九零有点奇怪，围巾女孩的妈妈在说话的时候目光始终落在他的身上，她爸爸好像也是的，觉得围巾女孩还真的没有瞎说。

围巾女孩拉了九零一下，对她爸爸妈妈说：“这是我朋友荀九零，你们就叫他九零。”九零礼貌地跟着说了声：“叔叔阿姨好！”

围巾女孩父亲和九零握了下手，母亲则说：“你好，九零你好……我们快上楼，赶紧吃年夜饭。”

九零说：“谢谢叔叔阿姨，我要赶紧回家，我父亲是一个人，我得陪他。”围巾女孩赶紧帮腔说就是的，也都打过几次电话催了。

围巾女孩父亲又捞起九零的手握了一下说：“好，九零，我和你阿姨都是讲理的人，不勉为其难，明天你再过来。”

九零很困惑，“我……”他不知道说什么好。

围巾女孩过来要过九零替她提着的包，亲热地说：“赶紧回家吧！”

九零礼貌地告别，转身离去。围巾女孩父母满意地看着他的背影。

围巾女孩得意地对父母说：“让我带男朋友回来过年的任务，我完成了吧？”

女孩父亲说：“部分完成，算是在个人问题上有追求了，有进步。”

女孩母亲说：“小伙子眉清目秀，身条子也高，不丑不丑！”

围巾女孩说：“何止是不丑，是高富帅。”

女孩父亲有点疑问，他问女儿：“刚才，这个叫什么九零的，说他父亲一个人，果果，你要弄清楚他这个单亲家庭是怎么形成的，是父亲不好还是母亲不好，这方面似乎是有影响的……”

围巾女孩推着上楼梯的父亲后背说：“快走，快走，真烦人啊！”

6

有摩托车的轰鸣声传来，荀西宁擦了一下面临馆前路的窗户玻璃，看到远处的灯光和在雪地里慢吞吞开过来的车影。他知道一定是窦亚过来了，赶紧穿上大衣，拿上手电筒站到门外去接。

待窦亚到面前他打开门，问窦亚怎么不在家过年。

窦亚说年夜饭是在外面酒店吃的，父亲给他在酒店订了房，说他也不回去住。解释是多余的，他知道是怎么回事。

荀西宁拍了拍窦亚湿漉漉的肩膀，说窦亚这是有意要来陪他的。窦亚说不是。他把摩托车熄了火，一直坐在车上不动。荀西宁知道他肯定还有什么心事，要他回宿舍去看电视，想聊天的时候再过来。他点点头，启动车往后面缓缓开去。

雪已经下得覆盖了路面，窦亚这时候开车过来很危险。他也只有殡仪馆这个去处了，父亲和母亲离婚以后，母亲也组成了家庭，他父亲一直认为窦亚做殡葬工是和他斗气，是报复他。他被父亲拒之门外，也不好去母亲那里。

荀西宁忽然急切地想知道在扬州的九零和白砚的情况，下午就希望他们能够有一个电话过来，可一直没等到。打九零的电话竟然一直是忙音，后来干脆打不通了。

荀西宁拿出烟花爆竹做准备，并找到了一只打火机，他要以此来迎接新年。

以前馆里从来没有在春节放过烟花爆竹，他今年就是想放一下，上午他从医院出来更是坚定了这个念头，他要跟自己拗一把。体检单其实是可以年后去拿的，赶上到医院看望住院的退休职工，这就让自己提前知道了。其实也无所谓，在殡仪馆，天天都泡在别人的悲伤里，现在只是又加上自己的一份而已。

正想着要不要将窦亚早点叫过来，和他聊聊再一起放了烟花爆竹，兴许他就快乐起来了，馆门外响起了敲门声。荀西宁擦擦窗户朝外看，不知道这时候还会有谁过来。

他一惊，看到竟然是浑身落满雪的九零站在外面。他赶紧开门，看了一下九零的身后。没有白砚，馆前路上留有一长溜歪歪斜斜的脚印。

进到室内九零跺跺脚，拍掉身上的积雪，嚷嚷着赶紧找东西给他吃，说肚子饿穿了。年夜饭有剩下的，荀西宁赶紧拿微波炉里去热。九零说吃什么都行，就是要快。

热饭菜的当儿荀西宁问九零，白砚呢？

九零说："她啊，只怪我们在扬州的小巷里乱逛，看到家家户户都忙碌过团圆年，杀鸭子宰鹅，回宾馆一下子就觉得无家可归，心情马上坏了，她哭哭啼啼地要马上就回家，说扬州再好也不如家好，要回家和父母过年。我是将她送到扬泰机场以后赶过来的，一路折腾，手机又没电了。"

荀西宁问儿子是不是跑家里扑空了。九零狼吞虎咽地吃了两口菜，口齿不清地说："你还能去哪里？我还能回哪里呢？"他笑笑，"知道你在这里。微博上知道的。"

荀西宁不敢相信："知道我有微博？"九零说："知道，早知道了，我都粉了你。我请人家给你私信了，告诉你我要过来。"

荀西宁说这是他感到纳闷的一件事，一个女孩的微博发私信叫他爸爸，他以为错了，又不好回人家。"不是白砚发的吧？"他问儿子，不等他回答就笑了笑，摇摇头说："她对我没这么亲热。"九零说是另外一个女孩，他们同车的。

"爸，你不要可怜我噢，我不是被人家甩下的，白砚可是央求我和她一起去东北的。我没有同意是因为，她有她的父母，我没妈了可还有爸呢。我爸在哪里，哪里就是我家，哪怕它是殡仪馆，我也要过来。把这里当家也不是不可以，和你一样，以馆为家。是不是，好不好？"说着他脱下羽绒服，从怀里拿出一瓶红酒递给父亲。"以为能够和你一起吃年夜饭的，特地在路上买的。"

"爸爸再和你一起吃。"儿子让荀西宁有些感动，他洗了两只杯子说："没有高脚杯就用茶杯吧。你陪我喝酒。"

九零不敢相信："我和你一起喝酒？让我升级了，可以喝酒啦？"荀西宁："是的。"

九零见父亲还要给他倒酒，赶紧要过酒瓶，他给自己只倒了浅浅的一点。荀西宁不满地说："你的，倒到和我一样，不要装了，不要像喝水一样就行。"

荀西宁端起杯子，腰好像又隐隐地有点疼，他挺起腰杆说："儿子，让你到这个地方来，委屈你了吧……"

九零说："到殡仪馆来度过这么一个除夕夜，其实挺好的，替我发私信给你的那个女孩死缠我，要一起过来呢。"他四下里看了看说："一点也不觉得这是个阴森的地方，往这边跑的路上我心里想，人不能到这里来时什么都没有了，人生要有作为，要在世界上留下物质的痕迹。所以我鼓励自己来年要努力，要奋斗。”

九零和父亲碰杯：“爸爸，新年快乐！”荀西宁杯子迎上去说：“新年快乐！新年吉祥！”

喝了酒荀西宁拿着手电筒要到馆里去巡查一下，九零一定要跟着。

九零对父亲说：“爸，有件事你不要在意，你年初调到殡仪馆来工作的时候打电话告诉我，我当时问你到这样的地方上班难受不难受，你说，难受。我也是难受的，所以才问这个问题，问这个不应该问的问题。”

荀西宁：“一直希望你长大，又一直不敢相信你长大。平时和你打电话，想和你商量事情，你听了总是哼哼哈哈的，就连爸爸和朱阿姨准备领证这么大的事情，告诉你，你也只‘嗯’了一声表示知道了。”

九零：“我不敢相信自己能替爸爸主张什么。”

荀西宁：“这就是个问题，我们少交流。我还一直向往我们多年父子成朋友的那种境界。”

九零：“爸，你是我唯一的亲人。今晚就是跑到这么个地方来，有你在，我还是有到家的感觉。”

荀西宁：“现在你或许是这样，你结婚了就不是了。你要把爱人，在婚姻里，在你组织的家庭里，当最亲的人。这是必须的，这样你就能过得很好。”

九零：“嗯。”

荀西宁：“又嗯了。”

九零：“你现在有了朱阿姨，还想妈妈吗？”

荀西宁：“想！”

九零：“我又问了不该问的问题。”

荀西宁：“没事。你妈妈出事以后，你问我，为什么不是我送奶奶去姑妈那里。我回答你，因为爸爸单位有事走不开，还有一件没说的是，那天你妈妈买了带鱼，你只喜欢我做的油煎带鱼，你妈妈交代我，你放晚自习回来一定要吃上。没有告诉你，是怕你更难过，会自责，会背上包袱。其实，如果我去的话，事情或许不会发生，车开得慢一点或者快一点都不会在那个弯道遇到开疲劳车的山东司机，我和她处理险情的方法也不一样。事后做各种推想、说什么话都没有意义，无可挽回，没有后悔药可以吃。现在想来，你好多时候心里有答案还问我的事情，是要一个证明，是不是？”

九零：“嗯。那时候我小，以为爸爸妈妈非要死一个，现在要我做这种选择，我宁愿这种祸事摊到我而不是父母身上。”他停下来，望着父亲说：“爸爸，我们都要好好地活着，真的不要再有什么不幸降临到我们身上了。”

荀西宁沉默了，默默地将儿子带到火化机面前。

他说：“死是自然规律，每个人自打出生就是一个向死的存在，没有谁能够不死，只是生与死不应该是一个点与点之间的直线，而应该是一个尽可能的圆，生命即使没有长度，也可以有宽度和厚度，用这个圆来体现圆满和充实。那样才是有价值的生命吧！

“你那会儿说到，人要在这个世界上做物质留存、对社会有贡献，这是必须的，这是体现人尊严和生存价值。

“到殡仪馆来工作以后，我思考过很多，刚才在你过来之前我也在想，撇开那些大而化之的思想、理想，我们在家庭，在小我之间也要有留存。

“怎么留存了？我要录一段视频留给我未来的孙子或者孙女，让他们看到爷爷的模样，知道我盼望他们降临人世和爱他们。当然，如果我看到你结婚，能够看到你的孩子出生，那是再好不过的事情，我一定要亲亲小家伙粉嫩的屁股，争取活到送小家伙上学，接他放学回家……”

九零：“我打断，我结婚，我有孩子，这些都是肯定要在我们的生活中发生的，我们一起参与的，你活到九十岁、百岁，都能看到你孙子结婚……”

荀西宁："哦，考虑一下自己的后事并不是坏事，起码能够在人生的最后阶段把控住一些，将希望做的，做到一些。

"在这里工作，看到人家的殡葬，我就想我将来一定要做环保。我交代你，我的骨灰先装在一只百元的经济适用型骨灰盒里，以后分成N份，装在可以在土壤、空气、水分里降解的袋子里，在我们这里的高宝湖里撒一半，其他的由你带到你去的、那些我再也无法光顾的城市，伴着你和子女以后的生活。

"你要是大学毕业后在南京工作、生活，就将我的一份骨灰树葬在那里，我喜欢南京那座城市遍植的挺拔的雪松；你要是到武汉，我的骨灰就江葬，我一直想到浩浩荡荡的长江里去畅游；你要是到广州，我的骨灰就海葬，大海是人类的故乡；你要是到东北去，这极有可能，我的骨灰就到林海雪原里去雪葬；要是你到北京或者上海，我的骨灰就空葬，伴着花瓣播撒向最伟大和最繁华的城市上空……"

九零目瞪口呆地看着自己的父亲，看到他近乎沉迷地在说自己的后事，说得神采飞扬，说得像是在勾画他人生美好的蓝图。他不解地问父亲，"你说这些干什么，我们在殡仪馆就一定要说这些吗？"

荀西宁："一定要说的。爸爸在设计自己的死亡。"他停下来，看到儿子有着不可思议的表情。

"要告诉你的是，爸爸的身体有点不妙，查出了癌症。你不要难过，现在有这样的病的人很多，也不会一得了这个病就会死了。我知道这件事后也在调整自己，我那会儿还劝说了一位怕死的老干部。我现在能平静地对你说这件事，是我真的想通了，我知道怎么去面对，去治疗，去体现生命的顽强。

"好了，对你怎么说这件事还曾经是我的负担，这下子我彻底轻松了，你要拿出一个好的姿态来支持我。我不希望你从今往后在我面前有悲情的脸，你脸上要有阳光，要有笑容，像白砚那样在生活中总是感受到愉悦和快乐。因为你年轻，你健康，你拥有着生命给你的一大笔钱，你是高富帅……这就对了，笑起来。和我一起平静地对待，心平气和是一种多好的状态。”

他抬起手臂看看腕表，“新年的钟声要响了，我叫窦亚来，我们一起去放爆竹，放烟花。我给馆里的全体员工群发恭贺新年的短信，你知道是什么内容吗？不是在网上抄的，是我动脑筋想出来的。”

九零点点头，“我知道，在传达室看到你写在纸上的草稿了。祝大家新年里办理公益，主持快乐，告别不愉快，火化不幸，引导新生活。”

“多好的句子啊，都是我们的专业术语。”荀西宁乐呵呵地拿出手机。

入殓师的爱情

1

一个年轻的女孩总是跑到殡仪馆来，很好奇地打量馆里的一切。她像是来找人，也像是来寻找丢失在这里的什么东西。很容易从送葬的人群里看到她窈窕的背影，但她与送葬的队伍又是游离的，她不戴黑纱，着素色的连衣裙，裙裾在她小步的移动中，一下一下地摇曳着。她有白皙而光滑的小腿肚，光脚穿着一双网眼磨砂、粉色鞋底的凉鞋，鞋子在阳光下有时发出一点荧光。

我已经接连好多天看到她了。我知道不仅是我，馆里的其他人也注意到了这个不速之客。殡仪馆不像其他企业和单位，只有在闭馆后才对来人有所限制。而她，只是随着送葬的人流进进出出。

告别厅的司仪李芸很肯定地说，这个女孩是冲着窦亚来的，她只要遇到窦亚，目光就只会聚焦，不会移动了，她能够长时间地站在离窦亚很近的地方，默默地看着窦亚做事情。窦亚和她说话不多，但已经带着她在馆里跑来跑去。李芸还说馆里好多人都在议论这件事。

窦亚和另外一位女孩伊春娜是我们第一次面向社会公开招考的工人，

就两个名额，有七十多位大学毕业生报名。我参加工作的那会儿，三十年前一个高中生到殡仪馆做殡葬工，在小城里也是爆炸性新闻。

窦亚和伊春娜到馆里来工作后，我对于他们的了解仅仅限于工作方面。周末或者轮休的时候，伊春娜会安静地猫在宿舍里读书，或者跑到接待处去帮忙，而窦亚会骑着一辆川崎摩托车离馆。

看着窦亚穿一身银色的冲锋衣，戴一只看起来非常沉重的黑色头盔，弓着腰的骑姿，我每每恍惚，以为这是另外一个人，我根本不认识的人。他时尚、前卫、陌生。馆前有一条笔直开阔的大道，他会拉一下油门，重型摩托车在加速度时发出低沉而震撼的声音，像一颗子弹射出去，到拐弯上了公路，又像一条受惊吓的小鱼猛然投向深邃的茫茫海底。

他回来时见到我会将摩托车减速，推开头盔的面罩朝我笑一笑，有时则匆忙地挥挥戴着手套的手。我知道，有一天他的摩托车后座上会坐着一个年轻女孩，搂着他的腰，将头贴在他的后背上。我猜想不出他的喜好，不知道这个女孩是娇柔、妩媚的，还是狂野、妖艳的。

出现在馆里的这个女孩，窦亚会用摩托车载她来，送她走吗？我脑海曾经闪过一个问号。

终于有一天，在殓葬间里我和这个女孩有了一次近距离的接触。

毫无疑问，是窦亚将她带进闲人止步的殓葬间的。他在骨灰处理机前操作着，看到我进来有点紧张，停下手里的活，瞄了瞄边上的女孩，似乎想对我解释。

我看清楚了女孩穿的裙子上的图案，是一般人不怎么熟悉的苹果花。她二十一二岁，细瘦苗条轻盈，长相清丽，只是面色有点苍白，她很礼貌地冲我微笑并点了一下头。

我挥挥手招呼女孩，再挥挥手示意窦亚继续工作。我跑到他们边上的 4 号机，问到值机的史建强轮班情况。

女孩手上拿着一个塑料的旅行杯，她递给窦亚喝了一口水。窦亚指骨灰给她看，说这位死者有两颗烤瓷牙，非人体组织部分在焚烧以后是能够分辨出的。

她指着自己脖子上的水晶珠链问窦亚，烧了以后会是什么样子。窦亚看了我们这边一眼，不太有把握地说：“应该是像玻璃碴，或者像玻璃饼吧？”

她说她戴的不是人造水晶，是天然水晶。窦亚说他不知道会是一种什么情况。

我也不知道会是一种什么情况，怕窦亚问我，我稍微转一下身子，不再面对着他们。

那一刻，我真的更相信这是一个普通的车间，不是人们恐惧的、避之不及的地方。

2

我将这个我不知名的女孩暂且称作“苹果花”，因为她穿的衣服上好像都有这个我熟悉并喜欢过的花卉图案。

“苹果花”是对殡仪馆着迷还是借此接近窦亚，我不想去多分析，窦亚的恋爱我很在意，他比我儿子荀九零只大两岁。做父亲的就是这样，见到与自己儿子年岁差不多的谈恋爱了，会有一种企盼甚至急迫，希望自己的孩子也进入这种生活。

我也为窦亚担心，殡葬工的婚姻、恋爱通常会是一个大问题，做一个殡葬工要过三关，舆论关、工作关、婚恋关。好多人到殡仪馆工作会栽在某一关上，婚恋关过不去的最多。

殡仪馆常人不愿意来，对年轻女孩来说更是如此。这个职业与死亡有关，成天与死人打交道，接触尸体，身上还难免带有异味。再帅的小伙子在殡葬行业也难以施展个人魅力，说晚上约会时，想要给女友一个深情拥抱，伸出手臂接触她，头脑里或许会闪过盘算：是从肩膀还是脖子入手？这是下意识的，绝对与职业有关。女孩在与做殡葬工的男友相处时也不会不想，抚摸在自己脸上、身上的这双手在白天是搬弄尸体的，捡骨灰的，给尸体整容化妆、换衣服的……

人与人之间结识交往的方式有一种是职业相遇，发生在爱恋当中的这种事情很多。窦亚如果是一个牙科医生，“苹果花”是他的病人；或者“苹果花”是一个售货员，窦亚是他的顾客，他们就不会在殡仪馆这个最不合适的场合相遇。因为即使不是职业相遇，只是在街头，是在咖啡馆的萍水相逢，在校友聚会上的同学相聚，哪怕是在网吧，他们谈论的内容也肯定不会与死亡有关，更不会去接触殡葬。让殡葬和花前月下搅在一起真是件水火不相容的事。

窦亚最近的工作状态很好，一个乡下老头还专门跑来给他送了面锦旗，说在我们殡仪馆火化的老伴托梦给他，定要这么谢一下贴心处理她后事的小伙子。

窦亚对来火化的老太太非常好，这大概与他奶奶前两年去世有关。他对老太太的遗体处理极其体贴和用心，绝没有剧烈动作和大的声响，他还不时地提醒别人：“轻点，轻点！”

遇到面目慈祥的老太太，窦亚会嘀咕：“老太太，你可以去找我奶奶做个伴，她叫魏美兰。”一次被殓葬间的一位师傅听见，调侃他给人家的身份、地址不详。打那以后，窦亚再嘀咕时说得详细了：“我奶奶魏美兰原住高沙市东湖小区……”

在见过窦亚和“苹果花”一起在殓葬间以后，我总归要问一下，他是不是和女孩有故事了？

窦亚嘿嘿一笑，说他与那个女孩其实不算什么，就是她经常来玩，好奇殡仪馆的事情。我问他对这个女孩的感觉，他说这个女孩很可爱，让他觉得非常特殊，第一次走近她的时候，就觉得她像家里人，很亲切，没有丝毫的陌生感。

“馆长，你问得很老套。我们现在的爱情吧，没有套路，没有招式，跟你们老同志过去享受的不一样。我要是将我同学、朋友谈对象、和异性交往的那些事告诉你吧，你会两眼漆黑、天旋地转的。”窦亚说。

为什么？我问窦亚。我想知道。

窦亚说那等于是逼着我看两小时电脑屏上的乱码。

我想不至于这么夸张，我对窦亚说，馆里人对他交往的这个女孩印象都不错，就是觉得她有点神秘。

窦亚说我们就是对这个女孩不了解，她到殡仪馆来，对殡仪馆的事情感兴趣，是她觉得殡葬是人生最后的大事，在她眼里，殡葬该无比地庄严，死者该无比地受到生者的尊重。她想了解这一切，她希望窦亚是小林大悟那样有艺术素质的入殓师。

“她太喜欢《入殓师》这部电影了，能够背里面的大段台词。”

看窦亚的样子，我觉得，即使“苹果花”是画皮里的女鬼，坟茔堆里冒出来的狐狸精，他恐怕也不在乎和舍弃不得了。

窦亚说：“电影《入殓师》里有这么一个情节，师傅佐佐木请小林大悟用餐，佐佐木夹了一块河豚鱼的精白给他，告诉他一个人生道理，吃东西要吃最好的。做事情，谈……什么都应该有这个追求吧？”

我笑了笑，我没有看过《入殓师》，入殓师和吃最好东西、吃河豚有什么关系？搞不懂这些年轻人的思维，这会不会也是“苹果花”对窦亚的影响？

3

秋天来了，这是我最喜欢的季节，每每想起小学时初写作文，老师教我们怎么给文章开头：天气晴朗，万里无云。

馆里综合办公楼的第三层就是顶层，是办公区，有馆长办公室和财务室。我的办公室在最西边，朝南、朝西两面窗户，朝北只要打开门，也有通透的楼道窗户。殡仪馆建设有环境要求，一般远离闹市区以及密集的民宅，我们大旺殡仪馆建在大旺镇一处废弃的砖窑旧址，临公路，靠农田、鱼塘，馆的背面是一条宽阔的农田灌溉渠。

西边的窗帘我一直拉着，不再像以前那样去眺望波光粼粼的大运河和更远处高宝湖的点点帆影，不久前，就从这里望出去，窦亚和那位我称为“苹果花”的女孩出现在我的视线里。

那确实是无意之中看到的，馆西南角鱼塘边的小径少有人涉足，我见到他们拉着手缓慢地走在那里。女孩的脚步先停了下来，接着他们抱在一起。女孩的头一直伏在窦亚肩上。

他们的拥抱是温情的那种，贴在一起像共舞时音乐骤停还不想分开，等着柔曼的曲子再次回旋。

当时我忽然就想到了我和爱人的那种拥抱，那与他们有根本的不同，充满激情和力度，然后有更多的肢体语言表达。

我不忍移开视线，他们的拥抱也是一种表达，不过比我的那种更抒情、更优雅，旁观的我不仅仅能够感受到他们的幸福，还体会到生命给予年轻这一段的美好，感慨忽略和错过这种美好都是一种不幸。那一刻，我自然想到了儿子九零，祈愿他以后的爱情生活也会温馨纯美。

拉上窗帘后，我决定守着这个小秘密。那天晚上，我特别想看到窦亚满脸幸福地出现在我面前，但没有能够。傍晚的时候高速公路上发生了一起大货车追尾、碾压小轿车的交通事故，窦亚开着车过去接尸体。

这次他立了功，救下了一个父母双亡的十三岁少女。

窦亚有一个习惯，遇到非正常死亡、没有亲人家属在场的遗体，在移动之前他先做一个简单的整理，然后对着遗体低头默哀片刻。这种做法不在殡仪馆的操作规范之中，是他带头先这么做的。开始大家觉得多此一举，后来觉得挺好的，因为有仪式感，在场的人反响很好。有人夸，大家就都跟着做了。效仿他的人大多出于简单目的，只觉得是对可怜的、孤零零的死者表示一下同情心，照顾一下旁观者的情绪。而窦亚不这么想，他这么做不仅仅表达对死者的真正尊重，还有更深切的关怀在里面。

车祸死亡的是小轿车里的三个人，两位中年男女和一位十来岁的小女孩，交警说看起来像是一家三口。

窦亚和另外两位同事对装在尸袋里的遗体默哀后，抬头时感到脚下的尸袋轻微动了一下。他拉开袋子发现是那个血肉模糊的小女孩，检查了一下，发现她有复苏的微弱生命体征。窦亚马上叫来在事故现场处理其他伤者的医生，经过一场急救，保住了这个女孩的性命。

窦亚已经很成熟了，回来后什么也没说，要在他刚来那会儿，会眉飞色舞地逢人便讲这件事。以后别人与他说到这次车祸，说到他救下的女孩，他也不说自己所做的如何，只说车该造得结实一些，不该像他看到的那样，像个一捏就瘪的易拉罐。

窦亚在馆里开始有些让大家不以为然的地方，表现在他的想当然。

他觉得不锈钢运尸车不干净，冰冷冰冷的，要在上面覆一层塑料薄膜。作为合理化建议，提到师傅陈喜国那里，被一口否决。死人又没有知觉，哪来的冷暖感觉？再说，覆塑料薄膜多一道工序，多一项成本，也就多一件麻烦事。

窦亚并没有因为师傅否决了就搁下，他找到我，说他之所以想做改进，是因为有人向他提意见。

“将死人当活人对待，工作才能够做好。这可是你馆长说的、要求的。”窦亚也有急的时候。

我只有表示支持，让他给时间，我去做工作，还要去买材料。

窦亚等不及，自己买来了塑料薄膜给大家用，是浴室覆在搓背台上的那种，进货渠道是从浴室搓背的那里了解到的。对效果他不是太满意，觉得薄了一点。

4

窦亚听我称呼那个女孩“苹果花”，上网去查了查，说他也喜欢这个称呼，要是她真是这个名字多好，苹果花象征憧憬。可窦亚不知道的是，苹果花是我去世的妻子戎蓉最喜欢的花之一。

好长时间不见“苹果花”到馆里来了，我希望她和窦亚能够在其他地方约会，殡仪馆确实不是花前月下的地方。

儿子九零在放假之前突然回家，还带来了女朋友白砚，一个漂亮、爽朗的东北女孩，我高兴地为他们烧了一大桌子菜。没想到的是，吃完饭，九零竟然和我协商，问我能不能给他们让出地方。

我算是比较开明的家长，但还是对儿子和女友的开放程度有些不满，我能说什么呢，只能小声地、貌似严肃地叮嘱他：“你们还是学生。不要过分。不要弄出什么事情来。”

我只有回馆里去。因为喝了酒开不成车，我打电话给窦亚，要他来接我，不要骑摩托车，开什么车都行。

窦亚很快开着灵车来接我，到小区门口他给我发了一个短信。儿子的女朋友白砚送我到门口，大大方方地摆手说再见，让我恍若在朋友家做客，向女主人告辞一样。

上车招呼窦亚，尴尬地解释，儿子从学校回来了，给他们让窝。我说给他们让窝而不是给他，窦亚应该能够听出意思，他没有接话，默默地开车，连一个会意的笑都没有。有点奇怪。

车开出市区，他递烟盒给我，我没有抽，点上一根传给他。他仍然不说什么，只一口接一口地抽烟。我问他是不是累了，他说不是。

到了馆里，他要到我宿舍坐一坐，我指望他有什么话要对我说，哪知道他坐半天一声不吭。

他不说我说，我正兴奋着。我对他说微博上这两天的热帖、社会上的热闹事，也说馆里的年终总结、春节后开张的丧仪服务公司、眼下要开发的“经济适用型”骨灰盒。

其实这个晚上我最想说的话题是儿子九零，要是有一个合适的倾听对象，我会无奈也得意地说说九零和他那个胖乎乎的女朋友，发泄一下对九零的不满。其次就是很想问问眼前的窦亚，和“苹果花”的恋爱进展到什么程度了。开不了口的原因是他一副不开心的样子。

近十二点，倦容满面的窦亚要回宿舍区。我终于憋不住，问他和“苹果花”怎么样了，是不是由地上转入地下，好长时间都没有再看到“苹果花”到馆里来。

他“嗯”了一声。我儿子九零也总是喜欢这样，时不时对我来一声“嗯”。

我明白了，“嗯”有的时候不是答应或者肯定，是不愿意表达自己想法的一种习惯用语。

我突然担忧起来，窦亚是不是因为恋爱而不想干殡葬工这个职业了。男殡葬工最想转行是谈恋爱要结婚的时候，女方家庭十有八九厌恶殡葬行业，不会同意女儿和殡葬工谈恋爱。到要结婚的时候，转行甚至是必需的条件。而女殡葬工在怀孕以后要转行，则是因为人家孩子的胎教都挑欢快的音乐，女殡葬工无可选择地成天听低沉的哀乐，沉浸在悲伤的氛围之中，她们怕出生的婴儿也不会欢乐。

我有窦亚干不长的思想准备，但不希望这一天来得这么快。他现在要是想离开，我真舍不得，这个年轻人的工作能力真是不一般。

5

觉得殡仪馆正月里比其他月份要清闲一点，其实只是错觉，二〇一三年月报上显示的数据说明一切。正月里的丧事是简约的，丧户都急于处理，节奏快，我们的工作量和压力也就相对地减小了。

窦亚是节后我最关心的一个人，看得出他情绪有变化，言语明显少了，但工作上他还是很认真。他的岗位最后被定在了殓葬间，操作火化机。早上最忙的时候，他还是像过去那样到接待处、告别厅和整容间那几个殓葬间的前道工序帮忙。

窦亚和伊春娜到馆里快两年了，他们无论是技术上还是服务质量上都比老职工做得还要好，不仅是因为他们有文化，更主要的是他们知道自己在做什么，对自己选择的职业有敬畏之心。

窦亚和伊春娜这两个年轻人是我努力想接近的，我不希望和他们有代沟，无论是工作和生活中，但这很难。八零后这辈人有很强的自尊，心里装的事情即使对你说了，你听着也不能过多地去细问。我与九零探讨过这个问题，儿子给我告诫："对我们来说，私人问题是个很敏感的问题。你是老师不错，你只能过问我的学习；你是领导不错，你只能过问我的工作。我的个人的、私密的事情是父母也不能问的。懂不懂？"

窦亚的问题我往好处想，即使在家庭和生活上他现在遇到一些因职业带来的压力，以他的能力，我相信他也能够处理好。

二月十六日是周六，窦亚挑了这天休息，一大早就骑着摩托车出去。他穿着一身惹眼的荧光黄运动服，缓缓地从馆里出去，到馆前路加油门，速度不像以前那么迅猛。

中午的时候，传达室的雍大贵转给我一个电话，说是职业学校的孙校长打来的，窦亚在那里与他们的工作人员发生了不愉快。

照孙校长在电话里对我说的看来，并不是窦亚让他们不愉快，而是他们在让窦亚不愉快。窦亚只是坐在学校操场边的一张椅子上，没碍着谁，学校出动了保安、校工、主任甚至校长一班人劝他离开。照那位孙校长的说法，窦亚是置若罔闻，我行我素。

我对孙校长说："我不懂，窦亚坐的那个地方是不是非校方人员的禁区，他坐在那里是不是妨碍学生学习，为什么一定要将他赶走？”

这所学校靠近我原来住的地方，我知道学校对外来人员并没有严格的限制，学生、家长和社会人员进进出出都无须登记，我过去就经常在晚上到学校里面散步，从来没有人问过我。

孙校长说，窦亚在学校里太引起学生注意了。“你说一个火葬场烧死人的，新年里坐到学校里来干什么？我们学校里有寒假开设的高考辅导班，让这些即将要考大学的孩子看到这种人，有恶感，我们都很不舒服……”

我对孙校长说：“我是馆长，也是火葬场烧死人的人，我对歧视我们这个职业的人很不舒服，不管他是什么身份，我也会对他有恶感。我不相信你说的学生们有那个感觉，你找个有恶感的学生来，我来与他交流一下。”

孙校长说那样倒没有必要。我不想激化矛盾，缓和了语气与孙校长协商。既然窦亚在那里坐了半天了，能不能让他继续坐着，他不可能不吃饭、不睡觉在那里一直坐下去，总有离开的时候。

哪知道孙校长已经想好了对付窦亚的办法，说他们将采取强制措施，譬如让保安将他架出去。他打这个电话似乎是向我发一个通牒，要我在他们动手之前将窦亚劝离。我提醒孙校长不要动用保安，那样只会使事情复杂，学校可以打电话到派出所咨询一下怎么处理，也可以去问一下律师。我们殡仪馆都有法律顾问，相信学校也会有。孙校长说职业学校虽然是民办的，政府还是很支持的。他甚至要求我，最好是我这个馆长将窦亚带回来。

我说：“要说你们学校操场边上其他人都能坐的椅子，因为是殡葬工坐了就造成妨碍了，就一定要强迫他离开，那我马上赶过来。我可是要开一辆有殡仪馆标志的车过来，停在你们的门口，就怕你还是有恶感，会更不舒服。你的校园里就出现两个殡仪馆的人了。”

孙校长气恼地说：“我不希望有更不愉快的事情发生，我希望你那个殡葬工尽快离开，我希望你不要在意我们的敏感，我希望事情尽快解决……”我说：“我也希望我的同事离开，他今天休息，长时间坐在你们那里一定是有原因的。”

孙校长悻悻地说他们就再等等看，不过他的忍耐是有限度的。

我马上对陈喜国说了窦亚待在学校那里的情况，问他这个做师傅的对恋爱中的徒弟是不是掌握情况。

陈喜国一拍脑袋，说窦亚就怕是失恋了，回想他最近的情况，确实不太正常。他跑到职业学校那里坐着，就很有可能那个女孩是那所学校的。

陈喜国说学校不会将窦亚撵出去，要撵早撵了，没办法才打电话找我们的。我让陈喜国在窦亚回来的第一时间里告诉我。

到傍晚，我还是没有窦亚的消息，这段时间里我有好几次想给窦亚打电话，都忍住了。我不知道怎么开口，他休假，他在他自己的个人生活里，我不能管得太宽。

我不安地给职业学校的校长办公室打电话，找孙校长。接电话的是一位姓黄的女士，她说没有姓孙的校长，校办倒有位孙主任。听说我是殡仪馆的，她马上告诉我，她才是校长，窦亚的事她知道后批评了孙主任，不应该那样对待一个特殊行业的人。

我赶紧表示歉意，给学校添麻烦了，并替窦亚解释，他可能遇到了一些不顺心的事。黄校长说她也分析窦亚是因为心情不好，她工作以后也有过一阵子，十分怀念上学的时光，就想回到校园里坐一坐，以后她干脆要求到学校里工作了。她说孙主任太紧张了，他怕见到殡仪馆的人，就以为别人也这样。有两位女同学见窦亚长时间坐在那里没有吃饭，给他送了矿泉水和面包。他很有礼貌地感谢人家，还要付钱给人家。他表现得很有素质，矿泉水和面包一点也没有动，起身离开时面前就有一个垃圾箱，他没有扔进去，而是带走了。

我感谢黄校长，感谢学校的那两位关心窦亚的女同学。黄校长说，殡仪馆这个行业，人们已经不像过去那么忌讳了。她所知道的是，开殡葬礼仪专业的职业学校或者专科学校生源很好，是个吃香的专业。她还说对死亡的尊重包括对殡葬这个行业的尊重。

窦亚是在天黑以后离开学校的，看他还没有回到馆里，我就给他打了电话。他没有接电话，但我很快听到他的摩托车声音。

一会儿窦亚到办公室来找我，说骑车时没有听到电话。我说回来就好，没什么事。他说有事的，知道学校找到馆里告状。

他显得很疲惫，并不是我以为的垂头丧气。他承认是因为那位女孩而去的学校。

“我好长时间见不到她来了，就是你称呼她“苹果花”的那个女孩。我不知道她怎么了，为什么就不联系我了。我没有她的住址，没有她的电话，没有她的任何联系方式。我和她最后一次见面在学校那儿待过，她对我说，从她们家可以看到职业学校的操场。所以我只有到那里去找她。”

我知道了，窦亚坐在那里一整个白天，就想“苹果花”出现在那里，或者在家里能够看到他。

我安慰窦亚，没准明天“苹果花”就出现在他面前了，“缘分会以奇迹的方式来体现特别”。

有点奇怪，我脱口而出的缘分理论从什么地方来的。我可不看什么心灵鸡汤的。

陈喜国在窦亚走了以后跑过来，他觉得不可思议，窦亚居然不知道那个女孩子叫什么名字，也叫她“苹果花”。知道真实姓名就好办了，他可以托人到公安局通过户籍档案找人。

“什么苹果花，鸽子吧？”陈喜国还是护着徒弟的，他表现出很不爽。

这事情过后几天，我在和窦亚聊天的时候，像是不经意间想起来，问他是不是真的很喜欢那个女孩。窦亚说：“那是非常非常之肯定。”

窦亚告诉我，他第一次见到“苹果花”时的感觉——时间慢了下来，她在他面前非常清晰，而周围的一切变得十分模糊，自己变得安静温柔了。他忽然有点不好意思，不再继续描述下去。

我知道，美好的爱情都是一见钟情。说相处多年而培养出两人的感情，充其量只能算亲情。我还知道，缘分二字，缘是天定，分是己为。爱情还是要去追求和努力的，照我的想法，窦亚应该去寻找那个女孩，我对他说出了想法。

窦亚说她不出现，一定是有难处。我想也是。

会是什么难处呢?

我设想过“苹果花”消遁的多种原因：因为窦亚的殡葬工身份，她遇到了家庭压力、个人变化、社会影响……或许他们真的只是一场职业相遇，“苹果花”是一名记者，为了写一篇殡葬行业的文章而来，抑或是一名大学生，在我们这里进行了特殊行业的社会实践。

我很难让“苹果花”和某一种情况对上号，能够看出的是，窦亚在这以后也在调整自己。

他在食堂吃饭的时候，不再像以往那样急匆匆地吃完就走，而是挨着同事们边吃边聊。

有次在我边上窦亚拉住了雍大贵聊，他问雍大贵知不知道英国人为什么热衷于火葬。雍大贵一点兴趣也没有，说外国的事情他不知道，知道的也只是《新闻联播》里面的。窦亚便硬要讲给雍大贵听，说英国人放弃传统的土葬，是因为第二次世界大战，战争中墓地被轰炸得百孔千疮，再也保护不了死者的安宁，让他们觉得与其露尸暴骨还不如烧了清净。

雍大贵头直摇，显然不相信窦亚说的，但也说不出道道来。

我几乎没见过窦亚在餐厅里主动和伊春娜坐到一起过，伊春娜倒是经常主动地去挨近他。

6

市人民医院通知我们，有病人家属要将刚死亡的女儿送到殡仪馆来，还要求速度要快。当时已经是中午十二点多，馆里的业务基本结束，丧仪组的曾萍和她的一班姐妹已经到食堂吃午饭。

应该说这是一个很特殊的丧户，急着送亲人的遗体到殡仪馆来为什么？

我让人通知曾萍的同时，打电话问医院这个死者是不是传染病人，医院说不是，是一个很年轻的女孩，死于尿毒症。

我还是很奇怪，因为医院那里又打来了催我们去的电话。

曾萍去了不久给我打来电话，她的声音很急促，让我赶紧找一下窦亚，她们医院里接的死者竟然是温妮，就是那个经常来找窦亚的女孩。说完不等我问具体情况，就挂了电话。

死者温妮——经常来找窦亚的女孩？！

我应该是听得清清楚楚的。

曾萍急匆匆地打电话给我，说几句就挂了，一定是死者家属在她身边，她不方便多说。

“苹果花”，她在杳无音信以后，竟然以一种谁也想不到的方式出现在我们面前，成了死者温妮。

我怎么对窦亚说呢？怎么去对他开口？

我叫上窦亚，默默地将他带到传达室门前站着。

窦亚问我怎么了。我说：“有一个人要过来，曾萍她们去医院接了。”他问：“什么人？”我说：“是死者。”

他对我的回答显然是不满意的，有点纳闷，说曾萍她们接的当然是死者。

我心里开始着急，我必须马上告诉窦亚情况，从时间上估计，曾萍她们很快就要回馆，而我不能让窦亚在毫无心理准备的情况下直面死亡的温妮。

“这个死者有点特殊，”我的声音低了下来，“她是‘苹果花’，‘苹果花’的名字叫温妮。”

我和窦亚平行站着，说出这番话以后我不敢面对他。到我肩膀被他抓住时，我才转过脸来看他。

窦亚脸上的面容是僵硬的，他木然地看着我。我知道，职业使然，他不会质疑，不会问我是真是假。

我说：“她马上过来了，你可以看一眼她，或者不看。接下来交给我们，我们来做……”

窦亚说：“不可能的！”我理解他所说的不可能，不是怀疑“苹果花”的死讯，是不想回避她。他将目光投向灵车过来的方向，那个样子像是等待一个判决，或者是一个未知的结果。

灵车很快就过来了，进馆以后缓缓地开向接待处，我和窦亚紧跟着过去。车停下后下来一个年龄和我相仿的中年男人，他是“苹果花”也就是温妮的父亲，在曾萍介绍后他拉紧我的手，声音沙哑地说，他要找一下窦亚同志。

窦亚不待他人介绍就上前说：“我就是窦亚。”

温妮父亲迟疑了一下，大概没想到要找的窦亚会一下子出现在他面前，他伸出无力的手，手掌弯卷着，手臂弯曲着，又软绵绵地走上前一步，才靠近窦亚。

“你是温妮的朋友？”他问。

窦亚说：“我是温妮的朋友，她的好朋友！”

温妮父亲点点头，掏出一张折叠着的彩笺：“这是温妮要我交给你的。”

窦亚接过去慢慢地展开，看了后低着头无语地站在那里。

温妮的遗体还在灵车上，曾萍她们站一边等着。我对温妮父亲说：“到这里了，由我们来帮你处理温妮的身后事吧？”

温妮父亲不回答我，只是看着窦亚，窦亚毫无反应地站在那里，我只得轻轻地拉了他一下。

温妮的父亲说：“窦亚，温妮我就交给你了，你要好好地待她。是我们全家拜托你，麻烦你！”

温妮父亲的语气亲切郑重，说完拉了拉窦亚的手，窦亚依然一动不动。

温妮父亲见窦亚这样着急起来：“我女儿说，到你这里，先让你拉拉她的手。她说，有你的手心……她就不会冷了。”

窦亚听到这话后头抬了起来，他看了一眼灵车，步履沉重地走了过去。

温妮的遗体盖着一床洁白的棉被，在从车上将她移下来时，窦亚一直俯着身子握住她的手。

温妮先被送到整容间。温妮父亲说：“我女儿要带着体温火化，说那样她的身体就还是灵活的，不会僵硬，”转而他的语气变得哀怨，“我们听女儿的，什么都听她的，什么都由着她。最后，最后……都听她的。”

温妮的母亲没有来，来了几个亲戚，是温妮的舅舅、舅妈和表弟。温妮的舅舅说：“温妮好像将什么都安排好了，特别交代，到这里后一切交给窦亚。”他和温妮父亲都是第一次见到窦亚。

伊春娜替温妮做整容，窦亚陪在边上。

我将温妮的家人安排到休息室后，马上着人分头去买鲜花，我要求将馆边上的花店、镇上的两家花店的鲜花全部买来，特别是玫瑰花，一瓣也不要落下。我只是遗憾找不到温妮喜欢的苹果花，我知道这里的花店没有这种花。

对于温妮的死，我震惊和感到特别的意外吗？

我应该不是那样才对。殡仪馆的工作总是让熟悉的人突然以死者样子呈现在面前，由此看到每个人的生命长短都是不规则的，没有定数的，在这个地方工作，我就必须接受这个事实，承受这种意外。

温妮和窦亚的小儿女态，打动过我。我希望他们的爱情开花结果，从他们身上我想到过与他们同龄的儿子即将到来的爱情生活，感受过不仅是领导也是家长的那种幸福和温馨。温妮的爱情是在生命的最后一段与她不期而遇的，我想一定是这样的，这又让我多了感动、痛惜和无奈。他们的结果是我做梦也想不到的，我不仅震惊和意外，还感到深深的惋惜和悲伤。

伊春娜为温妮的整容做了一个半小时，用的都是温妮的美容化妆品和美容工具，是温妮生前为自己预备的。一套洁白的轻便羽绒服穿到她身上，胸口绣着一朵紫色的、她喜爱的苹果花。

安卧在鲜花翠柏丛中的温妮，一定是她生前睡熟了的模样。淡淡的妆，秀气的发型，还有一丝浅浅的笑意挂在嘴角。

告别仪式上没有放哀乐，按照温妮的遗愿，放了一位高僧吟诵的《往生净土咒》。

仪式开始前，温妮父亲将垂手站在一边的窦亚邀请到亲友当中来，一起向温妮告别。不多的亲戚最后围在了告别棺面前，温妮的舅妈是其中唯一的女性，她哭出声来，被温妮舅舅制止："我们答应妮子的，平静地送她走。"

温妮舅妈抽泣着说："也不能连哭她的人都没有吧？"温妮父亲说："都应该听温妮的，她怎么说就怎么做。"温妮舅妈一听这话，马上止住了哭声。

曾萍过来劝大家离开，她负责将告别棺推到殓葬间去。这是我的安排，本来是由操作火化机的黄大益来做。

窦亚对温妮父亲说："叔叔，我送温妮去了?!"温妮父亲"嗯"了一声，点点头，信赖地看着他。

窦亚俯下身轻柔地将温妮的一只手放在自己的手心，另外一只手扶着告别棺，配合着曾萍，极其缓慢地将告别馆推向殓葬间。

温妮曾经由窦亚带着进过殓葬间，这是一段她已经熟悉的路。当初，这里或许是他们第一次牵手的地方。现在，仍然由窦亚陪着她，握着她的手，她应该没有畏惧，没有恐慌。

直到温妮进火化机的最后一刻，窦亚都握着她的手。炉门打开，温妮被传送进去，那一刻炉火映红了窦亚惨白的脸，让他盈眶的眼泪晶莹璀璨……

我相信这是世间最热的，也是最亮的泪。

我也泪眼模糊了，不知所措地站在那里，只看着窦亚。

此后，窦亚一直站在那里，面对着火化机的炉膛。他的头无力地低垂着，下巴被合十的手指支撑着。

温妮的骨灰由窦亚收殓，他默默地捡了好长时间，唯恐少了一点点。装袋前骨灰里掺进了温妮父亲带来的一把干的苹果花，我给准备的一大捧玫瑰花瓣将灰袋掩埋在盒子里，温热的灰盒外散发着浓郁的果香和沁人的芬芳。

做这一切的窦亚神情肃穆、平静，与往日不同的是，他的动作十分机械。将骨灰盒捧给等候在外面的温妮表弟后，窦亚转身就离开殓葬间，回到了宿舍。

我目送温妮父亲离开，温妮表弟将骨灰盒捧出来以后，温妮父亲站起身来就走，不想再在殡仪馆逗留片刻。他头也不回的样子，让我认定他再也不会联系我们，也更不会联系窦亚了。

伤痛在我们这里全部火化，随着青烟飘得一丝不剩才好。离开这里的人，我希望他们都能够忘掉悲伤的过去，有幸福吉祥的将来。

7

窦亚并不像是受了大刺激的样子，第二天上班好像什么事情也没有发生过。在以后他和前段时间相比，表面上要平静很多，做事情的时候显得非常专注和认真。他师父陈喜国说他是故作镇定，也极可能这样，馆里的人都在关注着他，包括我。窦亚他不会不知道。

窦亚在温妮杳无音讯的时候，开始在大伙聚集的时候找人侃大山，在餐厅里他逢谁聊谁。现在他又这样了，不是谁都对他说的感兴趣，但大伙知道他这时候的心境，都表现出极大的耐心倾听。他甚至说到了殡仪馆里除了他谁也不知道的墨西哥女画家弗里达，说人们对她疯狂地顶礼膜拜，说她的爱人在她死后吃下她的骨灰。

好在窦亚是在殡仪馆的餐厅里，对他的殡葬工同行说这些事。当时坐在我边上的伊春娜做了一个点评：爱情与死神交集，便会有世上最感人、最令人毛骨悚然的故事。伊春娜的声音不大，但窦亚是能够听到的，他一般不接伊春娜的话题，这一次同样没有。

到人少的时候，窦亚倒不怎么开口了，逗他说话他也懒得理会。操作工史建强是殓葬间里的话痨，这段时间里他最怕和窦亚在一起值火化机，嘴说干了，窦亚也不应他一句，他抱怨地问窦亚，你还是不是个活人？

我和窦亚单独在一起的时候，他也是这样。说窦亚的不正常，能看到的也就这个方面。

我在很多方面关心着窦亚，晚上曾经想敲开他紧闭的宿舍门陪他聊聊，但总是犹豫，我的经历告诉我，他这时候可能更希望独处。我的前妻戎蓉出车祸过世后，我也这样将自己关在屋里好长时间，特别怕谁来关心我、慰问我、安慰我。这种情境下的我并不感到实实在在的孤独，而在人群里，人多的地方我倒会感到茫然和孤立无助，会觉得没有亲爱的人、亲近的人，找都找不到他们。

窦亚在温妮火化后的第三天在新浪发过一条微博：

温妮，那一刻，我和你父亲在心里同声痛哭。

此后他的微博好几天没有更新，只转过诗人沙钦的诗：

或有人于此世中。不明其生，不恤其死，不知前路之所终。

温妮这件伤痛的事过去十多天以后，我知道了她留给窦亚的那封信的内容。

窦亚，我希望你最后帮助我，给我一个句号。喜欢你温暖的大手，我们的既往我保留在QQ空间里“pingguohua”，留给你去读，也好踩踩我的过去。谢谢你！

窦亚是用彩信发给我的，接着他电话里问我是不是看到了这封信的内容。他已经做出了一个决定，不去看温妮的 QQ 空间，为这件事他好多天在心里矛盾着。

我说先不看也好，有一天想看的时候再去看。或许会有这样的一天，有机会知道自己过去的生活其实很不一般。

窦亚告诉我，那天在灵车面前，温妮父亲说将温妮交给他的时候，他头脑里一片空白，听到温妮父亲说温妮要他拉手的时候才清醒过来，走到温妮面前去。我说："不要在电话里说，你过来吧。"

这个晚上，窦亚在我的宿舍里和我有了一次长谈。

温妮的死太突然，没有过程。他奶奶的死，是他这些年来最伤心的，但他有心理准备，她是一个老人，总有这么一天。而温妮这么一个鲜活的生命，怎么就一下子死去，永远地天人永隔？

他说他有一个不太好的想法，温妮对他并没有什么恋情，她只是要在自己生命的尽头得到照顾，在她到殡仪馆来的时候，有他这样一个朋友帮助。他或许就只是温妮在人生最后日子里相遇、相帮的一个普通朋友。

"她并不是要急着到我面前来，让我能够见到她，她是要尽快地将自己火化。她过去在殡仪馆看到，人们捧到骨灰盒以后就平静地接受亲人死亡的事实了。她对我说过，要是她怎么样，就怎么样，怎么样……要让父母尽快地结束面临的痛苦。当时只以为是她的戏言，哪知道她对自己死后的每一步都有安排。"

我承认窦亚说的这一点，温妮的舅舅在我面前说过温妮安排好了一切，温妮父亲在殡仪馆里希望窦亚做的，都是温妮布置好了的。

可温妮在我的眼里单纯可爱，印象里她是个比九零的女朋友白砚还要可爱的女孩子。我看到的窦亚和温妮在一起的时候，他们在殓葬间里的亲密，在馆外小路上的温情相拥，都不是一个普通男女之间的简单接触和表现。他们在感情上虽然没有彼此明确表达过，我想是窦亚没有机会，是知道自己病情的温妮躲避和不敢授受。

可不可以这么认为，温妮生命的最后一段时光，是在仔细挑选一个可以信赖的人，可以将死亡的身体交付的人，这不是那种男女欢爱的交付，而是将自己生命的另一种形态给他，在他的帮助下完成一种妥善的转换？

这么说来，温妮不是简单地“有心机”，不是单纯地庸俗地利用了他的良善和好感，而是一种更深的无奈和痛苦。在她的眼里，在这个她死后必然要路过和重新出发的地方，窦亚这个清新健康、阳光时尚、不缺乏耐心和温情、更不缺乏正直和善良的年轻男孩子，是完全可以担当起这一段在她心中甚至比出生更重要的历程的。

一个人难道就不能设计、安排自己的死亡？将死亡的自己交给爱人难道不是一种虽惊世骇俗但也最自然自在的表达？

窦亚要解脱自己，推翻他们的过去，设立一种可能，再找证明。这样他就能够彻底地消除自己的痛苦吗？我不会做他这种假设的旁证，也不会支持他的努力。我要把自己真实的想法告诉他。

我问了窦亚一句：“你希望温妮是爱你的吗？”窦亚毫不迟疑地说：“我当然希望。这也是我现在失望和痛苦的原因。”

窦亚感谢我送温妮的鲜花，说那么多的花出现在殡仪馆里，从来都没有过，这是他这些天来所想到的唯一的感动。哈，他终于谢我了。

我告诉窦亚，温妮是喜欢他的，这是非常肯定的。像一句老话说的那样：“当局者迷，旁观者清。”

8

周末许志群邀我参加一个饭局，我以为又是局里的同事聚会。

到殡仪馆以后参加的社会活动少了，即使有人请我去吃饭，我也要问明白了，是一个什么样的由头，是喜事坚决不去。也很少有人在我坚辞的情况下一定要我参加。许志群的饭局我一般不问，他还没有漂红，还是白的，是前任殡仪馆长。不过，市委组织部已经在考察他，快要升副局长了，那样的话他很有可能成为我们的主管副局长。

到了许志群所说的酒店我才知道，请客的居然是温妮的父亲，许志群介绍他是监察局的局长。

温局长脸色苍白，一定还没有从丧女之痛中解脱出来，他主动向我伸出手来，我迟疑了一下，还是将手伸过去。他的手冰凉，削瘦到骨节毕露，不过握住我时很是有力。不像有的人，不得已和我握手时一掠而过。在座的还有几个人，其中我有认识的，以微笑点头向他们打招呼。

温局长表情很严肃，不是我们经常要有的肃穆表情。他的严肃里有威，肃穆里有哀，这区别很大。他在招呼大家，说明他为什么要请客时，脸上也没有一丝笑意来表示热情。

他说，中国人表达谢意多以请客吃饭的形式，他也用这个传统的方法设私宴感谢大家。在他家庭遭受不幸的时候，多亏大家给他帮助、支持以及安慰。

他用很小的杯子敬了各位一杯酒，然后大家就温文尔雅地吃喝，像有外宾在场一样。其后，他说有一个领导电话，出去了很久。

我趁着这个机会向许志群说了一下丧仪服务公司组办的情况，他摇摇头，说我这个动作事先没有征询他的意见，他并不赞成我搞这么一个公司，说铺任何摊子都是有风险的，多一事不如少一事。

他附到我耳边，说：“殡仪馆的工作还是好做的，你做得再好也不能让死者进天堂，做得再差也没有死人会坐起来骂你。我们做的是人们早点想结束的事，做过了人们根本就不愿意评估的事。就像人家今天请你吃饭，也是为了与一件事划清界限，请过了，觉得还了欠你的人情，就与你不相干了，就巴不得不认识你，将你与他们家死人的悲伤一起处理掉，忘却掉。”

“不过，你们这件事已经做了，宋局长也勉强支持，我只有帮助你们把要做的做好。弄不好，社会上会以为我们借这个服务公司捞钱，没有这个公司殡仪馆就不做服务了？真是木匠做枷自作自受。”许志群的口气俨然已经是局领导的样子。

吃完饭后我知道了温局长的名字，他叫温故新，是他自我介绍的。他向我要了手机号码，说还会找我，免不了要在以后麻烦我。我以为他家里还有病危的人，不想和我们断关系的人通常就这样。我说没关系，需要我们的话，我们就有贴心的服务。

温故新所说要再找我，其实是要与我聊聊。我们很快就有了再一次见面，在高沙职业学校的操场上。

我有一天晚上路过那里，突然想进去散步，这就见到了在慢吞吞跑步的温故新。他看到我很是惊讶，跑慢下来与我打招呼。我们走了几步，坐到操场边上的长条椅上。

温故新坐下后沉默着，我正要找什么话题与他说，他却主动地说到了温妮。

他说温妮已离开一个多月了，死是温妮的不幸，更是生者的，是父母和爱她的人的痛，永远的痛。

我问了一下温妮母亲的情况。他说很不好，每天都要为女儿哭一场。那一天她没有能够到殡仪馆送女儿，是因为休克了。

他说：“我们这个孩子太优秀了，你想象不到的优秀。”我点点头。他接着说：“因为她是独生女，我们可以说是将所有的爱和心血都花在了她的身上，特别是她妈妈，对她寄予了非常高的希望。

“温妮很乖，一直都听我们的。最后，我们都听她的，什么都听她的，满足她一切心愿。

“她最后让我们知道了她与窦亚要好的事，我们已经不在乎对方是个什么样的人了，只要她觉得幸福。”温故新说着弯下腰，将手臂搁在膝盖上，像要支撑一下自己。

我说窦亚很优秀，我见到他和温妮在一起的时候，觉得他们会很好，也希望他们能够好下去。

温故新说了声谢谢，抬起了身子。在得知女儿说的情况后，他曾经第一个念头就是想到殡仪馆见见窦亚；在女儿快不行的时候，他也想窦亚能够在她身边，她都不允许。“我们什么都听她的。”他又重复了一句。

他请我说说，温妮和窦亚在一起的情况，把所知道的、看到的都告诉他。我看到他的眼睛里充满着热切，希望我快点告诉他。

我说我见到他们在一起只两三次，还都是在馆里。我都没有和温妮说过一句话。

温故新听到我说的后很失望。我安慰他：“看得出来，温妮和窦亚在一起时相处得很好。他们很好！”我只能这么说吧？

温故新说他作为一个父亲，在知道女儿患病以后，就把什么都想明白了，并说服了温妮母亲，将她所想的女儿的锦绣前程先丢一边，只想女儿能够康复，在以后的生活中能够有恋爱，有婚姻，有安宁的、幸福的生活，就算是普通人的生活也行。

他非常想看看女儿的 QQ 空间，但必须由窦亚同意，也只有窦亚同意他们才能够看到，他们没有这个 QQ 空间的名称，温妮最后给窦亚的信只提到 QQ 空间和“pingguohua”，这或许只是她留给他的密码。

他问到窦亚最近的情况，我说：“就这样。”觉得太含糊了，便说窦亚这次所受的打击太大了，对他来说，突然发生的一切是残忍的。

他说他和温妮母亲都搞不清楚温妮的最后为什么要这样，他们都希望她有一个通俗的、更能够让他们接受的方式。温妮好像在和他们拧着劲似的。

我突然想身下坐的这张椅子是不是窦亚那天坐过的。如果是的话，也就是他和温妮一起待过的地方。

我问温故新的家是不是离这里很近。他指着对面的一排亮着灯的住宅楼说：“很近，就在那里。”

我不再说什么，像窦亚当初那样遥望着那里。

我们分手时，温故新说他都觉得该退休了，能在有生之年照顾家人，大概是他接下来生活中最重要的一件事。

“我算是想通了，努力过了，奋斗过了，贡献过了。”停顿了一下，他说组织上会理解他的，他现在的家庭是“失独家庭”。

温故新第二天打电话给我，说我昨天说得非常对，两个孩子，窦亚和温妮相处得很好，他们的关系应该是很深的。在我面前他说不出口的是，去年国庆节后，有这么一天，温妮彻夜未归，后来面对父母的询问，她说她是和窦亚在一起了。

我免不了多心，问他是不是觉得窦亚过分。他说这倒不是，真的不是。

他曾经以为，将来女儿出嫁的时候会痛苦一回，他一个同事就是这样的，这个父亲在女儿出嫁的时候，躲起来哭得稀里哗啦的。这么个痛苦兴许也幸福的时刻，因为女儿的生命短暂，他肯定是不可能有了。但他在得知女儿曾经有过这么一个晚上，得到了她喜欢的男孩给她的幸福，得到了和父母之爱不同的甚至超过父母对她的爱的情感时，他没有失落和一丝的不高兴。

“我，希望女儿能够有人生美好的享受。她二十一岁了，她应该有情爱、性爱，想要的都应该有。她只活到二十一岁，最后的时刻，她都没有拥有这些，我这个做父亲的，都愿意帮她去抢！”

我相信温故新说的是一句大实话，这么一个爱女儿的父亲，让我唏嘘，感动。我理解他，相信这对于窦亚来说也是无比幸福的一天。

电话那头的温故新的声音黯淡下来，问我：“会是真的吗？”我说会是真的，我也希望这是真的。

“要是真的多好，如我希望的多好！”他告诉我有点不相信温妮真的有过这么一天，特别想知道那一夜所发生的一切。

我能理解他，作为一个还没有从丧女之痛中解脱出来的父亲，是需要来自各方面的安慰的。他希望女儿温妮最后的时光是幸福的，他要确认这一点，急于弄清楚这一点。他没有勇气从窦亚那里了解，也不能那么做。于是，只有找我。

温故新最后对我说的话让我决定帮他去窦亚那里了解。他说："我们需要一个希望的美好结果来满足，来加固摇摇欲坠的生活，我们夫妻俩现在太需要支撑了。"

那天晚上我回到馆里后即去了窦亚宿舍，我告诉窦亚见到了温妮的父亲，我们在职业学校的操场上遇到，聊了很久。

窦亚问了一句："温妮的父母还好吧？"我告诉他温妮的母亲情况很不好，他再也没有说什么，一声不吭。

此后，有那么几天里，我时常盯着窦亚的背影看，觉得他是一个既熟悉又陌生的人。又替他向自己解释，他这样是为了能够解脱，能力强的人在情感上的切割是比一般人快捷的。

我所不知道的是，窦亚这时候不仅有要掩藏的悲痛，还有困惑和身心上的极度疲惫。窦亚隔壁宿舍的人反映，他将电视一夜到天亮都开着，而知道情况的伊春娜替窦亚解释，他这样才能够睡着。她说窦亚在宿舍不仅开着电视，还循环地放《暗香》，沉浸在音响里，他好像才能够安定一些。

我还真不知道《暗香》是一首什么样的歌，马上在网上搜了歌词：

当花瓣离开花朵
暗香残留
香消在风起雨后
无人来嗅
如果你告诉我走下去
我会拼到爱尽头

心若在灿烂中死去
爱会在灰烬里重生
难忘缠绵细语时
用你笑容为我祭奠
让心在灿烂中死去
让爱在灰烬里重生
烈火烧过青草痕
看看又是一年春风
……

居然有这么一首歌，我赶紧又下了 MP3 听，我想这一定是首贴近此刻窦亚心情的歌。

伊春娜说，在馆里窦亚有什么话是会对她说的，因为他们是同龄人，有相似的生活，又是一起进馆参加工作的。她也告诉他自己的一些事情和想不开的，这对于其他人大概是不能够的。她对温妮也有微词，觉得她应该告诉窦亚病情，那样的话窦亚会在她最后的日子陪她，也不至于觉得是被她利用了。

我问伊春娜，是不是窦亚有这样的想法。她说不是，只是她的想法。

我也表达我的看法，温妮肯定不是利用窦亚，她对父母坦言与窦亚的交往，所以才会有她父亲将她交给窦亚的一幕。在温妮父母眼里，窦亚是女儿喜欢的人，他们用行动在表明尊重女儿的感情，接受她和窦亚所做的一切。

窦亚没有找我，伊春娜也会将我的话转给窦亚，这是肯定的。他显得一切如常。倒是我也喜欢上了《暗香》这首歌，闲下来就听，听了无数遍。

清明节之前的一周，温故新问我能不能转告一下窦亚，清明节那天将在临泽果园安葬温妮的骨灰，举行树葬也是温妮生前的安排，她的同学和好友届时将在果园里举行一个追思会。

窦亚听我一说，毫不犹豫地要去参加。他突然问我，那次在职业学校的操场上我遇到温妮父亲，两个人都聊了什么。他想一定与温妮有关，想知道详细的情况。

我告诉窦亚，我和温妮父亲说到温妮也说到他，说到他们两个人的关系。在温妮父亲看来，温妮是非常爱窦亚的，他希望窦亚也同样爱他女儿，他希望知道一些女儿与窦亚交往的情况，这是他女儿在世的最后生活，他想知道尽可能多的内容，想以此得到安慰。

“温妮有一天彻夜未归，她告诉父母是和你在一起的，那个夜晚温妮感到非常幸福。他们并不在乎你们做了什么，而是要知道你们确实是在一起，这就够了。”我索性将话说得明白一些。

窦亚沉默了。过了好一会儿他说是有过一个夜晚，他和温妮在一起待到天亮，此后温妮再也没有见到。他曾经揣测温妮的消失与这件事情有关，但他们确实没有发生过什么。

9

“那天我们是在傍晚见面的，在高沙城里见面这是第一次，也是绝无仅有的一次。

“温妮到馆里来玩，对馆里都了解以后就不再想看了，她下午到我这边来，在馆外叫我出去，我们在附近走走，或者找地方坐一坐。温妮喜欢长时间坐着，默默无语地沉浸在她的漫想之中。我问过她想什么，她说什么都想。现在我知道，她的漫想中涉及什么了。待她回过神来，她会说和我在一起真好，或者是有我在她身边真好。6 路公交车晚七点以后就没有了，她每次到殡仪馆里来，赶最后一班车回城。没有过例外。她坚决不愿意坐我的摩托车。有一天我们分手的时候，我要送她到城里去。她没同意，让我第二天坐最后一班 6 路车，到城里来见她。

“我很兴奋，这等于她主动安排了一场约会，除了她到我这里来，我们还没有一起到过其他地方。我们约好了在悦食城见面，讨论了见面的细节：我在悦食城找一处地方坐下来，她会很快找到我。我担心她找不到我怎么办，她是不用手机的。她说找不到也就没意思了，到晚八点钟见不着面就各自回家。

“我第二天没有乘最后一班 6 路车，而是早早地到了悦食城，找地方坐下来的时候才下午四点钟刚过。我坐着等她的那家饭店叫‘锅庄’，临街有一排玻璃窗，我想让她很容易地看到我。

“我以为，离温妮到来还有一大段时间，她约我坐末班车进城，时间大概是晚七点钟。坐下来只两分钟，我点的一杯热饮还没有上来，服务员大嫂就送给我一张纸条，她的说明很有意思：‘这是个女孩传给你的。她没有在我们这里吃东西，走了。’

“纸条是用彩色的信笺写的，展开来才能看见，字迹细小、稚拙。

“出门左拐可以捡到一美女。

“我出门后故意右拐，走了几步才回转身往左走，她笑吟吟地站在不远处看着我。那时候太阳还没有落山，夕阳的余晖金灿灿地罩在她的身上，她开始向我慢慢地走过来。

“她上前挽住我的胳膊又放下，说要扫荡悦食城，吃从来没有吃过的鸭血粉丝汤、油炸臭豆腐干、麻辣烫……数点着时她嘴里吸溜了一下。

“等我将她想要吃的一样样搬到她面前的时候，她浅尝辄止，臭豆腐干只咬了一小口，然后就用了半瓶矿泉水漱口。吃鸭血粉丝汤，她将每一根鸭肠都挑出来给我。

“她说她真是第一次吃这些，过去听妈妈的，不让她吃的绝不会吃。我问她现在怎么就放开了，她眨巴一下眼睛说：‘有人请我吃的啊。’

“我们从悦食城出来，她也没有说去什么地方，走在街上，我和她或前或后，或左或右，走在一起的时候还是有一定距离的。偶尔的亲密接触也是无意中发生的，只是一些轻微的身体碰撞。我这时候竟然冒出一个该死的念头，想这么在大街上走会不会有人认出我。我是殡仪馆的！一定会有人认出我的，会站下来看我，不，更感兴趣的应该是我身边的温妮。她会不会被这些目光搞得不自在，不舒服呢？

“走了一段我想，管它呢。

“在过府前街的斑马线时，就要变灯了，我很自然地拉住她的手，好像是让她跟上我。过了街她要抽回手去，说：‘喂，可以了吧？’

“见我仍然不想放下，她看着我似笑非笑，转而蜷起指头要在我头上砸个栗暴的样子。

“接下来她的提议让我吃惊，她要找一家网吧包夜。我从来不去这样的地方，问她去过没有，她说没有去过才有意思。

“我们到了飞翔鸟网吧，她没有带身份证，用我的身份证开了一台机子。网吧里人爆满，我们却幸运地找到一个边座，我向管理员要了张椅子坐在她边上，这时才发现，我们的左、前、后都是网聊的。我看温妮开不了机叫管理员帮忙，相信她确实没来过网吧。她告诉我，她有一个很好玩的QQ 空间，她的家当都在里面，她让我先记住密码，“暗香留存”的全拼，QQ 名她说以后再告诉我。她并没有上那个空间，一头扎到了天涯论坛里。

“在网吧里我们也就待了一个多小时，受不了噪音，受不了烟雾缭绕，受不了不三不四的人。站在网吧门口，温妮说她妈妈说的是对的，是不应该到这样的地方来。

“我悄悄地看了一下腕表，才不到夜间十点，我不想这么早就结束，问她再到什么地方去。她像是已经想好了，说去夜游职业学校。

“已经离职业学校很近，走不了多远就到了。门卫形同虚设，照温妮的话说我们是一擦而过。

“已经过了熄灯时间，校园里很安静。我们到了逸夫楼前，她带我看石头子午钟，说在家里的阳台上能够看到这个钟。上学的时候早上不愿意起床，就希望世界上的时钟都像这个石头钟，指针一动不动。以后休学，时间便漫长了。说到这里，她的情绪低落下来。看她不高兴，我知道这是个不好的话题，也就没有问她为什么休学。我们漫无目的地走着，不再说话，直到她说困了。

“找了张椅子坐下，我偏过头看她一眼，忽然就有了要抱她的冲动。我搂过她，抱住她。身体的姿势不对，我们站了起来。她脸红了，微弱的夜灯下我真的清清楚楚地看到了她的脸红，她的腼腆。见我在盯着她，她推开我问：‘干什么？’

“她的声音非常温柔，蜷起指头又做了个要在我头上砸栗暴的样子。她说妈妈经常对她做这个动作，表示最高级别的恐吓、威胁。

“我们又坐到了椅子上。我说：‘我只是想抱抱你。’她点了点头，我揽过她的身子，让她坐到我的腿上，怀抱着她。她的头伏到我的肩膀上，我感到她温热的呼吸。她喃喃地说：‘不跟你说了，我要睡了。’我可以感觉到她闭上了眼，因为我贴着她的脸。

“一会儿她抬起头对我说：‘我警告你，不许对我做什么！’我连连点头，说是，是是是。

“她好像睡熟了的时候我开始闻她的头发，闻她的脖子，我喜欢她身上的味道。我抬起她的头，亲了一下她的脸，她好像真的睡着了，一点反应都没有。见她的衣服露出了腰，我把她的衣服抻了一下。想想她的手也会冷，就解开我的衣服放她的手到我怀里。

“我一只手抱着她，另一只手掏出根烟抽。一会儿仰着头看天上的星星、月亮，一会儿再看看怀中的她。我很开心，很幸福，是一种从来没有过的心情。

“夜里两点多钟的时候气温很低了，我意识到让她这样一直睡下去会冻坏的，就摇她醒来。她没有反应，我的动作幅度大了起来，她仍然没有反应。到后来我拼命地摇她，她好像好不容易地醒了，轻轻推搡了我一下，‘干什么呀？’我觉得她这时候的样子非常可爱，嘴嘟嘟的，委屈地揉眼睛，‘你讨厌！我睡得好好的，你把我弄醒’。

“我说别睡了，我们起来走走。她问到哪里呀，这个时候？

“倒是她先站起身来，见我不动弹，说：‘走啊，你怎么不动了？’

“我腿麻，站不起身来，缓一会儿站起来又迈不出步。身子略微有点趔趄。她把我扶起来，搀着我走到职业学校的西门。门已关上了，见到两个学生从边上的一个小洞钻进来，我们便也学他们的样子钻出去。

“我想找家宾馆给温妮休息，她说那样万万不行，那样的话她就会将想做的都做了，她妈妈知道了，不杀了她也要杀她自己。”

事情就是这样的，窦亚说温妮最后和他坐在了6路公交车的站台上，等到第一班车来，他并没有乘那趟车。温妮拉着他的手，紧紧地、温柔地和他的手指交织在一起。

窦亚回到馆里后，就再也没有见到过温妮的踪影，音信全无。他去职业学校的操场，坐在那里是想温妮在家里能够看到他，这是他唯一能够找到温妮的方法。

他曾经想过多种可能性，温妮那天做了很多她母亲不允许做的事，回去以后父母不可能没有说法。而他没有让温妮不高兴的地方，这是肯定的，他细想过好多次他们在一起的情景，他希望奇迹出现，温妮冷不丁出现在他面前，没料到竟然是这么一种让他失魂丧魄的结局。

窦亚对和温妮在一起的那一夜讲述得可谓具体，在我听的时候他沉浸在很是甜美的回忆里。而讲述完了以后，他很长时间沉默着坐在那里，目光缥缈且虚弱。

这阵子他一定在心里想各种各样的温妮，爱他的、骗他的、利用他的温妮……甜美、痛苦、哀怨、思恋各种情绪搅和在一起。前阵子他将温妮往坏处想，至今仍然不去看温妮留给他的QQ空间，是他不敢去碰真相，是他不知道如何去承受。这样下去，他只会一味地在心里纠结，难以解脱，不能释然。

“我们为什么需要爱恋、留有思念，为什么需要拥抱、陶醉抚慰，是因为我们的心有时候是冷的，需要爱人予以温暖。”

我鼓励窦亚去看温妮的 QQ 空间，说他要是没有勇气的话，我可以代劳，看了以后告诉他里面都有什么。

窦亚说不用，他敢看，他说：“勇士就是敢面对惨淡的过去和未来。”

这以后，我不知道窦亚在温妮的 QQ 空间里看到了什么，他没有对我说一个字。他唯一的异样便是从此以后特别地怕冷，春天来了气温在回升，他的衣服却越穿越厚实。

面对这种状况的窦亚，我只能多找些事情给他去做，希望能够分散他的注意力。对我分配的工作，窦亚总是乐于接受，不分什么分内分外。我给伊春娜一个任务，让她多关心窦亚。她曾经对我说过，他们年龄相仿，有相似的生活。

清明节那天，窦亚去参加了温妮的骨灰安葬仪式和追思会。

温妮的骨灰埋在果园的二十一棵果树下，窦亚见到了温妮父母和她的好友、同学。

温妮的父亲在仪式结束以后打电话给我，表示他诚挚的谢意，说他不再想知道温妮和窦亚在一起的细节了，那些都已经不重要。窦亚在追思会上对大家说，温妮非常地爱爸爸妈妈，他也非常地爱温妮。这就够了。

温故新说他最近这些日子和温妮母亲也有一些反思，温妮母亲过去对温妮要求太严，希望她在什么方面都要优秀，是一种不好的心态，起因是她姐姐的女儿很优秀，考上了外交学院，是未来的女外交官，姐妹之间暗中攀比，压力自然转嫁到了孩子身上。他对孩子的教育也简单了一点，用一句他成长时期受到影响的、奥斯特洛夫斯基的话激励孩子，将这段话用毛笔写了横幅挂在她房间里，用签字笔写了纸条放在她的文具盒里，做成书签让她夹在书本里。他们这种方式带来的是苦果，温妮的病他们有责任，等他们意识到孩子的健康成长是最重要的时候，一切都已经晚了。最后一切都听孩子的也于事无补，温妮的反弹怎么样都是合理的，是他们应该承受的。

窦亚应该是在温妮的QQ空间里知道了这一切。他的心情一定很复杂，但也对此表示了理解，我看到了他的一则微博：

父母希望我们出类拔萃，因为爱；也因为爱，他们固执地以为对我们的要求是理所当然的。

四月里的一天，窦亚在我办公室里听到电脑音响放《暗香》，问我是不是喜欢这首歌。

我回答他："不仅仅喜欢，还有我自己的深刻理解——缠绵悱恻，泣血重生。"

窦亚沉默了，然后很肯定地点点头。

伊春娜对我安排给她的任务完成得很好，她和窦亚在工作上有默契的配合不说，在工作之余他们有了一般人看来的亲密交往。她带窦亚加入了冬泳队，每天下班后坐在他的摩托车后面，去大运河游泳。私下里她对我说，这是治疗窦亚"悲伤性畏寒症"的最好疗法。

看到伊春娜和窦亚这样，我又想成全他们了，觉得他们很般配。我对伊春娜说："《暗香》里有一句重要的歌词，'看看又是一年春风'，这么朝夕相处下去，你和窦亚会好吧？"

伊春娜说："才不会呢，我们两人不可能成为男女朋友。我有男朋友了。我们在这里的工作就是工作，好同事归好同事。我们分得很清楚。你以为我们生活里只有殡仪馆的内容啊？你想不到的多着呢。"

我愣了一下。伊春娜改口一句："噢，明白了，你又想得太多了。"

我忽然觉得，应该找来那部他们都说过的日本电影《入殓师》看看，那里面的入殓师有什么样的爱情，吃河豚鱼又是怎么一回事。

不解风情的年头

曾经有一个年代，爱情是一个刚解禁的词。

1

李雷是在二十一岁生日的第二天闯的祸，他在河堤上玩车技将运输队的铁斗车开到大运河里。空的铁斗车在扎入护坡的紫穗槐灌木丛时侧翻，硬拽倒了一大片灌木，留下惨不忍睹的现场。工友们将血淋淋、湿漉漉的李雷抬到医院时他一声痛苦的呻吟也没有，医生问人是怎么从河里弄上来的，李雷不等别人介绍就抢着说是自己爬上来的，矮他一头、瘦他半边身子的医生摇摇头说：“身体好的人敢跟石头和钢铁碰。但结果呢，你们看见的……”边上的人注意到，这个医生的手重了起来。李雷硬铮，一声不吭，眼看着有黄豆大的汗珠从额头上渗出来。

李雷的脚踝处缝了十三针，左胸肋骨断了三根，跌打损伤一百八十天，他在医院住了一个月后还得在家养一两个月。可回到家才十来天他就觉得熬不住，他感到浑身难受，不干活不出力，身子里便有憋着的什么东西要释放。他比上班时胖了很多，但胸大肌和腱子肉还在。

吃了早饭李雷拿一只小板凳，艰难地挪移身子到家门口贴院墙边坐着，大眼小眼地盯着巷子。这光景该上班的上班，该上学的上学，只有闲人路过。李雷的目的只有一个，想见一个人，一个漂亮的少妇。

她每天早上买了菜要从他家门口袅袅地走过。看她的人就都知道，她有点目中无人，她左手胳膊上挽着一只绣花的帆布包，右手提一只沉甸甸的尼龙绳网兜，里面装满水灵灵的蔬菜。窄的巷子里，她要是与人撞鼻子迎脸了，也会浅笑一笑，这一笑让人愣怔，她还是眼皮没抬的那种，要是扬脸朝人家，那不得了了。

女人三十刚出头，有个很洋气的名字叫卢海雅，住在巷尾。她不上班，每天买菜很晚。她从李雷面前经过时，会把一股浓郁的香风抚到他身上，不是雪花膏，也不是雅霜，是一种特殊的香味，让他呼吸急促起来。她当然不是有意的，她甚至没有正眼看过李雷一眼。

李雷不知道是不是这么回事，因为她到面前的时候他不敢抬头，怕被她察觉到自己的窘态。李雷上学只上到初中，班上的女生几乎都骂过他骚猴子，十五岁的时候身上的荷尔蒙已经蒸汽一样燎人。

卢海雅从李雷面前走过以后，他再坐在外面就没有名堂了。他回家后会横躺在床上瞎想一气，想她的背影，圆滚滚的屁股，微微扭动的柔软腰肢，让这些拨弄人的影像在脑海里过若干次。

这天早上，李雷吃力地再次搬板凳出去时，在堂屋里握着一把韭菜挑的李雷妈摇摇头叹气。这并不影响李雷心情，在机械厂翻砂车间上三班的她头发已经花白了，她一直这样，在倒大夜班的这天怨天怨地，嘴搁在儿子身上。李雷瞄一眼她手里的韭菜也表达不满："天天吃韭菜，脸都吃绿了。医生说我需要喝骨头汤补钙。"李雷妈放下韭菜说："喝骨头汤——把你嘴吃大了拱老鼠。你要是前辈子修得好，像你爸爸那样做个厨子，也能天天有骨头汤喝。谁叫你身体长这么粗壮，让人一看到你的样子就想安排你去干体力活。开铁斗车算对你客气，还没有叫你去拉板车……”

李雷不想听母亲喋喋不休的奚落，可到了吃午饭时他还是逃不过去，家里就他和母亲两个人。桌上李雷妈用筷子指着他，说不要闲着难受，说不要眼睛像个锥子盯着人家。要女人到时候会有，就像吃三顿，到点一定会有饭菜摆在面前。李雷妈说这些话一点也不顾及李雷面子，李雷不顶嘴，东耳朵进，西耳朵出。李雷妈一直计划把厂里老姊妹的女儿小娟娶回来做儿媳妇，已经多次在儿子面前放风，看他的反应。李雷看不上那个女孩子，觉得她瘦兮兮的一阵风能刮倒。过胖的女孩子他也不喜欢，要不胖不瘦的。李雷妈因为他的不听话有些气恼，又说不出他哪里不对。

李雷与铁杆哥们刘小欢讨论过什么样的女孩子好看。刘小欢更倾向于女孩子脸要好看，那叫一个标致，那才走得出去。他在服装厂，那么多的女孩子没有一个入他眼的。刘小欢有高论，说女孩子瘦也有瘦的好处。李雷一点也不觉得女孩子瘦有什么好。刘小欢对女孩子显得老在行，不知道他对女孩子究竟干过什么。

刘小欢隔三岔五地到他们家来，有时候一天来好几次。这天下午他过来时穿着李雷送的劳动布工作服。这件衣服已经被他彻底变了面貌，洗得发白，变得时髦，骨牌领里面加上了一条白线钩的衬领。李雷问他用什么办法使衣服变白的。刘小欢诡异地笑了笑，说是袁师姐替他洗的。李雷想起来，刘小欢最近总把袁师姐挂在嘴边上，说这说那的不止一次。服装厂不发劳动布的工作服，只发一块布随他们自己做，休息也不在星期天，是在星期三，有很多女工，很多的女孩子，不像李雷的运输队清一色男人。这一点上李雷又很羡慕刘小欢，觉得他投胎好。刘小欢的父亲过去在服装厂做熨工，他顶替父亲当然要接着干。李雷注意他的脸上时不时有红斑或者青斑，这是服装厂的老阿姨经常到他脸上来揪一把。刘小欢说这是父债子还。

凑到李雷面前坐下来的刘小欢身上有一股香味，李雷知道这是铁皮听装的红梅牌发蜡香味，这种味道一开始很好闻，闻长了就有点腻歪，能让人呕吐。李雷不想提醒刘小欢这一点，有时候巴不得刘小欢在女孩子们面前出出洋相。

刘小欢这天休息，神神秘秘地说有事情要告诉李雷，却又吞吞吐吐的。李雷让他快点说，他才说是看到杨珂钻到“哎呀”家里去了。

李雷说：“那又怎么样？”刘小欢说：“人家传杨珂爸爸是‘哎呀’的孤佬，杨珂总是替他们望风，看来不假。”

刘小欢说的“哎呀”是海雅，他这么称呼她，很多人也都这样。刘小欢见李雷听了没反应，说他也想不通这件事：“杨珂爸凭的什么本事？再说，‘哎呀’也不是一个长得好的女人，稍胖了一些。”

李雷对刘小欢这么说卢海雅很不赞成，李雷又不想和他扳看法，怕他怀疑和奚落。

刘小欢走后，李雷的母亲在他面前叽咕，怪他不开口向刘小欢讨那块服装厂发的布料：“你把工作服给了他，他就应该将那块布给你，这才是道理。”李雷说：“我也有道理，他是我的朋友。”母亲说：“出鬼，你还有朋友？懂什么是朋友，你爸爸一辈子不知道吃朋友多少苦，瞎讲个义气。”李雷觉得她烦死人了，啰里吧嗦的，要是腿利索早离她远远的。

这时候李雷最想去会会杨珂。撬他的嘴也要他吐出他爸与“哎呀”的情况。李雷还是受了刘小欢的影响，想跟他们一样叫卢海雅为“哎呀”。

杨珂小李雷两岁，曾是李雷的跟屁虫，在十一二岁的时候成天跟着李雷玩耍。杨珂现在还在上学，读高沙中学的高二。李雷要找杨珂得等他放学以后，他家在隔壁的一条巷子里。李雷的腿目前不能跑那么远，他想杨珂要是到“哎呀”家一定会在下午放学以后，他从学校过来只能从他家门前过。

2

下午，李雷又坐到了家门口，等到路过的杨珂。

杨珂腋下夹着几本课本，双手抄在裤子口袋里，瘦长的身子像虾米一样弓着，脖子梗梗，噔噔地往前走。李雷一段时间没有见过他，个子蹿了很高，嘴上也有了毛茸茸的胡子。他没有理会李雷，当他是空气似的。

“杨珂！”李雷很不满地大喝一声。杨珂没有停下，犹豫着走了几步才转过脸轻声一句：“干什么？”李雷说：“叫你，叫你过来！”

杨珂转过身来，说他有事。李雷说：“我知道你有什么事，你过来一下，与你说话！”说着扶墙站了起来。杨珂看看李雷脸色，慢吞吞地走过来。

“你是到‘哎呀’那里去吧？”李雷带着狡黠的表情看着杨珂。杨珂有被戳了一下的反应，沮丧地皱了一下眉，很不耐烦地说：“我到什么地方关你什么事？”说完转身离开。

李雷冲着杨珂的背影说：“那里很好玩吧?！你爸爸是先你进去，还是在你之后进去？”杨珂不仅没有回答，头都不回。

李雷极想给杨珂一个铳头，在他后脑勺拍一巴掌，无奈腿不方便，看着他走远。闷坐了一会儿，他做出了一个自己不敢相信的决定，要去“哎呀”那里去探一下。

“哎呀”家离李雷家接近两百米，李雷在往那边走时只走了十来步就走不动，腿疼，带动全身上下疼。医院里是为他配两个拐杖助行的，他怕丢丑不用，怕人家以后叫他瘸子。走到半路上他几次想回头，看见“哎呀”的家近了，也就捱着走过去。

“哎呀”家门头有一个高廊檐台，门紧闭着，没有一丝丝缝，李雷走过去，再走回来，看不到里面的情况。竖起耳朵也听不到里面动静。他不敢扒到门上往里看，站下来的时间也不敢长，见有人过来，他便要吃力地启动瘸腿，蹒跚着，摆动着身子离开。为没有在“哎呀”家门口看到什么心里很不甘，起码，“哎呀”她也该露一下脸。

晚上刘小欢拎来了一包厂里分的碎布角，这是很让人羡慕的东西，有人想去服装厂工作也就冲着有这福利。碎布角可以拼做很多东西，窗帘、被套、床单，甚至可以拼成睡衣内衣。

刘小欢拿来的碎布角是泡泡纱，他说这次分到的不太好。由不得人挑，一包包的不知道轻重，更不知道什么货色，拈阄决定拿哪一包。他没有说实话，他分到的布料其实是最好的一包，在他摊开来看的时候被一个师姐抢走，丢给他这包差的。下午到李雷这里来的时候，见李雷妈脸色不太好看，晚上就带了点讨好的东西来。

李雷妈上夜班，本来已经早早睡了，听到刘小欢的动静便忙不迭地起来看碎布角。她没有嫌不好，只是让刘小欢以后分到棉绒的给她一些，她要做一件睡觉穿的衣服，软和点的那种布料好。刘小欢说对头，棉绒布就是做外贸睡衣的，外国人只穿这种东西，舒服。

李雷让母亲赶紧去睡觉，他想和刘小欢说说下午见到杨珂的事。等到母亲拿着那包碎布回到房间，李雷把刘小欢带到自己房间后又不想说了。刘小欢对杨珂的事不感兴趣，两眼发光地说自己的事，分碎布那天袁师姐让他吃了一次嘴。

李雷一听马上来了精神，要刘小欢细说详情，在什么地方，怎么开始的。刘小欢说是在电梯间，就他们两个人时。袁师姐见他不高兴就说：“宝宝我抱你一下吧。”这一抱的时候刘小欢就趁机吃了她嘴一口。

李雷说什么吃嘴啊，那是亲嘴或者叫接吻。刘小欢不在意李雷的话，在叙述的过程中重新体会了一下当时的情景，沉浸在自己的幸福当中。接下来，他像有什么急着要做的事情，想回家，李雷也没有留他。

刘小欢走后，李雷有点后悔。刘小欢说到与师姐吃嘴的时候，他只想到扫刘小欢的兴，就没有问一下滋味。他不知道袁师姐的模样，想不出刘小欢和她吃嘴时的活色生香。他只能接下来想自己，想他和一个什么人吃嘴接吻的样子，他只能想到“哎呀”。

这种事很有意思吗？他问自己。很多人喜欢干的事情就一定是有意思的。他只能这么想。

“哎呀”只是李雷喜欢的女人，他喜欢她走路的样子，丰腴的体态或者迷人的笑，至于“哎呀”的身体，李雷的注意力还没有集中在某一点或者某些方面。

差不多十点钟，李雷做厨子的父亲从饭店回来。一会儿听到母亲和他争吵，母亲的声音很大，说她要再安静地睡一会儿去上班。父亲说，他天天上班，一天休息的时间也没有，算什么理由啊。接着是摔门的声音，母亲骂了一声：“骚料子喝多了。”

过了好一会儿，听不见吵，李雷出来给茶杯加水，看到母亲坐在堂屋里发呆。母亲看到李雷没有说什么，摊开放在大桌上的碎布角理起来，她举起一片泡泡纱布在灯光下看了看说：“这布可以拼起来做裤头，应该很凉快。”李雷摇摇头：“我不要！”他有句话不好说，觉得这种布不结实，容易走光。

母亲说：“不是给你做的，给你爸爸做。”

3

李雷第二天早上在巷子里再见到“哎呀”时目光有点放肆，他向她打招呼，“你早啊！买了菜了？”

“你好！”她笑了笑，没有回答李雷关于买菜的问话。本来也是李雷没话找话。她没有停下来或者放慢脚步，一如既往地翩然而去。

下午李雷再次坐在巷子里等杨珂，可坐到天黑也没有见到人影。

晚上刘小欢来的时候李雷说：“昨天看到杨珂，一副拽样，问他什么话，屁都不放一个。”刘小欢说：“就得收拾他。”

刘小欢并没有和李雷讨论怎么收拾杨珂，这不太像他以往的风格，他是个喜欢找事的人，李雷不仅壮实而且很会打架，仗着这一点，刘小欢喜欢在李雷受气时替他做武力解决问题的设计。刘小欢一反常态，根本不想说李雷的事，他好像魂掉了一样心不在焉，连话也说不利落。他还是喋喋不休地说袁师姐：“我和师姐是不可能谈对象的，她比我大好几岁，听说早被男人搞过……对象了。我就是想……和她玩得好一点。”

李雷说：“玩得好只能是哥们之间，跟女孩子就怕是另外一回事。”他想跟着刘小欢的话尾子打击他一下，笑话他一下。

刘小欢说他或许可以把袁师姐办了，自己也想办一办。他要李雷出出主意，怎么去下手。李雷轻蔑地笑了笑，问刘小欢和袁师姐到什么程度了，是不是还在吃嘴，有没有吃出滋味。

刘小欢说他的感觉，像喝了酒，头晕，心怦怦跳。李雷“噢”了一声，陷入无限的联想，根本不会指导刘小欢下一步怎么办。在刘小欢的催促下李雷只有瞎说。“喝酒是要吃菜的，空口多伤身子啊……”

刘小欢恍然大悟。“这是我下一步的理由……再下一步我就说，菜吃多了觉得咸，应该吃碗饭。吃饭就……办了。”

两人笑了一气。李雷越发扮行家里手的角色，让刘小欢吃了饭以后告诉他，他要知道是吃了硬的饭、软的饭还是夹生饭。刘小欢不笑了，好像屁股下面有钉子，又要站起来走人。李雷不想他只待一会儿就走，想与他再说点什么，他现在非常想与刘小欢说说“哎呀”，估计刘小欢不好再笑话他。他要刘小欢说老实话，“哎呀”身上有没有吸引人的地方，更想刘小欢改变对“哎呀”的态度。

刘小欢留不住，还是很快走了。他也有点不好意思，为了补偿李雷，临出门时说可以帮李雷钓两个服装厂的女孩子去看看电影：“你打三张电影票，有两张是在一起的，我替你传过去。不过，服装厂的女孩子真的没几个好的，拿不出手。”李雷觉得刘小欢是在服装厂成天看女孩子眼花了。

李雷在刘小欢走后觉得很无聊，悄悄地打开电视机。电视机是舅舅从福建替他们家买的走私货，日本产的索尼黑白九英寸。母亲当作宝似的在电视机上套了两层套子，又在外面罩一个厚实的纸箱子。

打开电视机，雪花一片加嘈杂的伴音，他赶紧去调音量的旋钮，声音大了会吵醒睡觉的母亲。他也不敢去外面调天线，用一根长毛篙架的天线在天井里，靠父母房间的窗子。电视调来调去也没有调到一个能看的台，只有再费一番事将电视包裹起来。

扫兴的他睡到床上，只有在脑子里做幻想这么一项娱乐。他有什么好想的，也只能想想刘小欢和他师姐吃饭的好事，先在脑子里演一回他们的电影。袁师姐的样子想不出来，只有用“哎呀”代替。想想还是想到“哎呀”身上去。

李雷这么个想法一蹦出来，自己吓一跳。

要办“哎呀”啊？

可“哎呀”根本就不理会一般人。袁师姐和刘小欢一天到晚在一起做事，他们容易来电，刘小欢说工厂里的女孩子不装。“哎呀”是有夫之妇，怕被人说闲话，要装正派妇女。她是正派妇女吗？肯定不是，她对杨珂爸不是……

我不是要和“哎呀”谈对象，只是和她那个一下，照刘小欢的话，办她一下。

李雷在胡思乱想之中昏沉沉睡去，到第二天醒来时他决定了一件事，就是要去会会“哎呀”。

这有点困难，李雷想他不可能送电影票给“哎呀”，也不好约“哎呀”到家里或者其他什么地方去。他只有想办法到“哎呀”家里去坐一坐。

“哎呀”在街上，在巷子里不搭理人，在家里一定是不一样的，刘小欢说女的都会装，有的会装得不得了，不像话。

这天，李雷没有坐到巷子里去，躺在床上做了一天的白日梦，把与“哎呀”的好事想了个遍。好事的开头就是他一进门“哎呀”就抱住了他，以后……

以后先要把门关上！这是李雷觉得很重要的细节。他对自己说，门不关上会被别人看到，这事情不能让别人知道，即使成功了也不能对刘小欢说。

4

这事情冷了两天，因为一场突如其来的秋雨。

雨停的这天下午，李雷开始再一次艰难的跋涉。他靠边走，尽可能地扶墙，减少身子晃动带来的剧烈疼痛，还不时地打量身边走过的人，怕人家笑话。

好不容易撑到“哎呀”的家门口，看到她家一如既往地大门紧闭，他只得故伎重施，慢吞吞地在门前晃悠。有那么一刻他都想转身回去，因为即使“哎呀”打开门或者从外面回来看到他，也不可能邀请他进去坐一坐，他也没有理由去敲门拜访。

在巷子里转不是个事儿，是徒劳的。想往回走的时候看到杨珂，这个小子还是吊儿郎当地在腋下夹着课本，如若无人地走到“哎呀”门前，推开门闪进去。

这个情景让李雷的心被戳了一下，胸闷的感觉随之而来。嫉妒心原来这么特别让人难受，他是第一次领略到。

回到家他想自己忽视了一个问题，就是去“哎呀”家时还要避开杨珂。上午“哎呀”买菜回家后这段时间才是最合适的。

第二天上午李雷并没有再去“哎呀”家门口，一是他还没有想到进入她家的方法，二来他也有点灰心。事情比想的要复杂。接下来的几天里他也没有再去。直到有一天受了启发，有了办法。

他接到舅舅从福建寄过来的一封信，邮递员敲门以后见他身子不方便就直接跑进来将信递到他手上。李雷当时想，他要是个邮递员该多好，便可以堂而皇之地去接触“哎呀”。主意随之而来，他解决了一个问题自己不是邮递员也可以给“哎呀”送信，只要自己能够制造出这么一封信。

因为经常给舅舅写信，李雷手上有现成的信纸、信封和邮票。他身子一挺就从床上坐了起来。当然，他又给自己吃了苦头，疼痛袭来。面对着信纸，他也踌躇了好一阵子，不知道往上面写什么。还有，要不要用一种伪装的笔迹。

考虑再三，他决定要把信写得有意思一点，字迹更要让人看不出来是他的。

海雅：你好！

你真是一个好看的女同志，我很喜欢你，我想……

他用省略号将要说的露骨的话掩藏了起来，他觉得自己知道就行了，以后见到“哎呀”，和她好起来的时候将这个秘密告诉她也行。

信在早上上班光景寄了出去，邮箱在不远处的日杂店门口，跑过去的距离比到“哎呀”家还要近一些。盘算着“哎呀”最早在第二天上午收到信，不，是邮递员在那个时候送过去。他知道邮递员到他们这条巷子送信送报纸的大概时间。

第二天，他比那个邮递员通常出现的时间早一个多小时就到了“哎呀”家门口，几乎是跟着买了菜的“哎呀”回家。

等到那个络腮胡子的邮递员出现的时候，他紧跑几步，努力地使自己离“哎呀”的家门口近一点。这个邮递员喜欢左脚搭在自行车的脚蹬上，右脚一下下地点着地，让自行车滑翔，这样就不用再短距离翻身上下车。

邮递员居然在李雷面前溜了过去，将一张《参考消息》送到“哎呀”的邻居家。李雷希望他是漏了“哎呀”的信，巴望他能够回头送过来，可他骑上车扬长而去，还揿了两声沙哑的大板铃。

李雷不甘心，又傻傻地等了一天，再去“哎呀”门口仍然没有见到邮递员去她门上送信。他不知道，寄信的那天下午，投递员因为送“哎呀”邻居的一封电报，顺带着将“哎呀”的信捎了过去，小县城的邮局一天没有多少同城的邮件。

李雷没有气馁，又写了封信寄了出去，这回他还增加了信的内容，在“你真是一个好看的女同志”的好看前面加了“非常”二字。

这次，李雷终于在“哎呀”门口等到了送信来的邮递员，他看到邮递员在送了一份报纸给“哎呀”的邻居后没有翻身上车，趟着车滑翔过来。

李雷站在了“哎呀”的大门口，跟堵着邮递员似的。他问邮递员：“有我姐信吧？”邮递员问：“是十九号卢海雅？”他点点头说：“是的！”邮递员说：“有！”

李雷回了下头，示意那扇紧闭着的大门：“方便的话我替你把这封信给我姐，要不然你就塞门缝里去。”邮递员二话没说就将信递给李雷，说了声谢谢，打了一下自行车的板铃高兴地奔下一家去。

这个场面是李雷想了不知多少次设计的，小时候经常挨揍的他有一套说谎的本领，对邮递员说这样的谎，他可以做到面不改色心不跳。而在邮递员走远，他决定去敲门的时候，他才真感到了紧张。

几记咚咚敲门，像敲在自己的心口上，好长时间才听见里面有一声回应：“我来了。”

等待着，听到有人过来的脚步声好像过了很长的时间。

门打开后李雷几乎与“哎呀”脸撞了脸，他脸红了一下，举起手中的信说：“碰见邮递员，给你带来……你的一封信。”

“哎呀”接过信封瞄一眼，眉头皱了起来。她还是说了声谢谢，然后看着呆站着的李雷。

李雷这时候该怎么着？他该说声“不客气”，然后礼貌地转身离开。可这样他的目的就没有达到，苦心经营的计划就又一次泡汤。他喘了口粗气，目光掠到院子里的牙枣树上，他说：“夏天里，在你们家墙外看到你们家牙枣树，结那么多的枣子……”他用手比画了一下，看到“哎呀”饶有兴致，再接着说：“就是不知道这棵枣树有多粗。”

“哎呀”说：“真的呀，你可以进来看看的。”

他等的就是这句，在她话音刚落就一脚迈进了门槛。

“我们家过去也有过这么一棵枣树，瘦巴巴的，结几个枣都不够我塞牙缝，后来砍了，竖了电视天线在那里。”李雷边说边往里走。

“哎呀”家和他们家一样，三间房中间的一间是堂屋，院子里的厢房是厨房。枣树在厨房跟前。“哎呀”说可惜现在树上都没枣子了，前些时日树上挂满了，一竹竿子能打下很多很多，大部分都送了家门口邻居。李雷听“哎呀”这么说，就好像手上已经捧着她送的枣子，很过意不去，忙说他有好朋友在服装厂，有分的碎布角，大块的棉绒布，要送给“哎呀”。

“哎呀”笑笑，说她从不喜欢用缝纫机缝缝补补的，也不做假领子、护袖什么的。她问李雷是不是受了伤，看他走路好像还不怎么利索。李雷说：“出了个车祸，算是大难不死。”

他正考虑着怎么向“哎呀”吹嘘一下，说说自己受伤的壮举，“哎呀”看到厨房里的水壶在冒热气，说要灌水壶，跑进厨房后转身冲外面的李雷笑了笑，这个笑应该是歉疚的，无奈的，为手上忙着的事。而在李雷看来，她这是讨好他，这种笑犹如向他招手，在示意什么。

他遽然热血上头，心扑通扑通乱跳。接下来，他看到“哎呀”俯下身子灌水，水壶口发出呼噜噜的声音……他的眼睛直了，不知道自己为什么就扑了上去，从她身后一把抱住了她。

她被惊吓得不轻，“啊”了一声，手上的水壶提起来，有这么一刹那似乎想把水壶的壶口转过来，但她的身子很快僵住了，一动不动，任他的手抱在她的腰上，身体紧紧地贴着她。

只是一小会儿，她平定了一下呼吸，身体扭了扭，意欲从他的搂抱中挣脱开来，他不放，倒是抱得更紧。

她说：“松开吧，我开水在手上。”他还是不放手，像是她的开水浇在身上也不怕似的。

她换了种更轻柔的声音对他，“你放下来好不好？我和你协商。”见他还不松手，又说：“你弄疼了我！”

听她说被弄疼，他的手松了开来，出乎意料的情况让他有点不知所措，他问她哪里被弄疼了。

她盯着他，什么话也没说。他觉得她的这种沉静目光带着探寻，像过去上学时他回答了一个错误答案，女老师让他再想想的那种样子。他被她看得低下了头。

她说：“人要表达什么，要有好的方式，要知道该不该做，能不能做。”

她再次弯下腰去灌水，水壶里的水其实已经灌得差不多，很快就满溢出来。

他尴尬地僵立在那里，只恨不能将地上的水用手替她抓起来。

她笑了笑去拿院子里的拖把进来擦地，他于是有了缓解情绪的机会。看到窗台上有一本红色硬封皮的书，里面夹着一个书签，他抓起来看。是苏联小说《日日夜夜》，他把这本书一直拿在手上，看着她做事，不知道自己下一步怎么办。

她开口了，问他是不是想看这本书。他点点头说是的。她说：“是繁体字，内容你也未必喜欢。”

他说他能够看懂繁体字，以前经常看这样的书。他就想赶紧拿着这本书体面地走出“哎呀”的家。她说：“好吧，你看完后一定要还给我，不要弄脏弄破。”他说了声好，拿起书就走。

出了门他深深地出了一口气，腿一点也不疼了。

5

小说《日日夜夜》真不是李雷喜欢看的书，本来他也不喜欢看书。他抱着这本书，翻着翻着就有困意。从“哎呀”那里回家后他就开始觉得很困乏，浑身没劲，总是打哈欠，总是想睡觉。

他有点后怕，怕“哎呀”找他算账，他抱她可以算是流氓行为，巷子里的俞黑皮偷看隔壁妇女洗澡，被人家发现后打得鼻青脸肿，在派出所里也待了好几天。俞黑皮还只是用眼睛看了看，没有搂抱。

除了公安局的人，其他人找他，哪怕是来教训他都不怕，他会打架，今天吃了亏明天会继续找人家打，吃的亏总能找回来。问题是事情的起因不光彩，一吵一闹巷子里的人就知道了，甚至县城里的人全会知道。至少会说他要流氓，他就成了人家的笑料，下饭的小菜。也没准会进派出所，这是他不敢想的。

他也往好处想，“哎呀”作风不好，她这是装正经，自己因为紧张也没有对她怎么样。也想到，她当时没有剧烈反抗，没有大喊大叫，也没有让他难堪，只是提醒他，让他觉得在做不该做的事。试想，要是她当时换一种态度，他可能会来粗的，会因为她对他和杨珂爸的态度不同而愤怒，会硬把事情办了。

或许她真是一个好人，一个正经人，跟杨珂爸其实不是刘小欢和别人说的那样。那么杨珂为什么到她那里时鬼鬼祟祟的，为什么被人家说了闲话呢？

“管她是一个什么样的人，她要是在这件事上不计较我就是好人！”这么想来想去，他决定以后不再把海雅当“哎呀”，想尽快地让这件事过去。

过几天，在李雷想把那本书还给海雅时，他又将书翻了翻。这部小说虽说是写的斯大林格勒保卫战，里面还是有一些李雷想看的情节，有关男女恋爱的描写。

为什么苏联人把拥抱当喝茶，接吻当作吃饭呢？

李雷在翻看了以后甚至有了这样的读后感，虽然没有谁给他答案，但他还是由此愉悦了起来，心里的负担放下一些。因为他想到，海雅是看过这部小说的，那样的话他从背后抱她一下算什么呢？真的不算什么。

李雷把书用一张报纸包起来，在巷子里等着买菜回家的海雅，他看到海雅过来赶紧抓起书站了起来。

海雅到他面前站住，神情很平静，问他是不是看完了书。他说看完了，看得懂，蛮有意思的。海雅说："现在找不到什么好书看，倒是电影院里有好电影放了。"他点点头，马上又想说点不同意见："我不喜欢看电影，单位里发电影票我都送人家了，都说中国的是新闻简报，越南的是飞机大炮，阿尔巴尼亚的是搂搂抱抱，朝鲜的是哭哭笑笑。"

海雅把接过来的书塞到放菜的尼龙网兜里。她说好电影真的慢慢多了起来，建议李雷可以带对象去看看。李雷摸摸头嘿嘿笑，说他已经不在徒工期，可以谈对象，不过还没有找到。

她像突然想起来，又像是临时起意，说要介绍一个对象给李雷。李雷蒙住了。

她追问他要不要。这女孩是她的亲戚，姨侄女，在布厂上班。李雷吞吞吐吐地说了声"好的"，脸红了。

和海雅说话的时候李雷一直在担心，怕母亲这时候回来。她要是撞见，不知道会说出什么奚落他的话。

海雅临走的时候说她要做回媒，还没有做过这样的事，她有礼貌地和李雷告别，又留给他袅袅的背影。

李雷心里慌慌的，六神无主地站在那里。像被天上掉下来的饼砸蒙了，很久才搬着小板凳回家。

这天他满脑子都在想这件事，他发现自己竟然很向往海雅给他介绍的那个女孩子，想早一点见到她。他又要想一下海雅为什么要这么做。头脑里乱糟糟的。

第二天在巷子里见到海雅，见到她走过来的时候，李雷觉得浑身不自在，不知道怎么去和她打招呼。他先是以笑脸迎着海雅，搓着手，待海雅到面前的时候，他从小板凳上站起身，把目光落在海雅的尼龙网兜上。

都不要李雷开口，海雅就知道他想的。海雅说还没有见到她，她在上日班，只要不是上小夜班都可以约她见面。海雅说的她，当然是她的姨侄女，那个要介绍给李雷的对象。

李雷说："不急，不急，谢谢你！"海雅说："你还懂礼貌，知道感激，我那个姨侄女就不行了。好在一块馒头搭块糕，性格和为人处世上你们都是可以互补的。"

李雷点点头，继续他的礼貌，蹒跚着送了海雅十来米。

再一天到来时，李雷端着小板凳到门口却没有勇气坐出去。他怕见到海雅，因为料想着还没有约下，他坐在那里眼巴巴地看人家就像催债。

再再一天，杨珂跑到李雷家来，说有人让他送给李雷一张电影票。他不用说那个人是谁，李雷就知道是卢海雅。

杨珂是鄙夷地瞟了李雷一眼离开的。李雷拿着电影票心情又高兴又复杂，他想，杨珂凭什么这么看他呢？

他马上去巷子里向人打听电影院里在放什么电影，回答他的人有说《追捕》，有说《人证》的。他不放心，跑到街上贴电影海报的副食品店门口看了看，证实是在放一部叫《追捕》的日本影片。

电影海报是印制的，在上面用毛笔写着片名、放映的起止时间和场次。李雷看看手上的票头对了一下，是晚上七点三十分那场。

6

因为这个差不多 24 小时以后的赴约，李雷吃不下饭，睡不着觉。

挨到这天傍晚他洗了把澡，吃完晚饭觉得出汗了又洗了一把。以前他用上海药皂，这天改成了檀香皂，擦了好几遍身子，把一块肥皂都擦瘦了，就希望能有香味留在身上。倒第二次洗澡水的时候，母亲说："身上爬蛆了，这么洗。"他不理会，换上黄军裤、白衬衫和夹克衫出门。

白衬衫用荧光增白剂化的水泡过，时髦的小尖领很挺括，这件衬衫是在服装厂的门市部定做的，特别要求用加料的树脂衬做领子。厨子父亲有一块上海牌手表，平时舍不得戴，用手帕包着放在五斗橱的抽屉里，下午的时候李雷摸出来藏到自己的屋里，出门后从口袋里掏出来戴手上，甩了甩戴表的胳膊，抖抖手腕，表盘亮霍霍的。

觉得自己的腿已经很利索了，也不再疼，虽说身子还有点扭捏，还是早早地走到了电影院。电影院每排有三十一张椅子，中间一大块座位，左右两小块，李雷的票靠右边的小块座位区，他的座离过道空两个座位，想这应该是海雅和她姨侄女的位子。他坐下后不停地东张西望，想一眼看到她们从什么地方过来，没有能够看到她们。

她们到熄灯放片子的时候才过来，女孩大大方方地挨着他坐下，海雅坐在外面。女孩身上有痱子粉的味道，她身子往前倾了倾，胸部很是饱满，脸上看不清楚。看电影的时候李雷偏过头看女孩，看海雅。有那么一回海雅也转脸看他，他冲她一笑，女孩不看他，头也不转，津津有味地看电影。

电影放完了亮散场灯时，李雷和她们一起站起身来，他终于看清楚女孩的模样，长得一点不像海雅，皮肤倒是很白，胖乎乎的脸上满是蝴蝶斑。她扭头看了李雷一眼，再看向海雅时脸上带着的笑有意味。

他们随着人流慢慢地往电影院外面走，女孩和海雅走成一排，李雷在她们后面，有好几次他被拥挤的人推得贴近女孩，他发现他比女孩高出一头。

散场后的人流在电影院门前的广场开始分散稀疏，海雅站下来介绍双方，女孩叫齐红。李雷做自我介绍，自己名字里的雷字是打雷的雷。齐红扑哧一笑，说也是地雷的雷。

从电影院回家的那条巷口靠近海雅家。到了她家门口，她要李雷和齐红拉一下手。她说：“希望你们好好相处。”两个人都不好意思说什么，她便接着又说：“李雷，我希望你也叫我姨娘哦。”李雷点点头，他看到齐红的眼睛一亮，再看他时目光火辣辣的。

回到家，李雷睡不着觉，脑海里尽是杜丘和真由美骑着马的画面，还有“拉呀拉”那首主题曲。可睡觉前他把齐红的模样忘了，怎么也想不起来。

李雷第二天上午一个人在家里，到了海雅买菜路过他家的光景，他犹豫着是不是坐出去时，海雅在外面叫他了。李雷家朝巷子的堂屋门敞着，他一应声只几步就看到了海雅和齐红站在外面。齐红帮海雅提着装满菜的网兜，手挽着她，头斜靠在她的肩膀上，笑吟吟地打量着李雷。

李雷局促，不知说什么做什么。海雅说：“你不请人家进去坐坐？我可要回家做饭了。”李雷忙说：“来来来”，说着就掉头先往里走。齐红朝姨娘做个鬼脸，将网兜交给她跟了进来。

齐红在李雷身后一声喊，“你们家院子在里面啊?!”李雷被她这一嗓子一惊吓，回转身点点头，停了下来。

齐红在屋里东张西望一番后问：“昨天的电影看得怎么样？”不等李雷回答就告诉他：“这是我姨娘要我问你的，要我就这么开头和你谈。”

见李雷只“哦”了一声，齐红便又说：“我姨娘就怕我们两个木头到一起只会大眼瞪小眼。”

李雷笑了，故作老练状说：“我大眼，你小眼。”齐红也笑了，把眼睛瞪大起来。他以为她不服，说不信可以照镜子看看谁大眼。齐红撇撇嘴，不笑了。她说："昨天的电影很好看，我喜欢杜丘，很有男人样子。"李雷想了想，说电影是很好看，他尤其喜欢那个矢村警长，特别是那句"远布你这个老滑头"，声音太拽了。齐红说她不喜欢矢村，长得不好看，狮子狗一样，凶巴巴的。

两个人又没话说了，好一会儿齐红先开口："你望你个呆瓜样子。我要到你住的房间看看。"说着就迈进了李雷的房间。

李雷很奇怪："你看出来这是我房间？我没有告诉过你呀！"

齐红说："当然，是我看出来的。你房间像狗窝。不过，我一收拾就干净了。我第一次到你们家来，不可能帮你做事。我看过了，我走了。"

说走她就拔腿，李雷这时知道客气了，要留她再玩一会儿。话说出来，齐红已经出门。

李雷妈下班回来吸吸鼻子，问家里谁来过了。李雷说谁也没有来过，母亲不除疑，四下里看了又看。

李雷还不想告诉母亲家里来过一个女孩，她要是一听说有这样的事，不打破砂锅问到底才怪呢。

7

齐红再一次到李雷家来是四天以后，她用手帕包了一包热乎乎的家菱，李雷瞥一眼鄙夷地摇摇头，零食他是不喜欢的。他奇怪家菱早就下市了，她从什么地方弄来的。母亲快要下班回来，他希望齐红不是这时候来才好。

四天里，他想到过她，觉得自己还是不知道怎么去和她相处。和她谈，谈对象，谈什么呢？他甚至有过是不是该和她谈的念头。他跟刘小欢说起这件事，当然要吹一下，说他最近被一个姑娘黏上了。刘小欢说真替他高兴，正拿不定主意该给他在厂里约一个什么样的姑娘。“这下子好了。”刘小欢如释重负的样子，他更大的兴趣则在说自己的事情上，他在四处里找安全套，好像和师姐要那个了。李雷想他在这个事情上说得详细和具体一些。对于齐红，刘小欢提了建设性意见：“不管怎么样，可以练练手，臭咸菜总比白嘴强。”

齐红见李雷若有所思，便一个人吃起家菱，她的牙齿很厉害，一咬一口，很快就吐了一地的菱壳。吃完了她拍拍手，风风火火地站起身来找扫帚。她不仅扫了地上的家菱壳，还顺带帮李雷整理了房间。

她对于床肚里扫出来的纸团子有点疑惑，问李雷怎么会有一股怪味，说像青草的味道又比那种味道要腥。

李雷不吭气，他当然知道是怎么回事。他看着齐红收拾，看着看着就突然上前抱住了她。齐红被他一抱，脸马上涨得通红，气息也变得粗和急促起来。李雷不怕她生气，她要是生气骂他一两句，然后走了最好，省得母亲回来见到她啰里吧嗦的。

齐红一点也没有生气，她任由李雷抱着，越来越紧地抱着，抱到她喘不过气来才拨他的胳膊。她说：“你的两只手像老虎钳。”听到这话，老虎钳像揿了开关一下子松开了。

“警告你，你下次再这样，我就不来了。”她的身子有点抖。

大概不想李雷见她这样子，她说完了这句话就转身回家。几乎是前脚赶后脚，李雷妈下班回来了。她都没有像上次回家嗅鼻子，肯定地说家里一定有外人来过，她闻到有雅霜的味道。

“谁啊，抹的是不花钱的呀？”她看着李雷，要一个解释。

李雷撒了一个谎，说刘小欢带着女朋友刚走。母亲要打喷嚏，憋着难受的样子，转身对着外面的阳光，极其响亮地打了一记。然后她说，家里变样了。她特别把李雷的房间看了看，李雷有点心虚，就怕她再问得仔细一些。好在没有，她忙着去做晚饭。

齐红再一次来的时候进门就笑，说知道床肚里的那些怪味纸团是怎么回事了，她还探头到床肚下看了看。

李雷要扳回面子，交代齐红以后不要抹雅霜，味道难闻死了。齐红说她不是买不起珍珠霜，就是那一挑子不怎么好抹开。

李雷驾轻就熟地又抱了齐红，从后面，从前面，换花样抱了好几种。齐红很顺从，过于顺从，连老虎钳也不说了。

这以后齐红每次到李雷家都是白天，她说妈妈晚上不让她出门，说要谈男朋友必须将人带家里给她看了再说。

“我什么时候带你到我们家啊？”齐红问。李雷愣了一下，说：“再说。”齐红喃喃地跟着他重复：“再说。再说。”

8

李雷的腿真是好了，都能轻松地出去跑跑。他在矫正自己走路的姿势，让身子不再晃来晃去。这天，他从外面跑了回家，看到齐红和母亲一起坐在堂屋里吃家菱。

李雷妈见到齐红轻车熟路地进门，脆生生地喊一声小雷，就知道她一定是那位在他们家留下雅霜味的。齐红红着脸几声阿姨一喊，便和李雷妈一起分享她带来的家菱，她告诉李雷妈，她乡下舅舅有一个很大的鱼塘，养鱼也种了藕和家菱。李雷妈吃着她喜欢的家菱，顺便也问清齐红除了有一个乡下舅舅，家里还有什么人。

齐红见到李雷回来一副意外和恼怒的神情，马上知道自己该赶紧离开了。她临走时画蛇添足地解释一句，说是来送擦自行车的纱头的，要李雷将他那辆凤凰自行车坐垫下塞的脏兮兮的纱头换了。

齐红一走李雷妈话就来了，说哪有主动跑到人家门上来的姑娘，怨李雷也不打听一下她过去谈过几个。她骂李雷饿死鬼投胎似的，见到毛就以为是鸭。

李雷忍受不了她的数落，跑了出去，到街上去逛来逛去。

他想应该找到齐红说一下子，不要总是往他们家跑，他们可以到谈对象的地方去谈。他顺便把小县城里青年人谈对象常去的地方想了一遍，他知道的有电影院、溜冰场、公园、大运河堤下面……

他忽然意识到，都不知道齐红家住在哪里，他要找她只有去问她姨娘海雅，或者到布厂门口等，或者写封信到邮局寄到布厂。要说到海雅家去讨齐红的地址，他绝对不愿意，哪怕齐红从此不来。他又想，刚才对齐红的态度很不好，或许她真的不会再到他家来了。

隔两天，齐红还是来了。她说李雷妈那天约的，这天来帮他们家腌大咸菜。

腌大咸菜是李雷家一件最忙碌也是最辛苦的事情，要把一棵棵高帮青菜洗干净后晾干。齐红在洗大菜时手被井水冻得通红。洗净晾干的大菜，一层层地码在大水缸里面，码一层撒一把大籽盐，腌个几天要翻一下身，用重物将大菜压实，让它整个浸在咸的卤汁里。过十天八天的，白菜帮变得微黄，便就腌成了，就可以装进储存的坛子里。那时候就怕还要齐红来帮忙。

齐红忙得乐呵呵的，她揉着累酸了的腰，说刚腌成的大咸菜菜心最好吃，切碎了拌上辣椒酱，淋上麻油，嘎崩脆透鲜。

李雷对她说的不感兴趣，谈不拢，大咸菜是他深恶痛绝的东西。他看着腌咸菜的齐红，觉得家里又多了一个像他母亲那样的人，他有点烦，想到会是这么一个结果他非常郁闷。偶尔脑子里跳出来真由美的样子，心里更是绝望了一大截子。

齐红忙完了以后就赶着去上小夜班。她走后母亲说：“这个姑娘倒是长得还不丑，鹅蛋脸，手脚蛮长，腰也不细，是个唰唰刮刮能做事的人。”这话等于表明她看中了齐红。

齐红自从帮李雷妈腌了一回咸菜以后变得主动起来，只要不上班就往李雷家跑。面对着这样一个火辣主动的女孩，李雷像上足了闹钟发条又强按着不让闹钟响一样绷着。就这样齐红还是向他摊了牌，她说李雷妈既然喜欢她，是不是该商量一下什么时候到她家提亲，她说那样李雷就可以名正言顺地跑他们家。“你到我们家，陪我爸爸喝酒，他会很高兴。”她满怀希望地说。

这种情况下，李雷就要避免去抱齐红，怕她有更进一步的想法，怕她更加来情绪。但最后总是忍不住，每次的抱只是从以前的开场戏改成压轴戏，他在抱她的力度上发泄自己的情绪或者做一种他也不知道什么意思的表达。有那么几次，他也特别想吻一下怀里的齐红。吻一下其实不伤皮也不伤肉。他这么给自己找过理由，最后还是没敢下这个决心。

他一直都不敢相信，自己是在谈对象。要和这个对他很主动的女孩子有下一步，去谈婚论嫁，去谈他们的将来，他觉得紧张和不怎么愿意。可她情况不一样，她喜欢他，一直期待他能够尽快地到她家去见父母，能够陪她父亲一起喝酒是她非常具体的一个理想。

李雷只能用他的口头禅回答齐红“再说”。不过他决定要为与齐红的事去找一下海雅。

这一次他进海雅的门时一点也不紧张，海雅一看到他来访就笑了，说齐红不在，在厂里上白班。李雷说他不是来找齐红，是专门来找她。海雅拢拢头发说：“你现在该叫我海雅姨娘了吧?!”说完咯咯地笑，很开心，做成一件天大好事似的。

她没有丢下手上忙着的事，熨着一堆衣服。她问李雷和齐红谈得怎么样了。李雷说不怎么样，和齐红好像不怎么谈得来。

海雅放下手上的熨斗，说谈恋爱是结婚前的重要过程，要好好谈，谈出感情。李雷摸摸头，说问题是不知道怎么谈下去。

“不会谈？”海雅像是被他逗乐了，笑了起来。李雷看她笑便就更觉得齐红不好了。她要是有她姨娘这样好看的笑多好。他这么想，很是沮丧。

“想想我还是错了，太想促成你们成一对，没有给你们一个自然而然的认识机会。那时候要是不和你们说是处男女朋友的事，让你们自己来电才对。你说我这事做得，唉……”她有些后悔了。“你是不是不想谈了？”她问李雷。

李雷愣了一下，他不敢看海雅的眼睛，他知道她是友好的，但他怕她那种带着探寻、期待他一个态度的、像老师那样的目光。在这种目光面前，他只有低下头的分。他声音小小地说：“也不是。”

海雅说：“不是就好。”看了他一眼，她接着说：“你就应该找齐红这样的女孩子，能干，心眼好，会过日子。你也特别适合她。是不是？”

李雷没有回答她，他特别在意她话里的“你也特别适合她”，在心里问自己“我适合她吗？”

晚上见到齐红，她没有说从姨娘那里过来，可她身上带着海雅才有的那种香味。毫无疑问，她用了姨娘的化妆品。李雷觉得这种味道在齐红身上，像她穿了件向别人借的衣服。他不由得又要去想他和她是不是合适的问题。

齐红说：“我们谈谈工作上的事情吧。你最近没有上班，也没有什么好说的。好。我主动谈。”她大概不仅用了姨娘的化妆品，也被姨娘开导过。

她的工作也没有什么好说的，说他们车间一位叫胡晨的技术员，有点娘娘腔，几个班组里的女工都喜欢他，都希望调班的时候能和他在一个班。

李雷听出问题，毫不留情地问她是不是也喜欢这个技术员。她脸一红，说不喜欢。怕李雷不相信，她说：“这个人很好笑。”

接着她说明这个叫胡晨的技术员的好笑之处。讲胡晨上班时经常睡觉，不怕被发现，因为总有女工替他放风，一有查岗的领导来就叫醒他。她们这么做乐意，可以顺便捏捏他的肩膀，摸摸他的头。李雷说：“这也好笑？”他鄙视地摇摇头，觉得否定她一下很开心。

她注意到李雷的态度，继续讲胡晨更好笑的事情，好像硬要他服气似的。胡晨上夜班时吃了两块油酥饼后偷睡觉，没有抹干净嘴，嘴唇上留着的几粒芝麻引来了老鼠。老鼠馋得下口很重，等于咬了他嘴唇一口。“你知道是什么结果吗？哈哈……”说到这个地方她开心地笑起来。

李雷当然不会跟着她的引导去猜测，他一点也不觉得她说的这件事会有什么好笑的结果。

她笑停了说，胡晨的嘴唇被老鼠咬了一口后半边脸面瘫，眼鼻嘴都歪了。或许她是真觉得这件事好笑，她又笑了起来：“被老鼠强吻……车间里的小姐妹们都这么说，你说好玩吧?！”

李雷摇摇头，让自己什么表情也不带。哪知道齐红突然收住了笑，呆呆地望着他。

“怎么了？”他口气冷淡地问。

她捏住他的手，还是那么望着他。她用起力来，气息也粗了，突然把着他的手往自己的身体上牵引。

他知道，自己只要顺势就可以落在她鼓鼓的胸脯上。他的手臂僵着，像十字路口的两条腿，不知道往什么地方迈。

唾手可得。他不是犹豫，是不敢；他不是不想，是想得很。

9

李雷问齐红：“你前天和我在一起时怎么突然……”

她知道他要问的是什么：“你个呆瓜样子，我就是突然觉得你长得很好看，有一种我很喜欢的表情，蛮不讲理的样子，不像人家胡晨。”

李雷挠挠头，不知道说什么好。他也在想，她怎么说来说去总喜欢说到胡晨身上。齐红凑到他面前：“你评价评价我，不说我长得怎么样，就说说我今天这身衣服。”

李雷这才注意到齐红今天是穿着一件新衣服来的。他说不出好和不好，也不想说。她见他不吭气，就要他说一下衣服是不是可爱。听话听音，李雷知道她真正想听到的是什么，是她穿上这件衣服是不是显得漂亮，漂亮了是不是也就显得可爱。

李雷想，可爱的女人应该很多方面像海雅那样。那样是什么？是长相，是穿着，是打扮？不仅仅是，还包括说话的样子，笑的样子，很多惹人疼招人爱的样子。

“好多人说，我小时候和我姨娘长得非常像，长大了倒是变了。我是不是没有我姨娘长得好看？”

李雷想都没有想就回答她：“是啊！”

听到他这么说，齐红脸上挂着怨怼的神情坐到一边去。李雷想问齐红，她姨娘当初是怎么介绍他的。他也想和她开一句玩笑，问她姨娘有没有夸他长得好。看看齐红的脸色，知道自己刚才对她说的露骨了一点，让她有点不高兴。不高兴就不高兴，他是不会去哄她高兴的。

他对海雅介绍给他的这个对象，从感到新鲜到觉得无趣甚至慢慢地有了厌烦的心理。他设想过一种身份，将来要是果真有一天要叫海雅姨娘，会很不好意思。他忘不了那个小厨房里发生的事，想海雅也不会忘记。想到这种难堪，他便想立即结束和齐红的交往。

晚上李雷妈留齐红吃饭，齐红兴高采烈去厨房里忙了一气，吃完饭还抢着去洗碗。作为回报，李雷妈识相地出去转了一圈，出门时声明她半个小时以后才回来。

听到院子里的门响，他们都知道是李雷妈出去的信号。齐红笑了笑，李雷也笑了笑。他又想起海雅的那种笑，觉得齐红笑起来真是不怎么好看。他脑子里冒出一个奇怪的念头，人的笑可以改吗？她可不可以跟她姨娘学得好看一点？

齐红看他走神了，嘴唇抿了一下像是要说什么，李雷觉察到：“你又要骂我‘你个呆瓜样子’？”齐红扑哧一笑，“是的。”李雷问：“你在厂里是不是也这么骂胡晨，骂他个呆瓜样子？”齐红得意地说：“是的，看到他就骂。”

李雷忽然有点小嫉妒，这种情绪下对齐红的态度便就有改变，他一把揽住齐红的腰，将她用力搂到怀里，在她嘴唇上猛啃了一口。

这么一下后他就松开了她，他觉得被麻了一下，是嘴里的唾液传导的，右边身子一直通贯到脚板底。其后嘴里是苦的，像一颗胶囊被突然咬破。

齐红愣站在那里，好一会儿坐到椅子上，将头别过去不看李雷。两个人像木头人搁在那里一样。

后来齐红先说了话：“你以后再动手动脚不行，你们家必须找人到我们家提亲，把关系定下来，你对我怎么样都行。”

李雷不吭气，见齐红目光锁住他，神情也十分严肃的样子，感觉浑身不舒服。他说：“门好像响了，我妈回来了吧？”齐红说：“不管。她说半小时以后才回来呢。你先回答我，答应我。”

李雷做了回老油条，他问齐红，他答应了怎么说，是不是就可以再来一回。齐红回他一个字：“滚！”

齐红说请姨娘到他们家说最好，不过真的要趁早，姨娘马上要到姨夫工作的酒泉，户口都迁过去，家全搬过去。

“你姨夫在甘肃的那个酒泉？”李雷问，齐红“嗯”了一声。李雷再问：“你姨娘不工作，为什么不早点去，一结婚就去？”

齐红不耐烦地说：“你问这么多干什么，我姨娘不喜欢那里，没有鱼吃，干燥得要命，皮肤受不了。”李雷“哦”了一声：“过去受不了，现在可以受了？”

齐红眼睛瞪起：“你阴阳怪气地不要以为我看不出来，我姨娘哪里对你不好了，把我介绍给你，我当时不肯，是她硬替你说。她结婚后一个人过，多苦啊。她现在是没办法，说自己都老了，还不如去将就着过过日子。”叹了气，她惋惜地说：“我姨娘那么有文化，工农兵大学生呢。我姨夫更有文化，在工厂里管一大批人……”

“你姨娘还是大学生？”李雷不是不相信，而是想多知道一些海雅的情况。齐红的回答非常简单，她说：“当然。她现在还帮人家补课呢。”

李雷说：“难不成杨珂是你姨娘的学生，时不时地夹着本书去你姨娘家补课？”齐红还是一句：“当然。”

齐红见李雷与她有了谈得来的，兴奋起来，神秘兮兮地说：“我告诉你一件事，你什么人也不要告诉，你要答应了，我才告诉你。”李雷点点头说：“无所谓，你可以不告诉我，其实你也没有什么有意思的事。”

齐红急了：“那我就告诉你，杨珂的爸爸打我姨娘的主意，总是在她家院子外面探头探脑的，我姨娘背个书什么的，他跟着学嘴学舌的。我姨娘好说话，还居然答应教他儿子英语。他儿子其实又不想学。”

李雷问齐红她姨娘背什么书，杨珂爸爸感兴趣，她怎么不帮她姨娘去骂骂那个讨厌的家伙。齐红丧气地说，她姨娘告诉她这不关她的事。

李雷说：“这确实不关你的事，你姨娘说不定就想杨珂老子这样呢。”齐红说：“你个呆瓜样子，才不可能呢，我姨娘不是那样的人。别人不知道，我还不知道?！”

齐红见李雷和她一下子又谈不拢了，气嘟嘟地离开。她出房间见李雷妈已经回来了，灯也没开坐在堂屋里不出声。她回头瞪了李雷一眼。

待齐红走后李雷妈说：“你也不要就这么相信齐红说的，她们是亲戚，她不会说姨娘的坏话，这个海雅外面话真的不少。寡妇门前是非多。”

李雷说海雅不是寡妇，李雷妈说，从来没有见过她男人是什么样子，她等于是寡妇。

李雷说：“你不能这么说。还有，你偷偷听我们说话不好。真的不好。”

李雷妈像是看一个陌生人一样看着李雷。

10

好长时间不来的刘小欢来了，他拉李雷到饭店去喝酒。他有苦衷，说被袁师姐耍了，耍得不轻。他要一醉方休。

到了饭店，刘小欢一下子就要了五瓶汽酒。李雷打量这个垂头丧气的家伙，他工作服的排骨领耷拉着，袁师姐替他钩的线领变得黑乎乎的。李雷很想问刘小欢办了袁师姐没有，又怕他心里更难受。

不等菜上来，刘小欢就用牙咬开一瓶汽酒，也不倒杯子里，咕嘟嘟先灌下肚半瓶。李雷这时候有答案了，估计他对袁师姐没有得逞。

李雷知道刘小欢喝下去的汽酒酒劲马上就会涌到头上来，他做厨师的父亲说过这东西不能喝，是汽水兑乙种粮食白做成的，粮食白是最差的酒。他和刘小欢都没有酒量，只能喝这种有点辣舌头杀嗓子的液体，进入一种晕晕乎乎很兴奋的状态。菜他们点了三样，肉打滚——五毛钱的炒肉丝、六毛钱的蒜香排骨和一元钱的扒骨肉烧杂烩。汽酒两毛钱一瓶。

刘小欢用筷子将几块蒜香排骨拨到一边，露出盘子底下衬的菜帮子说："这就是我，垫底的。"他对李雷来了个竹筒倒豆子，说了袁师姐怎么耍他的。

袁师姐一直在和刘小欢玩"信在飞"。她拿出一封信给刘小欢看，说是夜校的男同学写给她的。信一看就知道是情书，刘小欢不由得吃醋，但也不好说什么。袁师姐不是仅仅让他看信，是以此责备他为什么不给她写这样的信。这么一来，刘小欢知道有别的男孩子在对袁师姐好，还表白了。他觉得袁师姐告诉他是好事情，是鼓励他，希望他也有这种表示。刘小欢上学时作文写得很好，觉得要是写情书一定会胜别人几筹。于是他上班写，下班也写。上班的时候他躲在电梯间里写，在电梯间里特别地才思泉涌，边写边回味和袁师姐偷着接吻的感觉。

想不到的事情在后面，袁师姐夜校里的男同学居然拿着一大沓信来找刘小欢，他自称是袁师姐的男朋友小吴，说刘小欢写这么多信给他女朋友，这么纠缠袁袁他实在忍无可忍，说刘小欢要是还敢这样继续，他就把刘小欢的信拿到服装厂来一封封地读，让厂里的人都知道刘小欢的丑恶行径。

“小吴在指责我的时候一套一套的，用的词很多。袁师姐明明叫袁小英，他居然口口声声地叫她袁袁……”刘小欢愤愤不平又很无奈。

李雷问刘小欢，袁师姐对他有个什么交代，怎么面对他的。刘小欢说袁师姐在他面前一直低着头，她说她喜欢小吴，刘小欢就算帮了她的忙，她会记着刘小欢对她的好，永远地记着。

“她都在我面前哭了。我从来没有见过她哭。我也就不想为难她了。”刘小欢好像很通情达理，一点也没有了过去的玩世不恭，变得很高尚，要为师姐牺牲自己的感情，做一种高尚成全似的。

从饭店出来，刘小欢喝的汽酒酒劲上来了，他要到夜校门口去等袁师姐和小吴。他要打那个有夺爱之恨的小吴一顿，问李雷帮不帮他。李雷迟疑了一下，点点头答应，心里觉得这是不应该的。

路上李雷想出了他不动手的说辞，说刘小欢不能让袁师姐瞧不起，要动手一个人动，吃亏的情况下他再出手相助。刘小欢想想也是，他最怕的就是在袁师姐面前丢脸。

职工夜校借用实验小学的教室上课，刘小欢知道晚上九点半下课，看来他来这里等袁师姐不是一次了，否则他怎么知道得这么清楚？

李雷对刘小欢说他搞不明白，本来是和袁师姐不当真的，怎么就弄成这样，弄得被人家割了肉似的疼。刘小欢说他对袁师姐的感情是写情书的时候写出来的：“我写的时候真是掏心窝子，这倒好，把自己的心肝五脏掏出来，变成一泡屎了。我现在恨所有的姓吴的人……”

刘小欢说着摸摸口袋，掏出一个空瘪瘪的烟盒扔了，跑到街对面的烟酒店买了一包大运河香烟回来，递给李雷后又跑回去买了一包。

抽上烟刘小欢猛吸一口，说他打小吴的时候要是袁师姐哭了，他就死心，说明袁师姐真心喜欢小吴；她要是不哭，他或许还有希望。

“信在飞，何日归。”刘小欢嘴里念叨着。袁师姐给他写过一封信，在信封上写着这句话。

“这句话说明什么呢？说明袁师姐是希望我给她写信的，我要告诉小吴这个家伙，袁师姐当着我面是不好赖的，是她要我写信的。”

李雷一直在若有所思，他突然说这么做没有什么意思。他告诉刘小欢，他很想把齐红甩了，不谈了，觉得谈得没有意思，没有名堂。刘小欢没一秒钟做是否应该的思考，立即支持他：“甩，坚决甩！”

刘小欢问李雷，他要不要将自己和袁师姐做的事跟小吴说一说，没准小吴很在意这个。李雷摇摇头说，这样是胜之不武，要是小吴已经和袁师姐做得更是出格，被气倒的怕是刘小欢而不是小吴。

正说着，实验小学的下课铃响了，一会儿放学的人蜂拥而出。刘小欢紧张地盯着人群，生怕那两个人从眼皮子底下溜掉，又有点怕这两个人先看见他。

袁师姐和小吴出来得很晚，他们一点也不着急回家，袁师姐紧挨着推着自行车的小吴，他们慢吞吞地走着。小吴说句话，袁师姐就仰起脸，将目光投向他，笑吟吟的，好像等着小吴给她一个表扬似的。出校门走了一段，小吴骑上自行车，袁师姐跳起来坐到后座上，一手搂住小吴的腰，拿半边脸温存地抵靠在小吴的后背上。而小吴回过头看了她一眼，轻声说了句什么。

这个过程中刘小欢一直想冲过去，被李雷死死拉住。

李雷是看呆了，他看到的是从来都没有看到过的、恋人相好时的情景。

他看到了亲昵、温存、体贴、照顾，看到了因为这两个人的亲热，包围在他们身边的那一团夜色都在发着光亮，让他眩晕，他不想任何人去侵扰这一切。

半天，在他们走远了以后，李雷对刘小欢说：“他们挺好的。大概算美好！”

刘小欢说："美好个屁……"他有点呜咽，说不下去。

李雷显示出他的同情，拍了拍刘小欢的肩头，又非常无奈地说："你去打人家有什么意思？一点意思也没有。"

刘小欢木头人一样站在那里，半天也不动弹。

11

李雷见到齐红时问："你说，我们是不是在谈恋爱？"

齐红说："你望你个呆瓜样子，你都抱我了，亲我了，你说我们是不是在谈，你还想赖不成？"她转过红扑扑的脸对着他，竟有一点点动人的娇嗔。李雷不在意她的神情，他有要说的话却只能绕圈子说，这让他多少有点紧张。

"你说，我们是不是真的在谈对象？"他再问。不等她回答就说："我看我们不是。"因为心虚，他的语气显得僵硬。

"那是什么？"齐红反问他，眼神开始警觉，嗓子里带出颤音。

他怎么能够回答。他这个时候心里有的，是近处的袁师姐和远处的真由美，袁师姐仰起脸看小吴时眼睛发亮，真由美扑到杜丘怀里，隐隐约约还有点海雅的影子。他的小世界开始倾覆。他开始知道谈恋爱是什么，不是什么。他很想给她说出来，但拙于表达，难以言说，茶壶里煮饺子一样倒不出来。

憋了半天，他竟莫名其妙地说起刘小欢。他说刘小欢倒霉了，袁师姐现在在和别人谈对象。

齐红很惊讶地看着李雷，她到李雷家来撞见过刘小欢两次，刘小欢只看过她一眼，都没有怎么在意过对方。她问："刘小欢怎么了，这个袁师姐又是怎么一回事？他们与我们处对象又有什么关系？"李雷回答她：“刘小欢想搞……袁师姐对象的，袁师姐现在和别人好上了。她现在谈的男朋友真的不错。真的比刘小欢强很多。”

“哦，这么回事。跟谁谈可是人家的自由。”齐红喃喃地说，有点不高兴起来。

齐红还是感觉到了什么，在临走时气哼哼地说：“李雷，我们谈对象，我家里可是早知道的，我姐姐姐夫也知道的，我厂里的小姊妹们也知道的……我话说到这里。”

李雷见她出门了，听到她替他们家关上门才说：“我们不像是谈对象，一点也不像。”

他好像还有点愤愤不平。齐红没有听见，听见的话一定不会走的。

齐红有个嫁人的姐姐叫齐丽，在供电所工作。她在第二天下午登了李雷家门，她听妹妹说谈对象后一直想到李雷家看看。她是抄电表的，不负责李雷家这一段，找了一个替人代班的机会。

齐丽拿着抄表簿，握着一把手电筒进门。李雷一看见她就愣住了，李雷妈反应快，马上问：“电厂的师傅是不是和齐红有亲？”

齐丽是走家串户的，她的反应也快，说是有一位叫齐红的妹妹，不知道说的是不是她。说着她四下里瞅了瞅，眼睛像锥子一样扎在屋里的几大件上，以她的经验马上就判断出这家是一个什么样的经济条件。到李雷妈想说什么时，她已经在问电表在什么地方了。

电表很显眼地挂在墙上，罩着一个镶了玻璃片的木头盒子。齐丽踮起脚，用两根指头擦拭一下玻璃片，再打开手电筒看了看。

往簿子上记数字的时候，她说李雷家电用得还挺多的，她瞄了一眼布罩子：“哦，你们家有电视。”

李雷妈想问问点了多少度电，齐丽已经风风火火地走出门，她回了一句什么，李雷妈没听清楚，问到李雷，李雷也说不知道。

晚上十一点半，李雷破例去布厂门口接齐红下班，齐红见到他很高兴，回头往厂里面看了看。

李雷是步行过来的，他要过齐红的自行车骑上，催促齐红快坐上来，齐红慢吞吞地，想让小姊妹们看看，对象来接她下班了，以前她可都是羡慕别人。

李雷在齐红坐上车后埋头将车骑得飞快，骑到看不到人的地方说："你怎么要你姐姐跑到我家里东看西看的？我妈意见很大，说不作兴这样。"齐红说："我没有要她去，腿长在她身上。再说，她也没有看少了你家什么东西。"

李雷说："你嘴凶。"齐红怵他的态度就不再说什么，把手搂住他的腰。李雷马上表现出不自在，身子扭了一下，车骑得歪歪斜斜，齐红惊叫一声抽回了手。

默默地骑了一段路，齐红发现没有骑向她家的方向，也不是朝着李雷家，都骑到了城西边的体育场门口。齐红失望地看着黑乎乎的体育场里面，说溜冰场九点多就散场了。李雷问她有没有到溜冰场玩过，齐红说："你骑好，我动一下身子。"说完抓住李雷的衣摆挪了一下身子。她没有回答李雷的问话。

"后天我轮休，我姨娘要我们一起去吃饭，她还约了杨珂和他爸爸。不知道要约他干什么，像狗皮膏药的一个烂人……姨娘要走了，她说以后回来恐怕不会是一年两年，酒泉那个地方很远，要坐到新疆的火车去，冬天很冷，很干燥。她还是决定了要去……"

李雷对齐红略带忧伤的唠叨听得断断续续，他在想一个男人，海雅的丈夫。那个男人在甘肃那么远的地方工作会经常想着海雅吗？他要是想得厉害了怎么办？海雅对他又是一个什么样的感情，她为什么在临走之前请杨珂爸爸这么个人一起吃饭？

乱糟糟的他想了很多，不知不觉中就将自行车往回骑了。本来他想用自行车载着齐红到大运河堤上转一圈，看看感觉是什么样的。

12

海雅请客的这一天，齐红一大早就跑到李雷家来。她说很奇怪，姨娘竟然不要她帮忙，说要自己亲手烧一桌菜。李雷妈听说他们要到海雅家吃饭，说不应该空手去，急匆匆地跑出去买东西。

李雷说："最重要的客人就怕是杨珂父子两个，我们只是陪衬，顺便被请的。"齐红急了，说李雷阴阳怪气的，情况才不是呢。她告诉李雷，姨娘曾经被杨珂爸气哭过。李雷说："这就对了，他们两个人的关系很复杂，很说不清楚。"

齐红说："没有说不清楚的。"李雷说："你不要说。"齐红说："我非要说。"

齐红说她姨娘每天闲着的时候喜欢读书，不是只看，是读出声来。姨娘用外语读，俄语、英语都朗朗上口。杨珂家有一扇窗户与姨娘家的窗户靠得很近，他便在家里学嘴学舌的。姨娘烦他，关上窗户，他跑到姨娘窗前来念。姨娘说他英语烂透了，怕他教坏了杨珂，这才由她来教杨珂英语。

李雷不屑地说："杨珂根本不愿意学什么英语，这是自作多情。"

齐红说杨珂不是这样，他英语全年级考第一名，是谁的功劳？他向姨娘揭发他妈妈，他妈妈要他监视爸爸和姨娘的一举一动。"我姨娘哪能看上杨珂爸，那个瘪三样子的人……"齐红说着把手叉在了腰上。

说着李雷妈回来了，她一手拎着两包芝麻台酥，一手端着一只钢精锅，李雷认识那只锅子是父亲饭店里面的。李雷妈把这两样放在大桌上，揭开钢精锅的锅盖，说从饭店买的鱼圆，讨个富裕圆满的彩头。

李雷不愿意拎着、端着东西一路招摇地到海雅家，他觉得那样非常滑稽，他皱着眉头说自己还在病假当中，被人看见了说到单位不好。齐红自告奋勇地要拿东西，李雷乐得这样，又说还是这个原因，两人得分开来走。

李雷是在齐红前面走的，走到靠近海雅家的地方看到齐红已经在门口等着他，他不知道她是怎么走到他前面去的。

海雅知道李雷来了，从厨房里闪出来一下，说要齐红做服务员就又进去忙了。李雷被齐红推着在堂屋的椅子上坐下，俨然是位尊贵的客人，待喝了一口齐红替他泡的茶，他大喊一声“烫嘴”，嚯一声猛站起身来。

齐红见他这样笑得要断气，捂住肚子说：“心急……吃不得热粥，不小心喝不得热茶……”

“你们在我这里还闹啊……”海雅笑盈盈地进来，打量两人一眼，不是责备，是开心的那种表情。齐红又笑了起来，说：“不是……不是……”她显得很是兴奋，大概因为是在姨娘家，她十分地放得开。

海雅抬头看看挂钟，解下身上系的围裙进了房间，再出来时看得出她打扮过，上衣换成了一件很是洋气的驼色开司米毛衣，说洋气是李雷没见过的毛衣，一点也不花哨，但是看起来很高级，把那些女人的花花绿绿都比下去。

海雅问李雷：“看什么，噢，我这件毛衣很少穿。”李雷连连点头，边上齐红用肘捣了他一下，“姨娘穿这件毛衣更好看了吧？不要一个劲地点头。”

李雷又看海雅一眼，名正言顺的一眼。转过脸来对齐红说：“好！真的好。好看。”

齐红说：“姨娘也替我织了一件，晚上我就穿到你家去给你看。”李雷一听就摇头。

海雅看在眼里，没说什么，挂钟咔嚓一声后响了起来，她说老杨要来了，跑到门口去接。

老杨说到就到了，看来是约了要准时到。李雷好几年不见他，觉得他有很大的变化。

老杨四十二三岁的样子，高挑挺拔的身材，戴一副黑边框的近视眼镜，皮肤显得更白皙，相貌也斯文、和气，不像过去在杨珂家见到时总皱着眉，板着脸，哈着腰。海雅向老杨介绍李雷，说是姨侄女齐红的男朋友。他殷勤地朝李雷笑了笑，好像第一次认识一样。

齐红要给老杨倒茶，海雅要过她手上的茶杯，要亲自给他泡，还说她有好的珠兰花茶。她的表情和语气在李雷看来，像极了《追捕》里的真由美，像极了真由美在说“我拿爸爸喜欢的奶酪来”的样子。电影里远布是通过女儿的神情知道她喜欢上杜丘的。

海雅在将泡好的茶端给老杨时体贴地说了声“烫，小心点”。李雷扭头看了一眼齐红，齐红飞快地做了个鬼脸。

老杨揭开杯盖浅啜一口茶，再小心地将茶杯放在面前的茶几上。他抬头四下里打量了一番，充满好奇。海雅问他，是不是想参观一下。他说求之不得，他说海雅家院子里的花花草草都比他们家长得好。他这是表明想看院子，海雅这就引着他到外面去。

李雷轻声说：“跟没有来过似的。”齐红瞪了他一眼解释，“他哪里进来过?！”

她给李雷的茶杯添水，也学姨娘那样轻声叮嘱，“水烫，注意烫嘴”。李雷没有像老杨那样斯文地回应，他在注意院子里海雅对老杨的一瞥一笑，更想听清楚他们在说什么。

他们站在一株米兰面前，海雅说在她走之前会把这些花都搬到姐姐家去，老杨却说：“离得近，觉得你的声音更好听了。”海雅笑了笑，俯下身去摘米兰上面的枯叶。她的这个身姿正是李雷那天在厨房里看到的，一模一样。

李雷说：“老杨开始拍马屁了。”齐红说：“拍也白拍。”她好像在努力为她姨娘撇清和老杨的关系。

老杨和海雅又叽咕了什么以后回到屋里来。海雅说：“老杨要和我一起念一段电影《简爱》里的台词，我也很喜欢这一段，我们念给你们听，你们当听众好不好？”

李雷说了声好，齐红鼓了掌，她对老杨说：“你要好好念，我姨娘这一走，就没有人能够跟你念了。”

李雷看到老杨的眼神黯然了一下，转过来看着海雅。李雷从老杨的眼神里看到了东西，他知道自己从来没有过这种眼神，这种看女人的眼神。

海雅用脚尖划了一块她和老杨站的地方，要齐红拉条长凳子和李雷一起坐到他们对面。

老杨推了推眼镜，平定了一下情绪，又似乎在酝酿着情绪。李雷盯着他，不安地挪了挪木头凳子上的屁股。

很快老杨就变成罗切斯特了，他那一声沙哑的，有点点野性、霸气的“简……”让李雷听了心里咯噔一下。

“简，是你吗？”

“我们还要出去旅行。知道吗？十年以前我是带着股怨气跑遍了整个欧洲，这次我要有个天使陪着我去。”

……

“噢……那么早晚有个傻瓜会找到你。”

……

老杨和海雅慢慢地投入了，他们开始声情并茂，而李雷和齐红却变得如坐针毡。李雷是从老杨和海雅的朗诵里面意识到了什么，他能感受到男声和女声的主人之间有什么东西已经发生，那些东西喷薄而出，是他所不能完全领会的，是一个完全陌生的精妙世界。齐红左右扭动，是她很不习惯姨娘和老杨做这种表演，有一种不自在的感觉。他们又不是演员，她这么想。

一段以后，他们稍停片刻，海雅迟疑了，停顿后缓缓地说：

“但愿这样，有个……傻瓜，早已找过我了。”

老杨轻声地提醒，“还有一句，是最精彩的……”

海雅说：“下面就不念了吧?!”

老杨说：“那……多……我替你念吧。”

“我回家了，爱德华，让我……留下吧。”

老杨的声音有些变调，海雅则像是由她亲口说的，瞬间有一个与简爱一样的表情，表情消失后她愣在那里。

爱德华是谁？李雷看了看身边的齐红，然后他们一起把目光投向了老杨和海雅，把他们两个钉在那里。

他们默默地垂下头。连眼皮也不抬。

尴尬的不只是他们两个，李雷看了看齐红，齐红也低下头。

好在外面的门敲响了，让大家回过神来。“是杨珂来了……”海雅应了一声，赶紧跑过去开门。

回来时她说：“人齐了，吃饭。”老杨跟着说：“吃饭，吃饭。”他的声音很小，像轮胎被戳之后的一声。

齐红帮着姨娘从厨房里将菜一样样端到堂屋来，放在八仙桌上。菜很丰盛，因为不喝酒，饭也一碗碗盛了端过来。

吃饭的时候，海雅介绍了一下，说鸡汤里的鱼圆是李雷带来的，他的大厨爸爸做的。老杨说：“好吃，好吃，只是以后……”他吞吞吐吐的，话说不出来，菜咽不下去似的。

海雅接过话来：“老杨，我有句话要对你说。”老杨愣了一下问，“有什么话？”

海雅说：“我反正要走了，也不怕做坏人，我告诫你，对家属和孩子好一点，特别是对儿子……”她看了杨珂一眼，李雷和齐红跟着盯住他。杨珂把头低了下来。

“你不要强迫孩子学这个学那个的，孩子想学的才能够学得好。还有，你坚决不能揍他，一个指头都不能碰他，我上师范学校是学过教育心理学的，棍棒教育行不通。”

老杨低下头点了点，说了声好，又说了句：“他有时，真的很过分啊。”

李雷觉得老杨“真的很过分啊”这句说得非常好听，他看到杨珂很感激地看着海雅。

许是为了化解桌上的尴尬，老杨开始喋喋不休，他说鱼圆真的好吃，在嘴里经舌头一搡就酥化了，非常软滑、细腻，鲜美无比。他说他会做菜，下次海雅和老杜从甘肃一起回来时，请他们一起到他家吃饭，他做饭，做烩三圆，鱼圆、虾圆、肉圆，做汽锅鸡，做红烧呼啦圈。

吃完饭，老杨和杨珂就告辞回家了。齐红悄悄地对李雷说："不正常，都不正常。不知道怎么一回事。"

待齐红收拾桌子洗碗时，李雷鼓足勇气跑到了海雅面前。他告诉海雅，他不想再和齐红谈下去。

海雅看一眼在院子里自来水池子旁的齐红说："她很好的，你给我一个不谈的理由。"

李雷沉默了一会儿，很肯定地说："没感觉。"

海雅很不满地说："具体点，你要说明一下怎么没感觉。"

李雷说："我没有老杨看你的那种眼光，也没有他那种语气，我觉得和齐红在一起没有意思。"

海雅的脸唰地红了，"哦"了一声，然后若有所思，好一会儿她慢吞吞地说出一句："也好。"

她真是想不通，在她看来李雷和齐红是般配的，齐红曾经让她很失望，因为齐红的性格，因为齐红不喜欢上学，因为齐红进工厂做了一个身上落满棉絮的女工。海雅想齐红要是能够和李雷相亲相爱结成一对，倒也是一种圆满。对李雷那次抱她，她当时就原谅了，觉得他还是个大小伙子，出于欲，止于情，不是个十足的坏人。介绍侄女给李雷，是她怀着大度和怜惜，想李雷要是谈个对象，有个老婆就好了。她的心目中，侄女齐红和李雷是有很多相同之处，是鱼找鱼，虾找虾。可他怎么就对齐红没感觉呢？

她有些懊恼，觉得自己白操了心，李雷这样的人居然还东想西想的，她是不认为李雷会有小说、电影和戏里才有的浪漫爱情的。她都没有，不敢有。

13

只过去十来天，刘小欢就来找李雷，他坦白和齐红好上了。

李雷说这不关他的事，只是刘小欢要说说和齐红怎么开始的。刘小欢说齐红在街上撞见他，她拦下他问，敢不敢带她去溜冰场去溜旱冰。

李雷问他是不是就带她去了。刘小欢承认带她去了，以为就是溜一场冰。哪知道来感觉了。他那天下午特别希望天早点黑下来，心里慌慌的。

“怎么发展的？”李雷追问。刘小欢说：“我们摔在了一起，两个人都不想爬起来。”

“是摔得抱在一起了吧？一定是的。”李雷的表情不自然起来，刘小欢像偷了李雷的东西一样低下头。

李雷问刘小欢为什么要跑来告诉他这件事。刘小欢说这是齐红布置的，说是摊开了以后就自在了。李雷说：“是的，这样大家会很自在，都自在了。”接着又补充一句：“我和齐红什么也没有做过，以前对你说的那是吹，你也会吹，是不是？”

刘小欢笑笑，笑得有点苦涩。李雷见他这样马上笑着问：“齐红的姐姐齐丽到你们家抄电表了没有？”刘小欢说去过了，不是一个人，带着齐红的妈妈一起去的。

“真的很过分啊！”李雷这么一句，一出口忽然觉得竟然是学了老杨的腔调。

为和齐红分手，李雷妈发了一通脾气，摔了家里一只有缺口的碗，她警告李雷，公安局的严打还会搞，借谈恋爱为名做坏事是要被抓的。

李雷说他什么坏事也没有做过，他自言自语：“我就是对自己有点要求，要谈一个对象，不是找一个对象……”

为了让事情早点过去，李雷病假还没有结束就去上班。单位里照顾他，给他安排了轻的活，负责给车队里的车轮胎充气。

很多闲暇的时候，李雷的脑子里便放电影：袁师姐和小吴放学时亲热的一幕，海雅和老杨深情对白的一幕。他更愿意多想的还是袁师姐和小吴，夜校那里成了他所向往的地方。

他通过单位的工会报名上了职工夜校，插班读英语初级班。他也搞不清楚为什么要报这么一个班。坐到课堂上后他有些后悔，老师讲得太快，他跟不上。但他决心学下去，实在不行找杨珂补课也是办法。他有点失望，班上男女同学其实并没有多少交往，放学后也是一哄而散。

班上在他之后又新来一位女同学，他在课堂上看着这个女同学的背影，头脑开起小差，想要是齐红突然到这个班上来，会是一个什么样的情景。

这天下课后他没有立即回家，骑着车到大运河堤上转了转，他在他出车祸的地方停下来笑了笑，那天他是看到一个很扎眼的女孩，想在她面前显本事玩车技才一头栽到河里去的。

夜色里他看到护坡的灌木被他的铁斗车碾压过的地方，形成一个大的豁口。他想已经快要冬天了，待明年的春天紫穗槐会长起来的，会重新勃勃生机。他想明年的夏天或许会和一个夜校或者其他什么地方认识的女孩，那种他一见了心里就咯噔一下的女孩，在河堤的护坡坐着窃窃私语。一定是依偎着紧靠着的，或许她的脸也仰着看他，眼睛像月亮下的河水闪闪发光。

从河堤上下来，他骑着车竟然不知不觉地到了布厂门口，他架好车停了下来。

刚好下小夜班，一帮青春活泼的女工像刚揭开笼盖的馒头热腾腾的，喧声笑语。他有点紧张，不知道能不能见到她，也在慌忙地想该对她说什么。